KB069801

고등교육의 목적

도덕과 정의의 문제

Harry Brighouse · Michael McPherson 편 | 이지헌 역

人不知而不慍
不亦君子乎

錄論語 一章
宣左昊

학지사

역자 서문

　해리 브릭하우스(Harry Brighouse)와 마이클 맥퍼슨(Michael McPherson)이 함께 편찬한 『*The Aims of Higher Education: Problems of Morality and Justice*』(2015)를 번역했다. 브릭하우스는 교육목적/교육정책에 관심이 깊은 철학교수이고, 맥퍼슨은 교육경제학에 관심이 깊은 경제학 교수이자 대학총장을 거쳐 학술재단의 회장을 맡고 있다. 미국과 영국 고등교육에 대한 깊이 있는 이론과 폭넓은 경험을 쌓은 9명의 학자들이 모여 각자 뚜렷한 고등교육철학을 구명하고 있다.

　이 책은 고등교육에 관한 것이다. 대학의 핵심은 연구와 교육이다. 연구는 학술연구를, 교육은 고등교육을 의미한다. 대학에 관한 담론에는 학술연구와 고등교육이 두루 포괄된다. 예를 들어, 『위기의 대학을 넘어서』, 『대학의 기업화』, 『대학과 권력』, 『대학정책』, 『대학의 위선』, 『대학의 존재』, 『폐허의 대학』, 『대학의 몰락』과 같은 서적은 학술연구와 고등교육을 함께 다룬다. 그런데 대학은 연구에 치중하느라 교육을 경시하기 쉽다. 따라서 고등교육은 특별히 강조될 필요가 있다. 예를 들면, 『고등교육과 공익』, 『대학교육의 필수화와 보편화』, 『교양교육』, 『인문교양교육의 원형과 변용』 같은 서적은 주로 고등교육을 논의한다. 이런 점에서 이 책은 고등교육에 관한 텍스트다.

이 책은 고등교육의 목적에 관한 것이다. 학교교육에 목적이 있듯이 대학교육에도 목적이 따로 있다. 물론, 고등교육에는 목적, 교육과정, 평가, 재정, 제도, 개혁 등의 여러 측면이 있다. 이 중에서 목적 문제는 근본적인 것이다. 고등교육의 제반 문제는 결국 목적 문제로 귀결된다. 그런데 고등교육의 목적은 경험적으로 혹은 규범적으로 접근할 수 있는 것이다. ① 경험적 논의는 고등교육의 목적이 어떠한가를 다룬다. 대학의 고등교육에서 '실제로' 목적으로 삼고 있는 것은 무엇인가? 그렇게 된 역사적, 사회적, 경제적 이유나 배경은 무엇인가? 이런 경험적 문제는 역사학이나 사회과학에서 다룰 문제다. ② 규범적 논의는 철학에서 다룬다. 대학은 고등교육의 목적을 어디에 두어야 하는가? 이에 관한 규범적 논의가 이 책에 들어 있다. 각 장의 집필자는 고등교육의 목적이 무엇이어야 하는가에 대한 각자의 주장을 진술한다. 목적의 특정 측면에 대한 자신의 가치관, 혹은 규범적 입장을 분명히 밝히고 있다.

이 책은 고등교육의 목적에 관한 철학서다. 앞서 언급한 것처럼 저자들은 고등교육의 목적이 무엇이어야 하는가를 규범적으로 논의한다. 이와 같은 가치/규범 문제는 도덕과 정의로 연결된다. 따라서 윤리학과 정치철학의 관점을 개입시키지 않을 수 없다. 무엇이 가치 있는 것인가? 무엇이 정의로운 것인가? 이런 물음을 가지고 이 책은 고등교육의 목적에 관한 여러 측면을 다각적으로 논의하고 있다.

철학적인 글은 세 가지 의미에서 도전적이다. 첫째, 저자는 고등교육의 목적에 대한 자신의 규범적 주장을 독자에게 분명히 제시한다. 독자 또한 이에 동의하는지, 동의하지 않는지를 스스로 판단하지 않을 수 없다. 둘째, 저자는 고등교육의 목적에 대한 자신의 규범적 주장을 단순히 제시하는 데 그치지 않고, 그 주장의 합당한 근거를 상술함으로써 독자를 합리적으로 설득시키려고 노력한다. 독자는 그런 근거가 과연 합당한지를 판단하지 않을 수 없다. 셋째, 저자는 자신이 사용하는 용어가 어떤 의미로 쓰이고 있는지를 명료하게 밝힌다. 똑같은 말도 쓰는 사람에 따라 다를 수 있다. 독자는 저자가 사용하는 용어의 의미를 세밀하게 따지지 않을 수 없다. 따라서 철학자가 자신의 주장이 무엇이고, 주장의 근거가 무엇이며, 핵심 용어의 의미가 무엇인지를 꼼꼼하게 밝히는 글은 아무래도 난해하고 길어질 수밖에 없다. 독자에게는 인내심이 필요하다. 가능한 한 매끄럽고 쉽게 읽히는 역서가 되어야 하므로 역자도 힘들지 않을 수 없다.

어려운 번역을 감행한 이유는 이 책의 매력에 있었다. 각 장에 대한 역자의 소견을 아주 간략히 제시한다.

제1장은 수록된 글 전체를 해설한다. 고등교육에 관한 도덕적 이슈를 세 가지 범주, 즉 '학생들이 배워야 할 것은 무엇인가?' '누가 대학에 다녀야 하는가?' '대학은 외부 세계와 어떤 관계를 가져야 하는

가?'로 구분하는 것이 인상 깊다.

제2장은 학부교육의 목적을 세 가지로, 즉 기회, 창의적 이해, 기여로 구분하여 옹호한다. 특히 학부교육에서 '전문직의 윤리'를 다루어야 한다는 저자의 주장이 참신하다. 이제 세상은 전문가 사회다.

제3장은 위기 속의 인문학이 어떻게 정당화될 수 있는가를 논의한다. 경제발전론, 민주시민론, 삶의 선택론 등을 비판한 후에, 지식의 본질적 원천으로서의 인문학을 옹호하는 논변을 제시한다. '인문학은 대학생이 모두 배워야 하는 것이 아닐 수 있다.'는 독특한 주장이 기억에 남는다.

제4장은 교수와 학생의 관계를 '학문적 우정'이라는 새로운 개념을 통해 감동적으로 밝혀 준다. '학문적 우정'에 관한 논의가 마침내 학생들의 상상력이 확충되도록 도와주어야 할 교수의 책임과 연결되고 있다는 점이 놀랍다.

제5장은 '지적 미덕'으로서 자율성이 어떤 것인가를 밝히고 있다. 자율성은 '비판적 사고'보다는 '너그러움'과 '겸허함'과 결부되는 것이 더 적절하다는 주장은 참신하게 느껴진다.

제6장은 교육과 사회적·도덕적 인식론의 관계를 논의한다. 가짜 뉴스와 가짜 정보가 난무하는 요즈음, 이런 현상이 왜 위험한가를 교육적으로 밝혀낸다. 사회적 인식론을 교육과 연결시킨 아주 독창적인 연구다.

제7장은 미국 고등교육에서 저질러졌던 정의롭지 못한 역사를 어떻게 바로잡아야 하는가를 밝혀낸다. 미국 대학에서 사회적 약자들이 겪었고, 또 계속해서 겪고 있는 고초가 얼마나 끔찍한지를 공감

하면서 역자는 전율한다. 대학이 어떤 일을 저질렀는가? 대학이 무슨 일을 해야 하는가?

제8장은 고등교육이 보여 주어야 할 정의의 모델을 논의한다. 정의의 모델은 경제발전 모델, 기업 모델, 연구교수-중심 모델과 구별된다. 정의로운 모델은 포용성과 다양성을 옹호하고, 이런 가치를 교수/학생 구성, 캠퍼스 분위기, 교수법 윤리의 세 가지 측면에서 반영한다는 점은 도전적이다.

제9장은 '규범적 문제는 늘 철학적 사고를 요청한다.'고 맺으면서, 미래의 철학적 탐구과제로 아홉 가지를 제시한다. 우리나라 대학을 되돌아보게 한다. 한국 고등교육의 목적으로 우리가 탐구해야 할 과제는 무엇인가?

우리나라 대학은 급성장했다. 온갖 장단점을 안고 있고, 수많은 논의와 변화가 필요하다. 우리나라 대학은 성장을 넘어 성숙할 수 있다. 성숙은 성찰을 요구하지만 성찰은 고통스럽고 두려운 일이다. 부도덕, 불의, 부조리가 끈질기게 살아 있고 변화에 대한 저항은 대학 안팎에 강고하다. 그래서 대학이나 고등교육은 성찰의 대상에서 쉽게 벗어나고, 이에 대한 성찰은 대학 구성원들의 관심에서 사라지기 쉽다. 이 책은 우리에게 고등교육의 목적에 대한 성찰을 권유한다. 한국 고등교육은 어디로 가고 있는가? 그 목적은 어디에 두어야 하는가?

번역을 시작한 지 1년 반. 여러 철학자의 글이 모여서 난해하고 힘들었다. 그러던 중 일간지에서 읽은, 사회학자 김덕영 교수의 이야기가 큰 힘이 되었다. "저같이 30년 이상을 외국어로 공부한 사람도 원서를 읽기가 힘들지요. …… 저도 작업할 때 좋은 번역서가 있으면 구세주를 만난 기분이 들어요(2019. 4.)." 그의 말처럼 만일 학술서 번역이 원시 자본의 축적이라고 한다면, 이 역서는 학문적 자본 축적에 디딤돌인 셈이다.

번역서 출간을 도와주신 학지사의 김진환 사장님, 김순호 이사님, 정승철 이사님, 김영진 선생님께 감사드린다. 번역에 필요한 많은 자료를 구해 주신 전남대학교 도서관의 하은희 선생님 그리고 좋은 책이 되도록 귀중한 도움을 준 이정화 박사, 임배 박사에게 고마운 마음을 전한다.

2020. 1.

빛고을 광주에서

이지헌

차 례

제1장

도입: 고등교육에서 도덕과 정의의 문제

해리 브릭하우스(Harry Brighouse), 마이클 맥퍼슨(Michael McPherson)

미국인의 60%가 고등교육을 받고, 그중 40% 정도가 어떤 종류의 학위를 얻어 졸업한다. 대학졸업은 평생의 수입, 미래 직업의 종류, 건강과 수명에 큰 영향을 미친다. 그것은 수많은 고소득 직업의 필수조건이며, 또 입시경쟁이 극심한 대학의 졸업생은 전문직 노동시장에서 더 유리한 경우가 많다. 말하자면, 고등교육을 받았다는 것은 사회적으로 불평등하게 배분되는 이득을 놓고 경쟁할 때 중요한 요인이다. 그렇지만 **고등교육**은 그런 이득 자체를 창출하는 데에 기여하는 요인이기도 하다. 교육은 경제적으로 더 생산적인 인간, 사회적으로 더 능력 있는 인간, 여가 시간을 더 충실히 활용하는 인간을 만들어 낸다.

대학이 졸업생의 소득과 인생 전망을 위해서만 좋은 것은 아니다. 대학생은 대학에 다니는 경험 그 자체를 향유한다. 대학 시절은 자신의 재능과 기질이 무엇인지, 또 그것이 넓은 세계에 얼마나 적합한지를 더 많이 배우는 자기탐색의 시간으로 널리 알려져 있다. 뿐만 아니라 세계에 대한 지식과 이해를 쌓고, 자기 재능을 발달시킬 수 있다. 말하자면, 대학생은 학습한다. 그렇기 때문에 고등교육은 대학생을 노동시장 경쟁에서 더 유리하게 만들고, 더 생산적인 인간으로 만들어 준다. 고등교육은 불평등하게 배분되는 이득 창출에 기여하며, 대학생은 그것을 더 유리한 위치에서 차지한다.

대부분의 학생은 입시경쟁이 거의 없는 대학에 다닌다. 고교 졸업장이나 그에 준하는 자격만으로도 갈 수 있는 대학이 많다. 그러나 입시경쟁이 치열한 대학은 미국 사회의 엘리트 형성에서 핵심 역할을 한다. 이런 대학에서 교육을 받은 사람들은 대체로 국회의원, 기업가, 교육지도자, 공공 부문 지도자, 법조인, 고위 전문가가 된다.

따라서 입시경쟁이 치열한 대학이 수많은 공공정책 및 학술토론에서 관심 대상이 되는 것은 자연스러운 일이다. 대학교육에서 자유교양(liberal arts)의 역할은 무엇이어야 하는가? 대학은 기업부문의 교육적 요구에 순종해야 하는가? 입시경쟁이 치열한 대학이 공공영역에서 수행해야 할 역할은 무엇인가? 그런 대학에 대한 직접적 혹은 간접적 공적 지원은 어느 정도가 되어야 하는가? 그런 대학은 학생에게 기능과 학문적 지식만 가르치면 되는가, 혹은 인성 형성에서도 어떤 역할을 맡아야 하는가? 후자의 경우, 무슨 목적을 위해서? 입시경쟁이 치열한 대학은 입학 사정에서 소수인종, 토착민, 빈곤층 학생에게 우선권을 주어야 하는가? 그런 대학에 다니는 불우한 학생을 위해 공적 예산은 어느 정도로 지원되어야 하는가?

이런 문제는 모두 근본적으로 가치에 관한 것이다. 이에 대해 도덕철학자와 정치철학자가 유익한 방향으로 기여할 수 있다고 믿는다. 물론, 우리가 어떤 정책과 실천을 채택해야 할 것인가를 결정할 때에는 사회과학이 제공하는 경험적 증거를 신중히 고려해야 한다. 또한 분배적 정의(distributive justice)란 무엇인가, 가치 있는 대학교육이란 어떤 것인가, 즉 우리가 가치를 부여해야 할 것이 무엇인가에 대해서도 깊이 생각할 필요가 있다. 철학자는 가치와 관련된 고려사항을 상세하게 밝혀내는 훈련, 즉 실제적인 목표에 흔히 필요한 정도보다는 더 명확하게 밝혀내는 훈련을 받은 사람이다. 우리가 흔히 경험하는 것처럼 정책과 실천에 관해서 견해 차이가 발생할 경우, 각 견해에서 가정하고 있는 가치가 어떤 것인가에 대해서는 그다지 주목하지 않는다. 그렇지만 거기서 작동하고 있는 **도덕적 가치**가 어떤 것인가가 더 명확해진다면 양편에 이득이 될 수 있다.

고등교육에 관한 **도덕적 문제**는 크게 세 가지 범주로 나눌 수 있다.

- '학생이 무엇을 배워야 하는가?'에 관한 문제다. 대학은 경제생산성의 극대화라는 방향으로 학생을 준비시켜야 하는가? 대학은 학생의 숙의능력(deliberative capacities)을 강화시키고, 이런 능력을 공적 선(public good)을 위해 활용하는 성향을 가진 시민 양성에 초점을 두어야 하는가? 대학은 학생이 가지고 있는 의견이나 종교적이고 문화적인 가정에 대해서 도전을 가해야 하는가? 삶에서 가치 있는 것이 무엇이며, 배울 만한 가치가 있는 것은 무엇인가에 대해서 학생의 견해가 형성되도록 해야 하는가? 혹은 학생이 제각기 선호하는 바를 그대로 따르고, 이에 따라 그의 가치관이 움직이도록 허용해야 하는가? 대학은 이런 사항들 중에서 전

부 혹은 일부를 실행해야 하는가? 대학마다 제각각 상이한 균형을 추구하는 것을 목적으로 삼아야 하는가?

- '누가 대학에 다녀야 하는가?'에 관한 문제다. 대학은 사회의 특권적 지위를 차지할 소수 엘리트만을 위해 존재해야 하는가? 대학은 모든 전문직의 필수요건이 되어야 하는가? 부모의 소득과 재산에 따라서 학생이 다니는 대학이 달라야 하며, 어떤 사람이 대학에 가고 못 가고를 좌우해야 하는가? 모든 사람이 고등학교에 가는 것처럼 대학도 거의 모든 사람이 가야 하는가? 대학은 입학을 결정할 때 다양성(diversity)에 주목해야 하는가? 입시경쟁이 훨씬 더 치열한 대학이 있는데 이런 대학을 그대로 두어야 하는가?

- '대학은 일반사회와 어떤 관계를 맺어야 하는가?'에 관한 문제다. 대학은 상업적 후원을 받는 연구를 수행해야 하는가? 대학에서 생산된 지식은 누가 소유해야 하는가? 대학은 병원, 학교와 같은 공공 서비스의 운영에 관여해야 하는가? 대학이 무엇을 어떻게 가르치는가에 대해서 대학 외부의 이해 당사자도 발언권을 가져야 하는가?

우리는 각 장의 집필자에게 고등교육에 관한 토론에 깔려 있는 가치에 대해서 근본적인 문제를 제기해 달라고 요청했고, 또 그런 토론에 참여하는 다른 철학자, 학자, 정책결정자, 행정가, 학생, 일반시민에게 흥미롭고 이해할 수 있는 방향으로 다루어 주기를 요구했다. 각 장의 집필자는 입시경쟁이 심하거나 치열한 대학에 대해서 관심과 식견을 갖고 있고, 또 이미 탁월한 철학적 업적을 쌓은 사람이라고 확신한다. 그들은 모두 한때 대학생이었고, 또 교수였고, 일부는 과거나 현재에 고등교육 지도자 혹은 행정가다. 우리는 각 장의 집필자에게 한 가지 질문만 제시한 것이 아니고, 각자에게 가장 흥미 있는 문제를 자유롭게 다루도록 개방하였다. 각 장의 집필자의 글은 대체로 각자가 종사하고 있는 활동 공간에서 분명히 발생하는 문제를 다루고 있다. 우리는 그들의 결론이 고등교육의 다른 영역에서, 예를 들면 입시경쟁이 거의 없는 대학, 지역사회 대학, 영리목적 대학에서 어느 정도나 또 어떤 방식으로 적용될 것인가를 자세히 밝혀 주기를 요구하지 않았다. 그런 대학이 덜 중요하거나 혹은 각 집필자의 결론이 폭넓게 적용되지 못할 것이라고 믿었기 때문에 그런 것은 아니다. 다양한 고등교육기관 간의 공통점과 차이점을 탐구하는 일은 지적으로 중대한 과제이지만, 이 책의 핵심에서 벗어난다고 믿었기 때문이다. 이 책의 독자 중에는 이런 영역에서 활동하거나, 이런 영역을 잘 알거나, 이 책의 각 장이 이런 영역과 어떻게 연관되거나 하는지를 편저자나 집필자보다 더 잘 판단할 수 있는 사람이 있을 것이다. 이런 독자가 앞으로 그런 과제를 다룰 때 이 책이 자극이 될 것으로 기대한다.

각 장은 어느 한 범주에 속하는 문제에만 초점을 두지 않는다. 왜냐하면 각 범주에 속하는 문제는 다른 범주의 문제와 서로 연관되기 때문이다. 예를 들어, '대학은 일반사회와 어떤 관계를 맺어야 하는가'는 '학생이 무엇을 배워야 하는가'와 연관되며, 또 이것은 '누가 대학에 다녀야 하는가'와 연관된다. 이 책의 제2장은 에이미 거트먼(Amy Gutmann)의 글인데, 세 가지 범주의 문제와 모두 연결된다.

거트먼은 탁월한 정치이론가이며, 현재 펜실베이니아 대학교 총장이다. 그녀의 『민주교육(Democratic Education)』(1987)은 학교교육과 고등교육에 적용되는 도덕이론과 정치이론에 큰 영향을 미쳤다. 거트먼은 대학 **학부교육**(undergraduate education)의 세 가지 목적을 기회, 창의적 이해, 기여로 밝히고 있다. 기회는 실제로 아주 다양한 사회적 배경을 가진 학생들이 교육받을 수 있도록 하는 것이다. 창의적 이해는 근본적인 문제에 대해 비판적이고 실천적으로 사고하도록 학생들을 제대로 준비시키는 것이다. 기여는 대학 및 대학 졸업생이 사회적으로 가치 있는 생산을 지향하도록 하는 것이다. 거트먼은 자신의 연구팀에서 수행한 연구를 토대로 삼아 강력한 논변을 제시한다. 미국의 엘리트 대학은 현행보다 더 폭넓은 사회구성원들이 입학하도록 개방해야 하고, 이렇게 함으로써 엘리트 대학이 주로 배출하는 엘리트를 다양화시켜야 한다. 매우 우수한 자질을 갖춘 고교 졸업생을 중심으로 살펴보면, 상위 20%에 속하는 우수한 학생이 엘리트 대학에 다니는 비율은 차상위 60%에 속하는 우수한 학생의 그 비율보다 훨씬 더 높다.

거트먼은 미국의 엘리트 대학에서 흔히 시행하는 **자유교양교육**(liberal arts education)을 옹호하며, 그 핵심은 학생이 효과적으로 사회에 기여하는 데 필요한 **창의적 이해**를 발달시키는 것이라고 주장한다. 제3장에서 크리스토퍼 버트럼(Christopher Bertram)은 그런 자유교양교육의 특수 요소인 인문학을 다룬다. 그는 대학에서 인문학을 지지하는 두 가지의 강력한 옹호론, 즉 **인문학은 경제를 위해 중요하다는 주장**과 **인문학은 민주주의를 위해 필요하다는 주장**을 강하게 비판한다. 인문학을 지지하는 버트럼의 논변에 따르면, 인문학이 발전시킨 해석학적 방법론이 없다면 결코 획득할 수 없는 지식의 중요한 출처 중 하나가 바로 인문학이다. 버트럼의 이런 옹호론은 자유교양을 폭넓게 가르칠 것을 옹호하고, 또 이런 가르침이 때로는 전문대학원에서 특별히 중요할 것이라고 추정하는 거트먼의 관점과 잘 어울린다.

폴 바이스만(Paul Weithman)의 제4장, 카일라 에벨스-더건(Kyla Ebels-Duggan)의 제5장, 앨런 뷰캐넌(Allen Buchanan)의 제6장은 서로 보완되는 글이다. 세 사람은 대학생에게 중요한 어떤 성격특성과 기능의 발달을 모두 중시한다. 제5장에서 에벨스-더건은 교육의 목적으로서 개인의 **자율성**을 독창적으로 밝혀낸다. 대학교수 특히 인문학 교수는 다음과 같은 생각을 좋아한다. 교수는 학생이 스스로 수용하는 가치와 전통에 대해 성찰하고, 또 새로운 선택을 합리적으로 하도록 도와줌으로써 학생의 비판적 반성능력을 발달시킨다. 이런 생각은, 대학생이 실제로 기존의 어느 가치관에 너무 젖어 있으며 이것은 합당하지 않다는 문제의식에 따른 것이다. 이와 반대로, 에벨스-더건은 엘리트 대학의 많은 학생이 부정적 비판을 제시하는 자신의 능력을 실제로 과신하고 있다고 생각한다. 학생은 자신이 공부하는 사상가의 논변과 주장에 어떤 잘못이 있는지를 말해 줄 수 있다고 생각한다. 이것을 큰 문제라고 보는 에벨스-더건은, 학생이 관대하고 겸허한 사람이 되도록—다른 사람의 생각과 주장을 해석하는 데 있어서 관대하고, 자신의 비판적 능력에 대해서 겸허한 태도를 가진 사람이 되도록—가르칠 필요가 있다고 주장한다.[1] 학생의 자율성 발달은 그의 성격 발달을 요청한다. 이와 유사하게 제4장에서 바이스만이 밝혀내는 **교수-학생 관계**는 그가 말하는 '학문적 우정(academic friendships)'이라는 이상의 발달을 가리킨다. 학문의 벗으로서 교수는 학생의 성격 형성을 위해서 일정한 역할을 수행한다. 이 역할은 특히 교수와 학생이 함께 공부하는 학문 자료와 관련된 것이다. 교수는 전통적 의미의 자율성이 학생에게 발달되도록 정말 노력하면서도, 이와 동시에 위대한 지적 성취 및 세계의 복잡성에 대해 올바른 반응이 나타나도록, 즉 그에 대한 '겸허함'과 더 나은 이해에 도달했다는 '자부심'이 나타나도록 학생을 지적 성취와 세계의 복잡성으로 입문시키기를 바란다.

에벨스-더건과 바이스만은 교육목적으로서의 자율성이 **도덕적 미덕**의 발달에 의해 보완되기를 원한다. 제6장에서 뷰캐넌이 다룬 문제는, 너무도 복잡한 이 세계를 헤쳐 가는 데 필요한 지식을 자신의 이성 발휘만으로 갖출 수 있기를 바라는 사람은 아무도 없다는 것이다. 인지적 능력을 갖춘 사람일지라도 기후변화에 관한 정책적 제언의 이면에 깔려 있는 복잡한 과학 그리고 진화에 관한 과학과 증거 그리고 총기규제, 학교개혁 등이 바람직한가에 관한 주장의 이면에 깔려 있는 사회과학 등을 모두 이해하거나 탐구할 수 있는 시간은 없다. 그밖에 우리를 괴롭히는 문제는 심리학자가 말하는 '제한된 합리성(bounded rationality)'이다. 이것은 통계적 추리에서 음악적 자질에 이르기까지 온갖 문제에 대해서 우리가 판단할 때 우리를 체계적으로 이탈하게 만드는 편향성(biases)과 규범(norms)을 의미한다. 교육은 학생이 신뢰할 만한 전문가를 제대로 찾게 도와줌으로써 '전문가-초심자 문제(expert/novice problem)'를 해결하는 데 중요한 역할을 할 수 있다. 뷰캐넌은 극히 위험한 부류의 '틀린 믿음(false beliefs)', 특히 문화적, 국가적, 정치적 정체성과 연관된 틀린 믿음을 밝혀내고, 이런 종류의 틀린 믿음을 고수하는 사람의 경향성을 완화시킬 수 있는 교육방법을 제시한다.

그 밖의 2개의 장에서는 **분배적 정의**(distributive justice) 문제에 초점을 둔다. 제8장에서 에린 I. 켈리(Erin I. Kelly)는 대학이 자체의 교육적 약속을 이행하는 데 필요한 정의(justice)는 어떤 종류인가를 다룬다. 그녀의 주장에 따르면, 비판적으로 사고하고 윤리적으로 추론하고 민주적 과정에 적절하게 기여할 수 있는 대학생을 길러내는 일이 정말 성공하려면, 입시경쟁이 심한 대학은 학생과 교수의 집단구성에서 다양성을 갖추어야 한다. 신입생을 선발할 때 엘리트 대학은 성공과 기여(contribution)의 잠재력을 함께 고려해야 한다. 교수를 임용하고 승진시킬 때 대학은 후보자의 학문활동의 '사회적 지성(social intelligence)'에 유의해야 한다. 어떤 연구가 탁월하고 가치 있는 것인가를 각 학문 영역에서 결정하도록 방치할 것이 아니라 교육적 사명을 갖고 있는 대학이라면 학문의 의의에 대해 규범적 판단을 내려야 한다.

제7장에서 라이어널 K. 맥퍼슨(Lionel K. McPherson)은 **시정적인 정의**(corrective justice)에 기여해야 할 엘리트 대학의 의무를 자세히 다룬다. 대학은 시간상으로 지속되는 정체성이 있는 기관이다. 미국의 수많은 엘리트 대학은 인종적 불의(racial injustice)에 연루되거나 이를 통해서 이득을 보았다. 예를 들어, 「제대군인원호법(GI

Bill)」은 엘리트 대학의 자원 그리고 그것이 제공한 사회적 이동성(social mobility)에 더 잘 접근할 여유가 있었던 백인 학생들에게 과도한 이득을 안겨 주었다. 이와 같이 엘리트 대학에 이득을 주었던 불의가 계속해서 정의롭지 못한 효과를 낳고 있기 때문에 그런 엘리트 대학은 특별한 의무를 갖는다. 맥퍼슨은 엘리트 대학의 교육적 전문성을 살리는 모델을 구체적으로 제안한다. 엘리트 대학은 차터 스쿨(charter schools, 헌장학교)을 후원해야 하며, 이 학교에서는 재능 있는 소수집단 출신의 아동을 길러내기 위해서 그런 학생을 의도적으로 선발할 것이고, 이렇게 함으로써 입시경쟁이 심한 대학에서 교육받을 수 있는 길이 열릴 것이고, 과거에 엘리트 대학이 연루되었던 사회적 이동성의 불균형이 바로잡힐 것이다.

• • • • • •

전체적으로 볼 때 이 책은 정책과 실천에 영향을 미치는 여러 문제에 대한 새로운 설득력 있는 규범적 관점 그리고 이런 관점을 옹호하는 논변을 제공하고 있다. 이 책의 독자는 교수로서, 대학행정가로서 혹은 다른 위치에서 고등교육의 문제를 실질적으로 다루는 사람일 것이다. 이 책이 그런 분들의 사고와 행위에 유익한 방향으로 영향을 미칠 수 있기를 희망하고, 기대한다. 또 이 책에 수록된 글이 대학교육의 규범적 문제에 관해서 글을 써 보려는 뜻을 품고 자신의 주제와 씨름하는 사회과학자, 정책분석가, 도덕철학자에게 중요한 교훈을 줄 것으로 믿는다. 교육에 관한 훌륭한 의사결정, 혹은 사회과학적 증거에 대한 유익한 분석은 가치문제에 관한 신중한 추론으로부터 도움을 얻을 것이다. 마찬가지로 철학적 분석도 사회과학적 증거나 실천적 문제와 연결될 때 비로소 더 풍부해질 것이다. 이런 점이 앞으로 이 책의 여러 장에서 충실하게 밝혀질 것이다.

미주

1) 비슷한 입장을 분명히 옹호하는 사례로는, 미네소타 대학교 리버럴 아츠 칼리지 입학식(2012년)에서 힙합 예술가인 데사(Dessa)가 행한 연설을 참조. https://www.youtube.com/watch?v=u38ue-XxHtw, starting at 17:20.

참고문헌

Gutmann Amy (1987). *Democratic Education*. New Jersey: Princeton University Press, 민준기 역(1991). 민주화와 교육: 민주시민교육의 이상과 실제. 서울: 을유문화사.

제2장

대학교육을 가치 있게 만드는 것은 무엇인가

에이미 거트먼(Amy Gutmann)

태평양투자경영회사 공동창립자인 빌 그로스(Bill Gross)는 다음과 같이 말했다. "마음은 낭비하지 않아야 할 귀중한 것인데 수백만의 미국 학생들은 왜 대학에 다니느라 자기 마음을 낭비하려고 하는가?"[1] 페이팔(PayPal)의 공동창업자인 피터 틸(Peter Thiel)은 대학을 그만두고 테크-기반 사업을 시작하는 학생들에게 1인당 10만 달러를 인센티브로 주겠다고 2010년에 공언했다. 2011년 5월, 그는 '대학포기 장학금'을 주기 위해 남학생 22명과 여학생 2명을 선정했다.[2]

'대학포기 장학금'이 충격적인 이유는 일반적으로 대학교육이 성공을 위한 귀중한 자격증이라고 생각되기 때문이다. 그런데 대학교육의 가치를 당연시하지 않고 그 부가가치를 캐묻는 사람들이 많다. 대학은 사적 비용과 공적 비용에 버금가는 사적 이득과 공적 이득을 제공해 주는가?[3]

이 질문에 대한 가장 일반적 반응은 이렇다. 대학교육이 졸업생에게 제공해 주는 소득상의 부가 이득을 계산하고 부가 경비를 뺀 후에 경비보다 이득이 더 크게 나타나는지를 확인한다. 이런 일에 능통한 사람들이 경제학자다. 흔한 대답이 나온다. 대학교육은 오늘날 대다수 졸업생에게 성과가 있는 것이고, 앞으로도 그럴 것으로 예상할 수 있다.[4]

이 글에서 내가 특별히 전하고 싶은 생각은 이것이다. 부가가치 문제에 대해 적절한 답을 내놓으려면 먼저 대학의 사명에 대한 더 근본 질문에 대한 답부터 찾아야 한다. 대학은 개인과 사회를 위해 무엇을 성취할 것인가를 목적으로 삼아야 하는가?

일반적으로 대학교육의 가치를, 특히 고실업 저성장의 경제 속에서도 믿는 사람들을 안심시키려면 대학교육을 받은 사람들의 소득이 대학교육 비용을 제외하고도 고등학교 졸업생에 비해 평생에 걸쳐 훨씬 더 많다는 점을 밝혀 주어야 한다. 그러나 이것에 너무 안도하면 안 된다. 왜냐하면 대학 졸업생에게 돌아가는 경제적 회수 금액이 대학교육의 유일한 또는 일차적 목적은 아니기 때문이다.

대학교육이 가치 있는가를 알려면 대학교육의 **사명**을 밝히고 변호할 필요가 있다. 이것이 사명(mission) 문제다. 대학은 개인과 사회를 위해서 무엇을 성취할 것인가를 목적으로 삼아야 하는가? 사명 문제에 대해서 (내가 가장 잘 아는 편인) 입시경쟁이 심한 대학을 중심으로 답을 찾겠지만 이는, 수많은 공립대학이나 지역사회 대학을 비롯해서 입시경쟁이 덜 심한 대학에도 일반적으로 적용될 것이라고 믿는 것이 합당하다.

나는 먼저 묻는다. 대학 학부생의 교육에 대한 우리의 윤리적 사명은 무엇인가? 이에 대한 답으로 21세기 **학부교육**(undergraduate education)의 세 가지 근본 목적을 옹호한다.

- 누가 교육받는가에 관한 것이다. 이것은 소득과 재산보다는 재능과 근면에 기반을 두면서 고등교육에 대한 접근의 폭을 넓힐 것을 요구한다. 요컨대 **기회**(opportunity)다.
- 대학교육의 핵심으로 지적 목적에 관한 것이다. 이는 자유교양과 과학 안에서뿐만 아니라 자유교양과 전문대학원 교육 간에서도 지식 통합의 확대를 요청한다. 요컨대, **창의적 이해**(creative understanding)다.
- 둘째와 연결되는 중요한 것이다. 이는 대학 졸업생이 창의적 이해를 기반으로 사회에 기여할 수 있게 만들고, 또 장려하는 것이다. 요컨대, **기여**(contribution)다.

기회, 창의적 이해, 기여의 증진은 새삼스러운 것이 아닐지라도, 오늘날 상황에서 또다시 긴급한 사항이 되었다. 일자리가 드물다. 미국 국제경쟁력은 쇠퇴하는 것처럼 느껴지며, 이 문제의 일정 부분은 유아교육과 초·중등교육을 비롯한 교육의 진보가 충분하지 못했기 때문이다.

교육 성공과 경제 성공에 이르는 간단한 길을 찾는 사람은 누구나 실망할 것이다. [멩켄(H.L. Mencken)이 비꼰 것처럼 "인간문제의 손쉬운 해결책이 있다고 하는데 모두 깔끔하고 그럴듯하지만 엉터리다."[5]] 미국에서 오늘날 교육기회와 경제기회에 장애가 되는 외적 요인으로 지적받는 것은 빈곤, 가정파탄, 공적 지원 삭감 등인데 이것은 만인의 관심을 끌 만하다. 그러나 "의사여, 너부터 고쳐라."라는 윤리적 조언을 명심하는 나는, 대학이 일차적 목적을 더 잘 실현하기 위해 자체적으로 할 수 있는 일이 무엇인가에 집중할 것이다.

첫 번째 목적에서 출발하자. **교육기회의 증대**를 위해서 대학은 무엇을 할 수 있는가? 일반적으로 대학교육을 시간과 돈의 낭비라고 보는 그로스와 틸의 말이 옳다면, 대학교육에 접근할 기회가 증대됨으로써 시간과 돈의 낭비가 더 커질 것이다. 그러나 오늘날 최선의 증거에 따르면, 그들의 생각은 틀렸다. 브루킹스연구소의 최근 조사에 따르면, "대학은 비싸지만 현명한 선택이다."[6] 나는 그런 선택을 하는 사람들 그리고 성공할 잠재력을 가진 모든 이에게 그런 선택이 제공되어야 한다고 말하겠다. "2010년도 대학 졸업자의 90% 정도가 취업했고, 대학에 못 다닌 사람은 64%만 취업했다. …… 대학 졸업자는 고교 졸업자에 비해 연간 소득이 거의 두 배다. 또 이런 이득은 평생 일터를 따라다닐 것이다."[7] 그뿐만 아니라 "대학교육에 대한 투자는 대학 졸업자의 평균 연봉을 받는 사람의 경우, 10만 2천 달러의 투자에 대해 연 15.2%의 놀라운 수익률을 낳는다."[8]

가장 관련된(논란이 없는) 경제학적 사실인데, 대공황이 극심할 때 대학 졸업자의 실업률은 고교 졸업자의 절반 수준이었고 5.1%를 넘은 적이 없었다.[9] 대학이 하위소득과 중위소득 가정의 자질 있는 젊은이들에게 더 많은 교육을 제공할수록 그들의 교육기회와 경제기회를 위해 기여하는 바는 그만큼 더 커진다.[10]

그러나 대학교육의 이득이 오직/주로 경제기회의 증대에서 생긴다는 말은 아니다. 대학교육의 두 번째 핵심은 지적 목적인데 이것은 대학 졸업자에게 나타나는 '창의적 이해의 평생 만족'이라는 이득을 가리킨다.

아무튼 하위소득과 중위소득 가정의 학생들에게는 취업 가능성 자체가 대학 학위의 가장 기본적인 **경제적** 이익일 것이다. 왜냐하면 기본적인 경제적 안정 없이는 창의적 이해의 이득을 향유하기가 아주 어렵고, 하위소득과 중위소득 가정의 학생들은 경제적으로 힘들 때 꺼내 쓸 예금통장도 없기 때문이다. 그렇다고 해서 고등교육의 온갖 이점 중에서 대학교육의 경제적 이득을 최우선적인 것으로 간주해야 한다는 말은 아니다. 대학은 다른 조건이 동일할 경우, 하위소득과 중위소득 가정의 학생들에게 훨씬 더 큰 가치-부가적 기회를 제공해 준다는 말이다. 또한 창의적 이해로 들어갈 문을 열어 주는 것은, 명문대학의 문이건 보통 대학의 문이건 관계없이 한 개인의 평생 만족에 훨씬 더 큰 영향을 미칠 수 있다는 것도 사실이다. 물론 입시경쟁이 심한 대학이라고 해서 온갖 일을 전부 할 수는 없다. 다시 말해서, 그런 대학의 핵심역량을 (지역사회 대학이나 입시경쟁이 거의 없는 대학의 큰 이점 중 하나인) 보충교육에까지 투입하기는 어렵다. 그렇지만 현재 확보 가능한 자료로 알 수 있듯이 하위소득과 중위소득 가정 출신의 자질 있는 학생들을 위해서 과거에 비해 더 많은 접근기회를 제공해 줄 수 있다.

접근기회의 증대에 대해서 관심을 처음 쏟기 시작할 때, 나는 최저 소득집단의 자질 있는 학생을 입학시키는 일에 집중하였다.[11] 그 이후 또 깨닫게 되었다. 중위소득 가정의 학생들의 접근기회의 확대를 최우선 과제로 삼아야겠다는 결론에 이르렀다.[12] 나는 먼저 물었다. (펜실베이니아 대학교를 포함해서) 입시경쟁이 심한 대학 캠퍼스에서 소득 기준으로 볼 때, 미국 가정의 상위 20%에 속하는 학생이 차지하는 비율은 얼마나 되는가? 그것은 57%(2003년도)나 되었다.

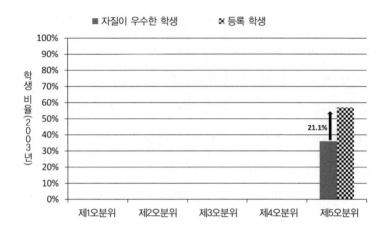

[그림 2-1] 거대한 압착

　검은 막대는 전체 인구 중에서 최상위 부유층 20% 출신의, 자질이 우수한 고교 졸업생 모두의 비율(36%)을 가리킨다. 격자무늬 막대는 전체 인구 중에서 최상위 부유층 20% 출신의, 입시경쟁이 아주 심한 대학에 등록한 학생 모두의 비율(57%)을 가리킨다. 이는, 학업 측면에서 우수한 자격을 갖춘 학생들 중에서도 소득 분배상 상위 출신의 학생이 입시경쟁이 아주 심한 대학에서 과도하게 대표되고 있음을 보여 준다.

　자료: 고등교육재정 컨소시엄, 2003

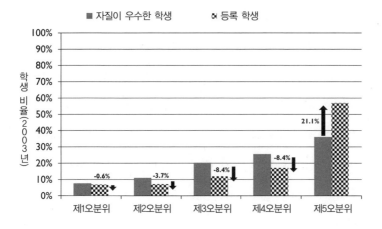

■ 자질이 우수한 학생   ✖ 등록 학생

[그림 2-2] 거대한 압착의 자세한 내용

　　검은 막대는 소득 분배의 오분위에서 우수한 자격을 갖춘 고교 졸업생의
비율이 각각 몇 퍼센트인지를 가리키며, 격자무늬 막대는 입시경쟁이 아주
심한 대학의 전체 학생의 몇 퍼센트가 소득 분배의 각 오분위에 들어가는지
를 가리킨다. 소득 분배상 하위 네 개의 오분위 출신의, 우수한 자격을 갖춘
고교 졸업생은 엘리트 대학에서 과소하게 대표되고 있는 반면, 최상위 오분
위 출신의, 우수한 자격을 갖춘 고교 졸업생은 과도하게 대표되고 있음을 보
여 준다.

　　자료: 고등교육재정 컨소시엄, 2003

　어떤 대학이건 입학 후에 성공할 학생들만 받아들이게 된다. 따라
서 입시경쟁이 심한 대학에서는 다음과 같이 물어볼 필요가 있다.
자질이 우수한 전체 학생 중에서 상위 20% 가정 출신이 차지하는
비율은 얼마나 되는가? 자질이 우수한(높은 평점과 합산 SAT 1200점
이상) 2학년 학생 전체 중에서 35%가 상위 20% 가정 출신이고, 입
시경쟁이 심한 대학의 경우에는 전체 학생 중에서 57%가 상위 20%

가정 출신이다. 미국에서 상위 20% 가정 출신의 학생은 그렇지 않은 가정 출신의 학생에 비해서 21% 넘게 더 많이 대학에 다닌다.

다른 소득집단은 모두 훨씬 더 적은 비율을 보여 준다. 소득 수준이 차상위 40%에 해당하는, 즉 연평균 41,000달러 미만인 가정 출신 학생의 비율은 4.3%나 더 낮다. 소득 수준이 중간 20%에 속하는 41,000~61,000달러인 가정 출신 학생의 비율은 8.4%나 더 낮다. 소득 수준이 더 높은 62,000~94,000달러인 학생의 비율도 8.4%나 더 낮다.

우리가 접근기회의 증대를 옹호하려면 이런 수치 외에 더 많은 것이 필요하다. 중위소득과 하위소득 가정 출신의 학생들이 대학에 더 적을 경우에 생기는 손실이 무엇인가를 밝혀 줄 이야기도 필요하다. 펜실베이니아 대학교의 경우, 중위소득과 하위소득 가정 출신 학생의 입학 비율이 가장 낮은데 이 중에는 다음과 같은 학생들이 들어 있다.

• 일리노이주 출신의 남학생은 지도교수에 따르면, '이상적인 자유교양 학생'이라고 한다. 이 학생은 물리학, 국제정치, 문학, 외국어에 흥미를 갖고 있다. 그는 베이스 클라리넷을 아주 잘 연주한다. 그의 형제는 넷이고, 어머니 혼자서 다운증후군을 앓고 있는 형제를 돌본다. 소득은 사회안전 수당과 소액의 아동지원금뿐이다. 만일 그 학생이 펜실베이니아 대학교로 오려면 항공권이 있어야 하고, 펜실베이니아 대학교에서 대납해 주지 않으면 표를 구할 수 없다.

- 코네티컷주 출신의 여학생은 산업조직 심리학자가 되기를 원한다. 에이즈 관련 기구에서 자원봉사도 하는데, 학교에 다닐 때에는 흑인학생연맹에서 적극 활동했다. 그녀의 어머니는 25년간 다니던 직장을 최근에 잃었고, 저당 잡힌 집을 잃어버리지 않으려 싸우고 있다.
- 사우스다코타주 출신의 남학생은 심리학을 공부할 계획이다. 그의 어머니는 아메리카 원주민 보호지역의 헤드스타트 교사다. 지도교사에 따르면, 그가 고교 활동에 참여하는 데 어려움이 컸던 이유는 주정부가 예산을 삭감했기 때문이고, 또 과외활동 프로그램에 참여할 경비를 어머니가 마련해 줄 수 없었기 때문이다.
- 펜실베이니아주 출신의 여학생은 신경과학과 행동심리학을 공부하기를 원하고, 환경연구와 '환경보호' 문제에 대해서도 흥미를 갖고 있다. 또한 그녀는 지역사회의 조직들을 위한 기금조성을 위해서 적극 활동하는 중이며, 형제는 세 명인데 그중 한 명도 대학에 다닌다. 부모는 모두 슈퍼마켓과 공장에서 일한다.

  중위소득과 하위소득 가정의 학생들이 우리 대학에 접근할 기회를 증대시키는 것은, 불경기가 극심한 시기에 아주 가치 있는 일이긴 해도 갈수록 힘들어진다. 불경기 이전에 중위소득과 하위소득 가정에서는 4년제 국공립대학의 교육비용을 충당하기 위해서 재정 지원을 받을 경우에도 연 소득의 25~55%를 지출하였다.[13] 이런 부담은 지난 3년 동안 가파르게 상승했다. 연방정부의 무상장학금도 신청할 수 없고, 공적 지원이 축소된 공립대학에 다녀야 했던 중산층 학생들의 경우가 특히 그랬다.

　오늘날 일반적으로 중위소득 가정 출신의 학생들은 수많은 주요 공립대학보다는 펜실베이니아 대학교에 다니는 것이 오히려 비용이 더 적게 들 것이다. 그렇지만 사립대학도 엄청난 재정적 압박을 겪고 있다. 대부분의 사립대학은 재정 지원을 최우선 과제로 내세우고, 관대한 기부자로부터 수백만 달러를 성공적으로 기부받을 경우에만 비로소 니드-블라인드(need-blind)*로 학생들을 입학시키고, 필요를 충분히 충족시켜 줄 재정 지원도 제공할 수 있다. 이것이 아마도 미국의 4천 개 대학 중에서 약 1%만 니드-블라인드 입학에 동조하고 학부생의 재정 필요를 충분히 충족시키는 데 전념하는 이유일 것이다. 이보다 훨씬 더 낮은 비율의 대학에서만 니드-블라인드로 입학한 모든 학생의 재정적 필요를 충분히 충족시켜 주고, 오직 필요에 의해서만 재정 지원을 제공하는 데 전념할 수 있다. 이런 대학은 이런 방식으로, 재정적 필요가 입증된 학생을 위해서 희소한 기부금의 활용을 극대화시키고 있다.

　극심한 불황에도 불구하고 펜실베이니아 대학교는 기회를 증대시킬 역량을 극대화함으로써 재정적 필요가 입증된 가정 출신의 모든 학생에게 비용을 절감시켰다. 2004~2012년에 펜실베이니아 대학교

---

* 역자 주. 니드(need)는 대학에 입학하여 학업을 계속하려면 장학금/재정보조를 받아야 할 필요를 의미한다. 미국 대학에 지원하는 학생들은 이런 필요가 있음을 입학 전에 반드시 미리 밝히고 입학을 승인받아야 나중에 도움을 받을 수 있다. 니드-블라인드는 그런 필요가 있는 지원자를 대학에서 거부하지 않는다는 뜻이다. 니드-블라인드는 그런 필요가 있는 대학 지원자를 재정적으로 지원하는 데 호의적인 입학정책이다. 이와 달리, 니드-센시티브(need-sensitive)나 니드-어웨어(need-aware)는 그런 지원을 하지 않겠다는 입학정책이다.

의 평균 교육비는, 재정적 필요가 입증된 모든 학생의 경우 2,900달러 정도 낮아졌다. 또한 펜실베이니아 대학교는 학자금 대출이 아니라 총액 보조금 정책을 만들어서 재정 지원을 받아야 할 형편에 있는 모든 학부생에게 융자가 아닌 현금으로 장학금을 승인했다. 이 정책은 하위소득과 중위소득 가정의 학생들이 빚지지 않고 대학을 졸업할 수 있게 하고, 최고의 보수를 받을 직업으로 가야 한다는 중압감 때문에 가치 있고 또 가장 만족하는 진로를 포기하지 않은 채 직업세계로 진출하게 해 준다.[14]

재정 지원이 기회 증대의 유일한 장애물은 아니다. 입시경쟁이 심한 수많은 사립대학은 중위소득과 하위소득 집단의 많은 학생에게는 감당할 수 없는 곳 그리고 환영받지 못할 곳으로 느껴진다. 상대적으로 불리한 처지에 있는 학생, 가정, 중등학교 등에 하는 적극적 홍보가 그런 오해를 풀어주는 데 꼭 필요하다. 그동안 펜실베이니아 대학교에 고교 졸업생을 '보내지' 않았던 수많은 학교를 방문했고, (라틴계 학생의 학부모는 영어를 모르기 때문에) 입학 및 재정 지원 자료를 스페인어로 번역했다. 우리는 「아는 것이 힘 프로그램(Knowledge is Power Program, KIPP)」에 참여하는 중등학교 그리고 「탐색 다리(QuestBridge)」 프로그램과 협력했는데 이런 프로그램의 일차적 사명은 (흔히 소수집단에 속하고, 가족 중에서 처음으로 대학에 진학하는) 저소득층 학생들이 입시경쟁이 심한 대학에 와서도 성공하도록 준비시키는 것이다.

앞으로 해야 할 일이 엄청나게 더 있겠지만 그동안 펜실베이니아 대학교는 제1세대 학생, 하위소득과 중위소득 집단의 학생 그리고 과소하게 대표되었던 소수집단의 학생 비율을 의미 있게 끌어올렸다. 펜실베이니아 대학교의 신입생 7명 중 1명은 나와 마찬가지로 가족 중에서 처음으로 대학을 졸업한 사람이 될 것이다. 이 대학교에서 그동안 과소하게 대표되었던 소수집단 출신 학생의 비율은 지난 8년 동안 15%에서 22%로 높아졌다. (아시아계 미국인을 포함해서) 소수집단 출신은 전체 학생집단의 거의 절반까지 올라갔다. 이들이 대학에 오면 다양한 대학 프로그램이 그들을 더 편하게 맞아 주고 성공할 수 있도록 도와준다. 모든 집단의 졸업률은 90%를 넘어선다.

기회 증대의 긍정적 효과는 하위소득과 중위소득 집단의 입학생에게서만 나타나지 않고 그 이상으로 확대된다. 사회경제적, 인종적 다양성의 확대는 아주 특권적인 학생들 사이에 통용되는 것과는 전혀 다른 생활경험과 관점에 대한 이해를 높여 줌으로써 캠퍼스의 모든 구성원의 교육적 경험을 풍부하게 만든다.

입시경쟁이 심한 대학에 그동안 자질은 뛰어났어도 입학하지 못했던 학생들이 접근하기 쉽게 만들고 재정 장벽을 낮추는 일의 잠재적 영향은 이미 언급했다. 다음에 주목하는 것도 중요하다. 입시경쟁이 덜 심한 대학에서 입학에 대한 지각적, 재정적, 심리적 장벽이 크게 낮아지면 학생들을 위한 보상은 그와 유사하게 많아진다. 이 논변의 논리는 똑같이 적용되는 것이다.

여기서 대학교육의 두 번째 윤리적 목적, 즉 '창의적 이해의 함양'으로 넘어간다. 학생과 학부모가 졸업 후 취업 전망에 대해 관심을 갖는 것은 이해할 만하다. 소득이 좋은 취업에 필요한 자격을 갖추도록 학생들을 도와주는 일에 대학도 분명히 노력해야겠지만, 우리는 직업 및 진로 준비보다 훨씬 더 많은 일을 할 필요가 있다. 대학의 일차적 목적은 학생들이 살아갈 세계를 창의적으로 또 건설적으로 이해하도록 교육시키는 것이다. 창의적 이해에 도달한 이후에 비로소 실현될 수 있는 것이 대학교육의 세 번째 목적, 즉 사회에 이득이 되도록 식견 있는 방식으로 행동할 수 있는 학생을 졸업시키는 일이다. 이 두 가지 목적은 고등교육의 모든 부문에 적용된다.

오늘날 대부분의 대학은 **학문-융합적 학습**(interdisciplinary learning)이라는 아이디어를 받아들이고, 단일 학문이 제공하는 것보다 더 종합적인 세계 이해를 학생들에게 제공하려고 한다. 일반적으로 대학생은 전공에서 깊은 지식을 쌓고, 선택과목에서 (혹은 어떤 경우에는 중핵 과정에서) 인문학, 사회과학, 자연과학을 수강함으로써 자신의 이해를 넓히도록 요구받는다. 요즈음 학생들에게는 전통적인 자유교양 및 과학과목(liberal arts and sciences disciplines, 간단히 'liberal arts') 간의 지식이 융합되도록 도와주는 학문—융합적 전공이 제공되고 있다. 자유교양 과목 간의 이런 융합은 학생들이 복잡한 사회문제를 창의적으로 이해하고 대응할 수 있는 능력을 길러 준다는 점에서 환영받을 발전이다. 사회문제가 보건의료, 인권, 실업, 이민, 교육성취, 경제적 불평등일 경우에 이를 제대로 이해하고 또 효과적으로 해결하려면 어느 한 가지 학문만으로는, 그 방법론이 아무리 숙달되고 그 패러다임이 아무리 강력한 것일지라도 불가능할 것이다.

예를 들어, 과거에 비해 서로가 더 연결되고 인구밀도도 더 높아진 현대사회에서 발생한 기후변화 문제를 살펴보자. 이런 세계에서 학생들이 긍정적 차이를 만들어 낼 준비를 갖추려면, 지속가능한 설계와 개발에 관한 과학뿐만 아니라 이와 연관된 경제적, 정치적 등등의 사항도 이해해야 한다. 기후변화뿐만 아니라 온갖 복합적인 문제의 해결이 핵심적으로 요구하는 것은, 다양한 전문 영역을 가로질러 지식을 연결함으로써 창의적 이해를 확대하고 심화시키는 일이다.

여기서 지식융합이 전통적인 자유교양 과목의 경계선을 벗어나면 안 된다는 뜻은 결코 아니다. 무엇보다도 그런 경계선은 시간이 흐르면서 조금씩 또 지속적으로 변해 버렸기 때문이다. 내 전공 영역인 정치철학을 예로 들어 보자. 지성사 중심의 학문적 접근이었던 것이 일찌기 1970년대부터 현대 공공문제의 비판적 분석이라는 방향으로 의미 있게 변해 버렸다. 그 이전에 여러 세대에 걸쳐 정치철학자들에게 공통된 패러다임이었던 것이 그처럼 변했다. 만일 자유교양이 오직 지식탐구 그 자체에 의해서만 동기가 유발되고, 현실세계에 대한 관심에 의해서 동기가 유발되지 못한다면 이와 같은 변화를 이해하기가 어려울 것이다. 정치철학의 중대한 변화 속에서 정치철학자들은 지속되는 불의에 맞서고, 사회에 대한 윤리적 이해와 비판의 전통을 되살리는 일을 가치 있게 생각했다. 이런 통찰에 대응하고, 시대에 뒤떨어지지 않게 변화할 수 있는 학문의 역량은 모든 대학의 학생들에게 자유교양이 교육적으로 중요하다는 인식의 핵심일 것이다.

자유교양교육은 근대 세계에서 나타난 학부교육 중에서 가장 폭넓은 것이다. 이 폭넓음은 자유교양교육이 창의적 이해를 길러낼 수 있는 힘의 핵심이다. 그러나 지적 창의성이라는 이상에서 볼 때, 자유교양교육의 인습적 경계선을 고정된 것처럼 간주해 버리고, 그것이 특수한 역사적 조건의 산물로서 인간에 의해 변화될 수 있는 것임을 간과하는 것은 잘못이다. 미국의 특수한 역사적 조건은 자유교양과 전문직 교육을 너무 단절시킴으로써 지적 이상에서 멀어지게 만들었다. 예를 들면, 기후변화에 관한 창의적 이해에 도달하려면 경제학, 정치학에 못지않게 화학공학이 중요하다. 그런데 화학공학은 전통적인 자유교양 과목도 아니고, 인습적 의미에서 자유교양에 속하는 것도 아니다. (공학은 흔히 '전문 교육이나 전문준비 교육'으로 분류되어 왔다.)

오늘날 **전문직 윤리**(professional ethics)라는 광범위한 영역에는 자유교양교육을 지적으로 풍요롭게 만들어 줄 수 있는 굉장한 잠재력이 들어 있다. 이런 잠재력은 의료윤리와 공공정책의 교차점에서 잘 드러난다. 나 자신의 학문적 이력 그리고 오바마(Barack Obama) 대통령의 생명윤리문제연구를 위한 대통령자문위원회(소위 생명윤리위원회)의 위원장 경력이 말해 주듯, 나는 보건의료와 인체실험의 윤리를 둘러싼 수많은 도전적 문제를 검토하는 작업에 관여했다. 이런 문제는 거의 대부분 전통적인 자유교양교육이나 그런 교육과정의 일부가 아니었다. 어떻게 해야 보건의료가 가장 공평하게 분배되는가? 의료 전문직에게 나타나는 이익 갈등은 어떤 것인가? 인체실험이 윤리적으로 심각한 이유는 무엇이며, 실험을 어떻게 수행하는 것이 정당한가? 이와 같이 혹은 이와 비슷하게 윤리적으로 도전적인 문제가 생명윤리에서 더 많이 생길 것이다. 이는 의료과학이 진보하고, 보건의료 비용이 하늘 높이 치솟을지 모르고, 세계 인구가 더 늘어나면서 서로 연결되기 때문이다.

따라서 생명윤리위원회의 2011년도 보고서에는 인체실험 연구윤리에 관한 한 가지 제언이 들어 있다. 학부교육 수준에서 의료윤리를 가르쳐야 한다. 이것은 결코 놀랄 일이 아니다.[15] 자유교양교육과정을 강화시킬 수 있는 방법 중 하나는 비윤리적 연구의 역사적 사례에서 구체적으로 무엇이 잘못이었는지를 학생들이 이해하도록 도전하게 하는 것이다. 이와 마찬가지로 중요한 다른 하나는 현대사회에서 갈수록 영향력이 커지는 인체실험 연구에서 발생하는 비윤리적 실천으로부터 개인을 보호할 최선의 방법을 학생들이 선제적으로 고찰할 수 있게 하는 것이다. 교육받은 학생들이 그런 어려운 문제를 가지고 씨름할 수 있고, 이를 바탕으로 전문가들에게 공적 책임을 물을 수 있게 만들려면 그런 주제를 철저하게 가르쳐야 한다. 그것도 전문대학원이나 엘리트 대학에서만 가르쳐서는 안 된다. 자유교양에 대한 열정을 가진 교육자라면 그런 주제가 교육과정에 포함되는 것을 환영하고, 전문직 윤리처럼 지적으로 도전적이고 또 실천적으로 중요한 주제가 그저 전문직 교육 안에서 혹은 주로 거기서만 가르치는 일이 없도록 만들 수 있다.

자유교양과 '전문직의 실천과 직접 연관된 주제'를 엄밀하게 분리시키는 것이 문제다. 그 이유는 많은 자유교양 학부생이 전문직으로 진출할 계획을 갖고 있다는 사실 때문이 아니라, 오히려 모든 생명체와 사회가—법률, 의료, 간호, 기업, 공학, 교육뿐만 아니라 입시경쟁이 심한 대학에는 드문 기술, 무역 관련 학문과 같은—전문 직의 행위, 태도, 풍토, 윤리에 의해 심각한 영향을 받을 것이라는 사실 때문이다. 그럼에도 불구하고 전문직이나 전문직 종사자의 사회적 역할과 책임에 대해서 학부생들이 심층적으로 또 체계적으로 생각하도록 가르치는 경우는 드물다. 마치 정치에 관한 가르침이, 학생의 삶과 사회의 생존에서 정치가 수행하는 역할에 관해서, 또 공적 봉사에서 정치가가 책무성을 갖게 할 최선의 방안에 관해서 학생들이 창의적으로 사고하도록 준비시키는 데 도움이 되는 것처럼 전문직의 윤리, 역사, 정치, 사회학에 관한 가르침은 사회 안에서 전문직의 역할에 관해서, 또 전문직 종사자가 공적 책무성을 갖게 할 최선의 방안에 관해서 학생들이 창의적으로 사고하도록 준비시키는 데 도움이 될 것이다.

자유교양 학사학위는 **전문직 교육**의 예비조건이다. 대다수의 자유교양 대학이나 소속 교수들은 자유교양이 전문직을 교육시켜야 한다고 확신한다. 그런데 어째서 자유교양교육과정에는 전문직과 전문직 종사자의 역할과 책임에 관해서 학생들이 신중하게, 비판적으로, 창의적으로 사고하도록 가르치는 과목이 별로 없는가? 아마도 우리는 그런 연관성을 학생들이 스스로 파악하거나 혹은 나중에 전문대학원에서 가르침을 받는 것으로 충분할 것이라고 가정하는지 모른다. 이런 가정은 모두 틀린 것이다.

첫째, 철학과의 교육과정에서 흔히 배우는 윤리학을 학생들이 스스로 의료, 기업, 법률 전문직의 역할과 책임에 적용할 것이라고 가정해서는 안 된다. 윤리적 고려사항은 너무 복합적인 것이고 또 전문직의 제도적 역할과 책임에 따라서 큰 영향을 받는 것이다. 예를 들어, 수많은 법률가는 사법체계 안에서 서로 적대적인 입장에서 싸우며 살아가는 사람들이다. 수많은 의사는 환자가 직접 지불하지 않는 곳에서 재정적 이득을 끌어오는 체제의 일부분이다. 수많은 기업인은 외부 간섭이 (옳건 그르건) 일단 의심쩍은 것으로 간주되는 자유시장이라는 곳에서 움직인다. 이런 여러 가지 맥락에 걸쳐 있는 고려사항은 법률, 의료, 기업의 실천윤리를 극히 복잡하게 만들어 버린다.

둘째, **전문대학원**(professional schools)의 사명은 자유교양교육을 받은 학부생을 책임 있는 전문직 구성원이 되도록 준비시키는 것이다. 그렇다고 해서 전문직과 직접 연관된 교육이나 연구가 전문대학원의 배타적 영역이 되어야 하는 것도 아니다. 개인이건 사회이건 한편으로 의료, 기업, 법률 그리고 다른 한편으로 윤리, 경제, 정치 간의 복합적 연관성에 따라 큰 영향을 받는다.

나의 핵심 주장은 이렇다. 자유교양교육과 '전문직의 역할과 책임'이라는 주제 간의 단절이 너무 인습적이어서 당연시될지도 모르지만, 지적으로 혹은 교육적으로 볼 때 우리가 정말 이상하게 느껴야 할 것은 자유교양과 전문직 생활을 명시적으로 연결시켜 주는 과목이 학부 교육과정에 거의 없다는 점이다. 이것은 지적 차원과 실천적 차원에서 해결해야 될 수수께끼다.

『사상의 자유시장(The Marketplace of Ideas)』에서 루이즈 메넌드(Louis Menand)는 이런 수수께끼를 다룬다. 그는 그런 단절이 미국 고등교육에서 나타난 과정과 원인을 아주 명확하게 역사적 설명으로 밝혀내고 있다. 그런 단절은 세 가지 요인에 의해 추동되었다. ① 미국고등교육의 역사적 진화, ② 19세기 후반 고등교육에서 나타난 강력한 옹호론, ③ 자유교양과 전문직 교육자들 간의 편리한 (교육적 설득력이 없는) 분업.[16]

역사적 설명은 미국에서 **자유교양교육**이 미국 엘리트의 독점 영역이었고, 이들이 실천-지향적 전문교육을 업신여겼던 과거로 거슬러 올라간다. 미국에서 **실천-지향적 전문교육**은 자유교양교육과 별도로 성장했다. 19세기 후반이 되기 전까지 자유교양 학사학위는 전문직으로 들어가는 통로가 아니었다. 예컨대 1868년도에,

미시간 대학교의 의과학생 중에서 학사학위 소지자는 411명 중 19명뿐이었고, 법과학생 중에서 학사학위 소지자는 387명 중 한 명도 없었다. 당시에 하버드 대학교 로스쿨의 입학 조건은 '좋은 성격'에 관한 증거 그리고 법학교수의 호주머니로 들어갈 100달러의 납입금을 지불할 능력뿐이었다. 학업평점이나 시험도 없었다.[17]

찰스 엘리엇(Charles Eliot)은 40년간 하버드 대학교의 총장이었다. 취임 첫 해인 1869년에 그는 '독창적이고 혁명적인 아이디어로서 ……학사학위를 전문직 학교의 입학 조건으로' 만들어 버렸다. 자유교양교육을 전문직에 들어갈 단일 통로로 만들고자 했던 엘리엇의 아이디어는 '남북전쟁 이후 수십 년 동안 미국 고등교육 혁신의 핵심 요소'가 되었다.[18] 그것의 장기적 효과는 두 가지로 나타났다. 하나는, 전문직 자격 부여는 대학의 고유 업무가 되었다.[19] 다른

하나는, '점점 더 세속화되는 공리주의적인 시대에 반-공리주의적 풍토를' 자유교양 대학이 지켜낼 수 있었다.[20] 엘리엇은 "실천적 정신과 문예적 혹은 학술적 정신은 모두 좋은 것이나 서로 부합될 수 없는 것이어서 뒤섞이면 양쪽이 모두 망가진다."고 주장했다.[21]

이처럼 실천적인 것과 이론적인 것의 엄격한 분리는, 그 이전까지의 교육적 노력의 불가피한 성과도 아니었고, 또 보편적으로 수용된 것도 아니었다. 사실상 그것은 자유교양과 전문직 교육을 통합시키려는 초기 미국인의 노력에도 불구하고 나타난 것이었다. "펜실베이니아 청년교육에 관한 제안"이라는 벤저민 프랭클린(Benjamin Franklin)의 교육 청사진은 나중에 펜실베이니아 대학교의 설립으로 이어졌는데, 그는 학생에게 '유용한 모든 것과 장식적인 모든 것'을 가르칠 것을 요구했다. 원칙적 실용주의자인 프랭클린은 모든 것을 가르칠 수 있는 교육기관은 없다는 뻔한 응수에 즉시 고심하더니 계속하기를, "예술은 길고, 시간은 짧다. 따라서 장차 가장 유용하고, 가장 장식적인 것이 될 가능성이 있는 그런 것들을 학생이 배우게 할 것을 제안한다."[22]라고 했다.

프랭클린의 놀라운 통합 노력에도 불구하고, 미국에서 자유교양과 전문직 교육의 역사적 발전은 압도적으로 엘리엇의 분리주의 철학을 따랐다. "공리성은 모든 전문직 학교에서 …… 그러나 대학교에는 전혀 없어야."[23] 엘리엇에 따르면, 자유교양교육은 반드시 "별도의 목표가 없이 오직 주제에 대한 사랑, 학습에 대한 사랑 그리고 연구 자체를 위한 열정적 공부"가 되어야 한다.[24]

자유교양과 전문직 교육의 분리가 상당 기간 진행되면서, 자유교양은 엘리엇의 분리주의적 입장이 처방했던 것보다 실제로는 덜 순수한 것으로 밝혀졌다. 이는 놀라운 일이 아니었다. 예를 들어, 전문직 학교는 (유기화학과 같은) 일부 학부과목을 선수 과목으로 지정했고, 의도했던 실천적 목적이 그런 학부과목에 즉각 전달되었다. 그러나 실천적 교과에 대한 일반적 혐오 그리고 실천적 학습동기에 대한 의심은 이미 자유교양 문화에 깊이 뿌리를 뻗었다. 결과적으로 자유교양교육과정의 모든 '비−순수' 부분은 마치 '전문직 준비'로 오염된 것으로 보이게 만들었다. 그런 선수 과목이 품위가 떨어지는 것으로 자주 간주되었던 이유는, 학생들이 그저 도구적 이유에서만 그것을 이수한다고 가정하였기 때문이다.

게다가 자유교양교육과정이 발전하면서 실천적 혹은 전문적 목표가 아닌 지적 열정에 따라서 하나의 전공을 선택하도록 학부생에게 요구했다. 이것은 학습 자체를 위한 학습이라는 자유교양 정신이 실천적이고 전문적인 목표에 의해 훼손되지 않게 하려고 했던 것이다. 선수 과목과 비슷하게 전문직 학교로 자연스럽게 연결되는 전공도, 예를 들어 경영대학원으로 이어지는 경제학, 법학대학원으로 연결되는 정치학, 의학대학원으로 나아가는 생물학이 전문직 준비 과목이 되지 않고 자체의 명성을 지킬 것으로 기대되었다. 생물학을 전공하는 의학대학원 준비생, 정치학을 전공하는 예비 법학도, 경제학을 전공하는 예비 경영대학원생은 고전학, 수학, 물리학을 전공하는 학생에 비해서 가치가 떨어지는 동기를 갖고 있는 것처럼 의심을 받았다.

자유교양과 전문직 교육 간의 분리에 대한 이런 여러 가지 관심에도 불구하고 우리는 다음과 같은 점을 인정할 수 있다. 만일 학생이 교육도 잘 받고 그리고 가능한 미래의 진로도 잘 준비하고 싶어서가 아니라 그저 전문직과 관련된 이유 때문에 어느 전공을 선택한다면, 교육적으로 중요한 무엇인가를 잃어버린 것이다. 이렇게 나타날 수 있는 문제에 대한 한 가지 대응은 모든 전공에 학부 필수(distribution requirements)를 도입하는 것이었다.

이와 비슷한 또 다른 강력한 대응은, 자유교양 교육자들이―입시경쟁이 덜 심한 대학의 교수들에게서 배워야 할 교훈으로―학습에 대한 사랑 그 자체만으로 동기가 유발될 정도로 경제적 특권을 가진 사람은 극소수임을 인식하는 것이다. 학부 과정에서 대다수 학생은 (입시경쟁이 심한 대학, 지역사회 대학, 그 중간 형태의 대학이건 모두) 소득이 생기고 사회적으로 생산적인 취업을 위해 준비할 필요가 있다. 그리고 전문직이나 진로 준비에 도움이 되어서 어떤 전공을 선택한다는 것은 교과가 제공해 주는 것을 폭넓게 추구하는 데 진정한 흥미를 갖고만 있다면 결코 부끄러운 일이 아니다. 우리 중에서 극소수의 성자라면 모를까, 대다수는 자기 인생에서 의미 있는 목표를 추구할 때 혼합된 동기들을 품으면서 살아간다.

실수는 하지 말자. 그저 전문적 동기만을 염두에 두고 학부 교육을 장려하는 것에 자유교양이 굴복하는 일이 없도록 우리는 노력해야 한다. 미국의 자유교양교육의 자랑스러운 부분은 지적 안목과 진로 선택을 활짝 열어 둔 채 나중에 선택할 진로가 어떤 것이건 그 길을 뚫어갈 지적 호기심과 창의성을 길러 주는 방식이다. 과목과 전공을 설계할 때에는 일반적으로 그것이 다양한 진로와 부합될 수 있고, 학생의 지적 창의성을 촉발시키고, 그의 상상력을 좁히지 않도록 만든다. 자유교양교육에서 옹호될 수 있는 가장 훌륭한 목적은 학부생의 안목을 좁히지 않고 넓히는 것 그리고 그의 창의적 잠재력을 억누르지 않고 강화시키는 것이다. 그러나 이 두 가지 목적은 대학교육의 모든 단계에서 지적으로 창의적인 전문직-준비 교육을 긍정한다. 예를 들어, 두 가지 목적은 전문직의 사회적 역할과 책임에 관한 과목을 학부 교육과정에 포함시키는 방안을 옹호할 것이다.

편협한 전문직-준비에 대항하여 자유교양교육을 굳건히 지켜야 한다. 이와 마찬가지로, 우리는 프랭클린의 통합 비전을 구축해야 하고, (엘리엇 방식의) '학술' 정신과 '실천' 정신의 엄격한 분리에 반대해야 한다. 두 가지 정신의 분리는 창의적 이해를 일으키지 못하고 오히려 억누르는 수단이다. 왜냐하면 우리의 창의적 이해를 촉발시키는 것은 대체로 이론 세계와 실천 세계에 두루 걸쳐 있으며 그리고 전문직은 두 가지 세계의 커다란 부분을 차지하기 때문이다. 자유교양이 전문직에게 제공해 줄 통찰 또한 굉장한 것이며, 이런 통찰을 전문직의 실천에 통합시키는 것도 지극히 창의적인 도전이다.

자유교양과 전문직-준비 교육을 분리시키겠다는 공공연한 이상은 자기기만적인 느낌을 주기도 한다. 메넌드가 지적하듯이 학부교육을 받은 학생 중에서 장차 교수가 될 극소수에게는 자유교양 전공조차도 실제로는 전문직-준비나 다름없는 것이다.

게다가 자유교양과 전문직 교육 간의 분리가—학과 간의 분리와 함께—지속되었던 까닭은 그것이 중요한 목표 달성을 위해서 제도적으로 유익했기 때문이다. 그렇게 함으로써 대학에서는 (대체로) 학문영역을 중심으로 학과 조직이 가능했고, 대학원생 교육이나 교수 충원에도 유익했던 방식이었다. 그것은 광범위한 분야의 학문이나 학과의 교수들이 과목을 조직할 때 심층적 이해의 발달에 필요한 일단의 지식과 방법으로 학생들을 입문시키는 과목을 만드는 데 도움이 된다.

이런 논리는, 그것만으로는 자유교양과 전문직 간의 엄밀하고 단단한 장벽이 지속되고 유지되는 것을 정당화시켜 주지 못한다. 이런 잘못이 중첩되어 나타나는 것은 자유교양과 전문직 교육 간의 제도적 분리가 "'직업적'이라는 용어에 대한 알레르기"와 비슷한 것을 불러일으켰기 때문이다.[25] 그래서 학문 그 자체를 제외한 다른 전문직에 관한 모든 것은 '직업적'인 것으로 간주된다. 또한 이런 분리는 자유교양의 많은 옹호자들에게 "현실세계적인 목표를 염두에 두고 설계된 (학부) 교육과정"에 대해서 거의 본능적 거부감을 불러일으켰다.[26] 그렇다면 전문직 윤리뿐만 아니라 모든 응용윤리가 너무 실천적 (곧 충분히 이론적이지 못한) 목적에 물든 것이 되고 말 것이다.

나는 자유교양교육을 폭넓게 전문직을 준비시키고 현실세계의 목표를 추구하는 최적의 도구로서 자랑스럽게 옹호하고자 제안한다. 최선의 경우, 자유교양교육은 학생이 선택하는 것이라면 어느 전문직에서건 성공하도록 준비시키며 그리고 이런 준비는 학생으로 하여금 자아 (전문직의 사회적 역할과 책임을 비롯한) 사회 및 세계에 대해 창의적으로 비판적으로 사고하도록 가르침으로써 이루어진다.

학습에 대한 사랑 그 자체의 중요성을 우리는 강조한다. 이렇게 하는 데에는 좋은 이유가 있다. 현실세계의 목표는 직접적으로 추구한다고 해서 언제나 가장 잘 성취될 수 있는 것은 아니기 때문이다. 지식을 그 자체를 위해서 추구할 때 우리의 상상력과 시간 지평은 넓혀진다. 우리는 배운 것의 효과가 곧바로 '나타날' 것으로 기대하지 않는다.

그렇지만 차원 높은 학습 그 자체에 대한 사랑은 자유교양교육의 배타적 목적이 될 수 없고, 또 되어서도 안 된다. 배타적 목적이 될 수 없는 것은 '학습 그 자체에 대한 사랑'과 '세계 속에서 긍정적 차이를 만들어 내기 위해 학습을 사랑하는 것'을 서로 구분할 수 없기 때문이다. 배타적 목적이 되어서는 안 되는 것은 우회적으로(by indirection) 가르치는 것이 창의적 사고를 기르는 데 언제나 더 효과적인 것도 아니기 때문이다. 자유교양교육의 실천적 핵심은 복합적인 중요한 (경험적, 윤리적) 문제를 다룰 수 있는 최선의 방법에 대한 이해이며, 이것은 학습에 대한 사랑과 함께 창의적 사고를 효과적으로 길러낼 수 있다.

대학은 자유교양과 '전문직에 대한 더욱 깊고 넓은 이해'를 서로 통합시킴으로써 학생이 각자의 개인적, 전문적, 시민적 삶의 도전에 맞설 수 있는 준비를 더욱 잘 시킬 것이다. 이와 반대로, 대학이 자유교양과 전문직의 복합적 연관성을 졸업 후에나 겨우 파악하게 하거나 혹은 아무 일도 하지 않는다면 학생과 사회가 퇴락하도록 방치하고 말 것이다.

자유교양과 전문직 간의 단절을 극복해야 할 때가 되었다. 단절의 연결은 엘리엇의 시대가 분리를 만든 것처럼 혁명적이며 그리고 똑같이 중요한 일이다.

만일 21세기의 대학이 그런 단절을 지적 자산이 아닌 제도적 편의(혹은 불편으)로 인식하게 된다면, 자유교양과 전문직 교육 간에는 그만큼 더 생산적이고 지적인 다리를 놓을 수 있다. 역사학, 철학, 문학, 정치학, 경제학, 사회학, 과학 등에서 얻어지는 통찰이 어떻게 해서 법, 기업, 의료, 간호, 기술, 건축, 교육 등에 대한 이해를 풍부하게 만드는가 그리고 전문적 이해가 어떻게 해서 자유교양 학문에 대한 통찰을 풍부하게 만드는가를 우리는 보여 줄 수 있다. 전문직의 사회적 역할과 책임에 대한 이해가 민주시민의 고등교육에서 중요한 부분임을 우리는 밝혀낼 수 있다.

여기서 자연스럽게 대학교육의 세 번째 목적으로 이어진다. 이것은 대학의 핵심역량을 기반으로 삼아 사회적 기여를 극대화시키는 일이다. 대학의 핵심역량 중 하나는 자유교양교육이 창의적 이해를 함양시키는 능력이며, 이로써 교육받은 개인은 사회에 핵심적인 기여를 할 수 있게 된다.

21세기에 지식—기반 전문직들은 전례 없는 사회적 권력을 누리게 되었고, 전문가의 창의적 이해를 함양시키는 일은 대학이 (핵심적인 지적 역량을 기반으로) 사회에 기여하는 열쇠가 되었다. 대학은 개인능력 강화와 사회진보의 엔진이다. 각 개인이 시민으로서 또 전문가로서 생산적인 삶을 영위할 수 있도록 이끌어 주는 창의적 이해는 사회를 진보시키기도 한다.

대학의 사명인 학부교육에 대한 안일한 태도는 사회의 진보를 위축시킬 수 있다. 이를 피하기 위해 내가 지금까지 초점을 둔 것은 자유교양의 사회적 기여를 극대화시킬 수 있는 (갈수록 중요하지만 흔히 간과되기 쉬운) 방식이다. 모든 계층의 재능 있는 학생들이 전문직의 역할과 책임을 더 잘 이해하게 할 수 있는 교육기회를 확대하는 것이다. 전문직은 모든 시민의 삶에 심각한 영향을 미친다. 따라서 학생들에게 전문직의 사회적 역할과 책임에 대해서 가르치는 일은 전문대학원 수준에서 시작해서는 안 되고, 또 그것을 소수의 명문대학에서만 가르쳐서도 안 된다. 전문직으로 나아갈 계획을 갖고 있는 수많은 학부생에게 그처럼 똑같이 중요한 일은 일찍부터 그런 주제에 입문시키는 것이다. 이런 일은 동료 전문가들끼리만 교육적 대화를 주고받지 않는 학습환경에서 이루어져야 한다.

창의적 이해의 함양을 통해서 대학이 사회에 기여할 수 있는 길은 그 밖에도 많다. 어느 대학이건 대학 자체의 여러 가지 실천과 사업에서 윤리적 책임과 사회적 봉사의 모범을 보여 줄 수 있다. 대학의 교육시설에 대한 자본투자는 지역경제의 회생에 기여한다. 모든 대학은 캠퍼스의 신축과 보존에서 지속가능한 환경조성의 모범을 보여 줄 수 있다.

학부의 자유교양교육에서 대학의 핵심적인 사회적 기여는, 학생의 기회 증대 그리고 창의적 이해의 함양에서 얼마나 진척이 이루어지는가에 달려 있다. 이와 비슷하게 교수의 연구 및 임상 서비스 차원에서 대학의 핵심적인 사회적 기여는, 자유교양과 전문직의 통찰이 얼마나 더 잘 통합되는가에 달려 있다.

펜실베이니아 대학교는 창립자인 프랭클린의 정신을 따라서 교수, 학생, 동문 모두가 여러 세기에 걸쳐 자유교양과 전문직 교육을 분리시켰던 지적, 제도적 단절을 좁히기 위한 다리 놓기를 폭넓게 수용하고 있다. 지식의 통합을 포용함으로써 창의적 이해가 얼마나 더 많이 함양되는지 그리고 지적으로 중요한 것을 놓치는 일이 얼마나 많이 줄었는지가 갈수록 더 분명해지고 있다.

· · · · · ·

근본문제로 되돌아가자. 학부교육을 가치 있게 만드는 것이 무엇인가? 창의적 이해를 함양시키는 교육은 다양한 계층의 재능 있고 부지런한 졸업생이 생산적 진로를 추구하고, 평생학습의 기쁨을 누리고, 창의적인 사회적 기여를 만끽하게 만든다. 이에 상응하는 모든 대학의 사명은 기회를 증대시키고, 창의적 이해를 함양시키고, (이를 통해서 혹은 그밖의 혁신연구, 임상 서비스와 같은 중요한 수단을 통해서) 사회에 기여하는 것이다. 최선을 다하는 대학은 부지런한, 재능 있는, 다양한 학생집단을 입학시키고, 이들이 (사회의 전문직의 역할과 책임을 비롯하여) 21세기의 복합적인 사회적 도전에 대응하는 데 필요한 이해를 함양하도록 도와준다. 대학이 이런 일을 하고 또 이런 일을 제대로 할 때 우리는 학생들과 사회인에게 대학교육은 아주 현명한 투자라고 자신 있게 말할 수 있다.

1) http://www.pimco.com/EN/Insights/Pages/School-Daze-Good-Old-Golden-Rule-Days.aspx(accessed September 20, 2011). 대학 학위의 가치에 대한 의심은 새로운 이야기가 아니다. 마크 트웨인은 말했다. "꽃양배추는 대학교육을 받은 양배추에 불과하다(Mark Twain, 1894, p. 67)."

2) http://www.thielfellowship.org/news/tf-press-releases/(accessed January 3, 2012)를 참조.

3) 예컨대, 잎(Ip, 2008), 메넌드(Menand, 2011), 인디비글리오(Indiviglio, 2011), 그린스톤과 루니(Greenstone & Looney, 2011)를 참조.

4) 바움, 마, 페이(Baum, Ma, & Payea, 2010), 카니베일, 스트롤, 멜턴(Carnevale, Strohl, & Melton, 2011), 그린스톤과 루니(Greenston & Looney, 2011), 카레이(Carey, 2011)를 참조.

5) 멩켄(Mencken, 1949, p. 443).

6) 그린스톤과 루니(Greenston & Looney, 2011).

7) 위 책.

8) 위 책.

9) 미국 노동부 노동 통계국, 최근 인구조사의 노동력 통계.

10) 우리가 알고 있듯이, 영문학이나 교육학과 같은 일부 전공의 경제적 회수율은 경제학, 공학과 같은 전공보다 훨씬 낮다. 그러나 그런 자격증을 갖고 있는 사람에게는 대학졸업 덕분에 경제적으로나 다른 방식으로 늘 얻는 바가 생긴다. 예컨대, 카니베일, 스트롤, 멜턴(Carnevale, Strohl, & Melton, 2011)을 참조.

11) 맥퍼슨과 샤피로(McPherson & Schapiro, 1991a, pp. 309–318; 1991b, pp. 16–22; 1997), 맥퍼슨과 샤피로 편(McPherson & Schapiro, Eds. 2006)을 참조.

12) 국립 공공정책과 고등교육센터의 2008년도 보고서에 따르면, 일 년 소득이 십만 달러 이상인 가정의 고등학생들 중에서 91%가 대학에 등록한다. 중산층 가정, 즉 일 년 소득이 오만~십만 달러인 가정의 고등학생들의 대학등록률은 78%다. 소득이 가장 낮은 이만 달러 이하인 가정의 고등학생들의 그 비율은 52%다(National Center for Public Policy and Higher Education, 2011).

13) 국립 공공정책과 고등교육센터(National Center for Public Policy and Higher Education, 2011).

14) 펜실베이니아 대학교는 NACUBO(National Association of College and University Business Officers)에서 제공한 최신 자료에서처럼 1인당 기부금 순위가 57위임에도 불구하고 필요-중립적, 필요-기반적, 비-대여 재정 지원 프로그램을 시행하여 지금까지 지속할 수 있었다. 비율상으로 재원이 더 풍부한 다른 대학에서도, 만일 필요-기반적 재정 지원이 대학의 최고정책에 포함된다면 중하위 소득 학생을 위한 지원이 확대될 수 있다는 점이 교훈이다.

15) 생명윤리문제연구를 위한 대통령자문위원회(2012). 이 생명윤리위원회는

1946~1948년에 과테말라에서 미국 정부의 후원을 받아 미국인 연구자가 행한 실험에서 저지른 흉악한 인권 유린을 상세히 지적한 이전 보고서에 따라서 연구 지침을 마련하는 중이다.

16) 메넌드(Menand, 2010).
17) "하버드 대학교에서 의학박사 학위(MD)를 취득하려면 90분의 구술시험을 보아야 했다. 그때 9명의 학생이 9명의 교수와 각각 10분 동안 구술시험을 본다. 9명 중 5명의 교수를 통과한 학생이 박사가 되었다." 위 책(p. 46).
18) 위 책(p. 45).
19) 위 책(p. 47).
20) 위 책(p. 49).
21) 엘리엇(Eliot, 1869, p. 215).
22) 프랭클린(Franklin, 1749).
23) 메넌드(Menand, 2010, p. 49).
24) 엘리엇(Eliot, 1869, p. 214). 또 호킨스(Hawkins, 1972)를 참조.
25) 위 책(p. 53).
26) 위 책(p. 50).

참고문헌

Baum Sandy, Ma Jennifer, & Payea Kathleen (2010). *Education Pays 2010: The Benefits of Higher Education for Individuals and Society* ([New York]: College Board Advocacy & Policy Center).

Carey Kevin (2011). "Bad Job Market: Why the Media Is Always Wrong about the Value of a College Degree." *New Republic* blog.

Carnevale Anthony P., Strohl Jeff, & Melton Michelle (2011). *What's It Worth: The Economic Value of College Major* (Washington, DC: Georgetown University Center for Education and the Workforce).

Eliot Charles. "The New Education, I." *Atlantic Monthly*, February 1869, 215.

Franklin Benjamin (1749). "Proposals Relating to the Education of Youth in Pensilvania Philadelphia."

Greenstone Michael, & Looney Adam (2011). "College: Expensive, but a Smart Choice." *Los Angeles Times*, August 15.

Hawkins Hugh (1972). *Between Harvard and America: The Educational Leadership of Charles W. Eliot* (New York: Oxford University Press).

Indiviglio Daniel (2011). "The Importance of College: A Self-Fulfilling Prophecy." *Atlantic*, June 27.

Ip Greg (2008). "The Declining Value of Your College Degree." *Wall Street Journal*, July 17.

McPherson Michael S., & Schapiro Morton Owen (1991a). "Does Student Aid Affect College Enrollment? New Evidence on a Persistent Controversy." *American Economic Review* 81, no. 1, 309–318.

McPherson Michael S., & Schapiro Morton Owen (1991b). "The Student Finance System for Undergraduate Education: How Well Does It Work?" *Change* 23, no. 3, 16–22.

McPherson Michael S., & Schapiro Morton Owen (1997). "Financing Under-graduate Education: Designing National Policies." National Center for Postsecondary Improvement.

McPherson Michael S., & Schapiro Morton Owen, Eds. (2006). *College Access: Opportunity or Privilege?* (New York: College Board.)

Menand Louis (2010). *The Marketplace of Ideas: Reform and Resistance in the American Univesity*, New York: Norton.

Menand Louis (2011). "Live and Learn: Why We Have College?" *New Yorker*, June 6.

Mencken, H. L. (1949). *A Mencken Chrestomathy* (New York: A. A. Knopf, 1949), 443.

National Center for Public Policy and Higher Education. "Measuring Up 2008: National Report Cards on Higher Education."

Presidential Commission for the Study of Bioethical Issues (2012). "Moral Science: Protecting Participants in Human Subjects Research."

Twain Mark (1894). *The Tragedy of Pudde'nhead Wilson* (Hartford, CT: American 1894), 67.

http://www.tnr.com/article/economy/89675/bad-job-market-media-wrong-college-degree?id=c3tDkrWcVzH3jltcgTA2oTDTydf5y5q6/J8/xDMU1/53nKY+kSwzHmksnbcDeVk/ (accessed September 20, 2011).

http://www.archives.upenn.edu/primdocs/1749proposals.html (accessed September 21, 2011).

http://articles.latimes.com/2011/aug/15/opinion/la-oe-looney-greenstoneis-college-wo20110815(accessed September 21, 2011).

http://www.theatlantic.com/business/archive/2011/06/the-importance-of-college-a-self-fulfilling-prophecy/241092/(accessed September 21, 2011).

http://online.wsj.com/article/SB121623686919059307.html(accessed Setember 21, 2011).

http://www.newyorker.com/arts/critics/atlarge/2011/06/06/110606crat_atlarge_menand (accessed September 21, 2011).

http://measuringup2008.highereducation.org/(accessed September 21, 2011).

http://www.bioethics.gov/cms/node/558 (accessed January 9, 2012).

http://www.pimco.com/EN/Insights/Pages/School-Daze-Good-Old-Golden-Rule-Days.aspx (accessed September 20, 2011).

http://www.thielfellowship.org/news/tf-press-releases/(accessed January 3, 2012).

제3장

자유사회의 인문학 옹호론

크리스토퍼 버트럼(Christopher Bertram)

머리말

예술과 인문학의 학자들은 미국이나 영국에서 자신들이 점점 위협받는 처지에 놓여 있다고 생각하게 되었다.[1] 그 이유는 여러 가지다. 경제가 후퇴하고 다른 나라에 추월당하는 시기에 인문학은 쓸모없는, 특별한 것이 아닌, 불필요한 사치라고 일반사회에서 지각되기 때문이다. 이런 생각에 따르면, 과학, 기술, 공학, 수학에 사회자원이 투입되어야 한다. 그 이유는 이 분야에서 교육이나 훈련을 잘받은 사람 혹은 경제성장에 직접 공헌할 사람이 사회에 충분한가에따라서 미래 국가의 부강과 번영이 좌우되기 때문이다. 최소한 미국에서 개인의 선택은 그런 지각을 부분적으로 반영하고 있다. 이는 인문학 분야의 입학생 비율이 비교적 변함이 없고, 또 요즈음 많은 학생들이 직업적 효과가 확실한 전공을 선택한다는 점에서 알 수있다.[2]

인문학에 대한 이런 경제적, 사회적 압력 외에도 우리는 대학 안 팎에서 또 다른 불안의 원천을 찾을 수 있다. 인문학이 서구 문화의 우월한 가치의 보고라는 확신이 크게 식어졌다. 문화적으로 보수 적인 성향을 가진 일부 집단을 제외하면 서구문명, 고급문화, 객관 적인 미적 가치의 객관적 우월성과 통일성이라는 생각에 대한 애착 이 과거에 비해서 크게 약해졌다. 자신감의 상실은 대체로 아주 타 당한 이유 때문에 나타난 것이고, 과거의 전쟁과 인종 학살, 유럽 식 민지 제국의 종말에 대한 한 세기 이상의 반작용에서 생겨난 것이 다. 대학의 내부에서도 이런 문화적 자신감의 상실이 나타났다. 이 는 위대한 저서로서의 고전의 위세가 한풀 꺾여 버린 점, 다양한 상 대주의와 주관주의에 대한 심취(와 간헐적 포용) 그리고 보통 사람의 경험과 문화에 대한, 또는 비-서구 사회의 예술, 역사, 경험에 대한 민주적이고 평등주의적인 관심의 집중 등으로 생겨났다. 전통적 가 치에 대한 자신감의 상실 그리고 성장과 번영에 대한 공리주의적 관 심의 증대가 서로 결합한 결과, 대학이나 대학의 교육과정에서 인문 학의 자리를 유지시켜야 하는가에 대한 의문이 제기되었다. 이것은 놀랄 일이 아니다.

이와 동시에 인문학의 이런 위기에는 어떤 역설적 측면이 들어 있 다. 이는 인문학적 탐구의 대상으로 간주되는 인간경험의 여러 영 역이 과거에 비해서 대다수 사람의 삶에서 더 중심을 차지하고 있을 때 바로 그런 위기가 나타났기 때문이다. 최근까지 서구세계에서 대다수의 사람은 대부분의 시간을 가족의 생계유지를 위해 일하면 서 보냈다. 사람의 수명은 더 짧았고, 문화적 재화에 대한 접근은 오늘날보다 더 제한적이었다. 비록 여가시간이 늘어나는 추세가 멈추었지만 TV, 인터넷, 음반과 같은 매체를 통해서 우리는 조상보다 엄청 더 많은 양과 범위의 드라마와 음악을 소비하는 시대를 살고 있다. 영국의 비평가인 레이먼드 윌리엄스(Raymond Williams)는 이를 날카롭게 표현한다. "영국, 미국과 같은 사회에서 대다수 시청자는 주중, 주말에 많은 드라마를 볼 것이다. 이는 과거 사람들이 일 년 내내 보는 것보다, 아니 어쩌면 평생 보는 것보다 더 많을 것이다. ……간단히 말해서 대다수 사람은 끼니 준비와 식사보다는 갖가지 드라마를 보는 데 더 많은 시간을 소비한다."[3]

현대의 상상세계의 내용은 대체로 다양한 문화, 국가, 언어의 산물을 수입하여 조합시킨 결과물이다. 이로 인해 풍부한 문화적 경험이 각 개인에게 비로소 가능한 일이 되었다. 그렇지만 근대 이전에는 엘리트만 향유할 수 있는 것이었다. 물론, 이런 예술의 중심성은 현대 소비 시대의 한 가지 특성에 그치지 않는다. 그것은 우리가 보고 듣는 것 그리고 우리가 일상적으로 사용하는 것의 생산과 관련되기도 한다. 미술가, 사진사, 작가, 음악가, 디자이너의 창조적 표현이나 인문적 통찰은 TV프로그램, 영화, 광고의 제작에 스며들었고, 아주 평범한 생활용품의 설계에도 스며들고 있다. 그렇다면 우리가 살고 있는 이 신세계는 과학자, 공학자의 창조물일 뿐만 아니라 기술적, 과학적 지식을 소유하는 사람과 예술적 표현의 재주를 가진 사람의 협력으로 생겨난 것이기도 하다. 모든 사람의 상상세계에서 예술이 차지하는 위상이 더욱 뚜렷해지고 현대세계의 외양과 느낌에서 예술의 역할이 필수적인 것이 되었음에도 불구하고 인문학자들의 편에서 곤혹감을 느낀다는 것은 얼핏 생뚱맞은 일로 보일 수 있다.

나는 인문학을 옹호하고 정당화하는 몇 가지 논변을 탐색하고자 한다.

첫째, 경제성장과 발전에 초점을 둔 논변이다. 지난 몇십 년 동안 미국, 영국에서 정치가들의 이야기를 들었던 사람에게는 친숙한 이야기다. 이 논변에 따르면, 교육과 연구의 기본적 정당화(justification)는 아주 일반적으로 (물론 고등교육의 경우에도) 국민의 물질적 풍요를 위한 프로젝트를 돕는 것에 있다. 교육의 목적은 노동자에게 경제적 필요를 제공하는 것이고, 연구의 목적은 혁신과 발견을 증진시켜 '우리'가 경쟁 대열에서 선도하는 것이다. 따라서 만일 예술과 인문학이 나름의 위치를 확보하려면 경제성장에 기여한다는 점을 밝혀야 할 것이다. 나의 결론을 말한다면, 물론 시민의 잘삶(well-being)을 지향하는 논변은 전적으로 옳은 것이지만, 이런 논변에서 특수한 기반으로 삼고 있는 성장은 지나칠 정도로 편협한 편이고, 인문학이 기여할 수 있는 비판적 성찰을 가로막는 것이다.

둘째, 성장에 대한 나의 결론, 즉 경제적 초점은 잘못되고 빈곤한 것이라는 결론과 일치하는 논변이다. 결국 우리는 기업가, 노동자에 그치는 것이 아니라 민주사회의 시민이다. 만약 민주사회의 시민 형성을 위해 인문학이, 예를 들어 민주시민의 덕목이나 마음가짐을 함양시킴으로써 어떤 본질적 역할을 수행할 수 있음이 밝혀진다면 이는 인문학 연구와 교육이 대학에서 지속되어야 함을 뒷받침해줄 설득력 있는 이유가 될 것이다. 여기서 나는 시카고 대학교의 철학자인 마사 누스바움(Martha Nussbaum)의 최근 저서 『학교는 시장이 아니다(Not for Profit)』에 들어 있는 중요한 논변에 주목한다.[4] 그러나 인문학이 국민의 민주적 대화에 기여함을 인정할지라도, 누스바움의 논변이 어찌 보면 너무 많은 것을 주장하기 때문에 납득하기 어려운 측면도 있다고 생각한다.

셋째, 경제적이고 정치적인 정당화와 관련된 것이지만 이런 것으로 환원될 수 없는 논변이다. 이것은 획일성에 대한 사회적 압력이 극심한 상황에서 인문학이 삶의 방식 및 선관(좋은 것에 대한 관념)에 대한 아주 다양한 견해를 살려 낼 수 있는 방도에 관한 논변이다. 물론 어느 특정 선관만을 위해 사회자원을 투입하는 것은 잘못일 터이고, 여러 가지 선관 중에서 선택할 수 있게 하는 일은 모든 시민의 중요한 관심사다.

넷째, 내가 제시하는 논변은 개괄적으로 말하면 지식의 진보라는 보다 일반적인 과업 안에서 인문학을 자연과학과 동일 선상에 올려놓고, 중요한 측면에서 자연과학을 보완해 주는 것으로 바라보려는 시도다. 이렇게 광범위한 학문적 과업의 일부로서 인문학을 바라보는 관점에는 (의료 인문학의 사례처럼) 도구적 요소가 들어 있지만, 삶의 세계에 관한 지식 그 자체에 대한 일반적인 인간적 관심도 들어 있다. 그렇지만 이 옹호론은 대학에서 제공하는 인문학이 전통적인 것과 똑같은 형태로 지속되어야 한다는 결론을 꼭 내세우지 않는다.

다음에서 나는 인문학이 무엇인가에 대해 별로 언급하지 않고, 이런 주제에 대해 대략적 합의가 있는 것으로 간주하고, 그에 대한 정의를 내리지 않고 그냥 이야기를 하겠다. 그럼에도 불구하고 정의를 요구한다면 나는 인문학의 방법론적 통일성에 대해서만 언급하겠다. 인문학은 인간이 만든 세계, 인간의 문화와 역사, 행동, 가공품을 이해하기 위해 해석과 이해에 의존하는 탐구영역이다. 이렇게 볼 때 아직 불분명한 점이 있을 것이다. 인문학이 명확하게 구분되는 영역인가? 대학에서 행정적 편의상 구분해 놓은 여러 학과를 인문학과 똑같은 범위에 속하는 것이라고 믿을 수 있는가? 사회과학에도 인문학적 안목을 갖고 있는 부분도 있고, 인문학적 접근과 더 '과학적인' 접근이 공존하는 부분도 있고, 지위가 모호한 영역도 있을 것이다. 철학의 예를 들면, 수학에 근접하는 부분은 인문학에 속하지 않지만 미학 혹은 정치학은 그보다 더 분명하게 인문학의 영역에 속하는 것이다.

지금까지의 모든 이야기에서 미리 전제했던 점이 있다. 인문학의 옹호와 정당화와 관련된 것으로 간주되는 논변의 종류에 대해서 우리는 모종의 아이디어를 갖고 있다. 여기서 내가 출발점으로 삼는 것은, 지난 40여 년간 존 롤스(John Rawls)나 로널드 드워킨(Ronald Dworkin)과 같은 철학자들이 밝혀 놓은 **자유주의적 정당화**(liberal justification)라는 아이디어다. '자유주의적 정당화'라는 아이디어에 대한 명확한 구체화는 철학적 논쟁을 일으키는 문제이고, 그런 접근을 아예 부정하는 철학자나 정치이론가도 없지 않다.[5] 그러나 논변을 위해서, 나는 그런 접근의 어떤 버전은 다음과 같은 종류의 정당화가 구체화된 것이라고 간주할 것이다. 공권력의 행사와 시민들이 공유하는 기본제도의 성격에 관해서 시민들이 서로 의견을 표명하는 데 적합한 종류의 정당화. 정당화에 대한 이런 제약을 수용하는 데에는 원칙적이고 실용적인 이유가 있다는 점을 다음 절에서 개략적으로 밝힐 것이다.

자유주의적 정당화

자유주의의 정당성(legitimacy) 원칙에 따르면 정부정책과 사회제도는 정당화의 부담에 직면한다.[6] 정부정책과 사회제도는 국가권력이 행사되는 모든 사람에게 정당화될 수 있어야 한다. 국가권력에 대한 이런 관념에 따르면, 공권력은 모든 시민에게 속하는 것이다. 그런 공권력은 시민들이 받아들일 이유가 없다면 혹은 더 적절히 말해서 시민들이 수용해야 할 합리적 이유가 없다면 시민들의 자유를 제한하는 데 사용되지 못할 것이다.[7] 이것은 다원주의 사회에 잘 알려진 어려움을 불러일으킨다. 그 이유는 수많은 기본적인 가치 문제에 대해서 시민들 사이에 합의가 없기 때문이다. 시민들은 각자의 취향과 선호에서, 종교와 정치적 신봉에서, 각자가 포용하는 심미적, 도덕적 이상의 많은 부분에서 그리고 의심할 바 없이 여타의 관련 차원에서 큰 차이를 드러낸다. 이처럼 각양각색의 가치와 신봉 앞에서 국가의 권력 및 행위의 정당화는 문제가 되고 만다. 이는 정책결정자가—동료시민을 민주사회의 평등한 존재로 존중하면서—많은 사회구성원이 수용하지 않고 또 수용해야 할 마땅한 이유가 없다고 스스로 인지하는 전제에 의거해서는 논변을 전개할 수 없기 때문이다. 그러므로 입법과 정책결정은 어떤 종교적 관점, 예를 들어 로마 가톨릭이 진리라는 기반 위에서 이루어질 수 없다. 그리고 양원 의원과 판사가 가톨릭 교리나 이런 가르침을 기반으로 삼아서 논변을 전개할 수 없는 이유는 많은 시민이 그런 논변을 수용하지 않고 또 수용해야 할 이유가 있음을 그들에게 밝혀 줄 수 없기 때문이다.

자유주의적 정당화의 이런 제약은 삶의 모든 영역에서 국가를 무력하게 만들고 아무것도 할 수 없게 만드는 것 같지만, 이렇게 보는 것도 잘못이라고 주장할 수 있다. 국가는 행위를 지속할 수 있다. 다만, 그런 행위는 시민들이 공유하는 이유, 즉 그들의 공적 이유에 호소하는 용어로 정당화되어야 한다. 여기서 여러 가지 정당화가 나타날 수 있다. 개인의 잘삶이나 시민들의 자유를 목적으로 삼는 정당화도 있고, 시민들이 서로 관계를 맺음으로써 이룩한 정치적 집합체의 존속과 번영을 목적으로 삼는 정당화도 있다. 개별 인간과의 관계 측면에서 본다면 시민들의 특수한 선관이 무엇이건 간에, 그들의 이익이 국가에 의해 증진되거나 혹은 최소한 피해를 입지는 않을 것이라는 기반 위에서, 넓은 의미로 이해되는 시민들의 잘삶, 기회, 자유를 증진시키고 확대시키기 위해 국가는 정당한 행위를 할 수 있다. 보다 집합적인 측면에서 본다면 크게 두 가지 가능성이 있다.

첫째, 시민들이 자유롭고 평등한 존재로서 서로 맺은 정의로운 결사적 관계를 증진시키고 옹호하기 위해서 국가는 행위할 수 있다. 시민들이 논변을 서로 전개하고, 집단적 결정을 내리는 그 틀을 보존하기 위해서 국가는 행위할 수 있다. 일부 시민이 다른 시민의 억압적 지배에 종속되는 일이 없도록 만들기 위해 국가는 행위할 수 있다. (따라서 자유와 기회의 극대화 그리고 그것의 공정한 분배는, 원칙적으로 정당한 국가행위의 영역에 속한다.)

둘째, 어쩌면 더 논란거리일 텐데, 정치질서의 통일 및 존속과 관련된 심리학적이고 사회학적인 사실에 대해서 국가는 관심을 가질 수 있다. 이런 점은 원칙적으로 애국심 교육 프로그램, 국민의 단결과 소속감을 위한 의례, 그리고 심지어 극단적인 경우 국교까지 정당화할 수 있다.[8] 이것은 '거기서 칭송되고 있는 가치가 참된 것이다.'라는 수용될 수 없는 기반 위에서 정당화되는 것이 아니고, 오히려 그런 가치가 정의로운 사회질서와 정치질서를 유지하는 데 기능적으로 필요하다고—사회학적 사실로서—밝혀지기 때문에 정당화되는 것이다.

고등교육과 연관시켜 본다면 자유주의적 정당화의 틀은, 미국의 경우에 여러 곳에서 자금이 제공되지만 대체로 민간 자본으로 운영되고, 영국의 경우에 고등교육에 대한 대부분의 지원이 적어도 역사적으로는 일반적인 세수로 충당되므로 각 나라마다 다소 다를 것이다. 또 유럽 대륙의 대학은 거의 전적으로 납세자의 지원에 의존한다. 이런 시스템들 간에 중요한 차이가 있겠지만, 유의미한 차이는 언뜻 보기보다 더 적을 것이다. 가장 큰 차이는 이것이다. 고등교육을 제공하는 패턴과 규모가 정당한 권리를 가진 사람들이 그들의 자원을 갖고 사적으로 내린 결정의 결과라고 한다면, 자유주의적 정당성의 원리에 어긋나지 않는다. 만일 자유주의 사회에서 어떤 사람이 정당하게 벌어들인 소득이 있고, 이것을 이슬람교가 참된 유일한 종교라고 믿기 때문에 이슬람 연구소의 창설과 지원에 기부하기로 결정한다면 이것은 사적 문제일 뿐이고 타인의 정당한 관심사가 되지 못한다. 만일 국가가 그런 일에 공적 자원을 사용한다면 그것은 타 종교를 믿는 사람에게 부당한 일이 될 것이다.

그렇지만 더 폭넓게 고려해야 할 사항이 여기에 들어 있다.

첫째, 고등교육의 제공에 심각한 영향을 미치는 사적 기부자의 역량이다. 고도로 불평등한 사회—오늘날 미국처럼 아주 부유한 기부자가 박애주의 프로젝트를 추구할 수 있는 사회—자체는 자유주의적 질서와 부합될 수 없는 것이다. 왜냐하면 시민들의 경제적 불평등이 정치적 평등을 붕괴시킬 수 있기 때문이다. 게다가 그런 국가는 흔히, 자선 기부금에 대한 국가의 세금감면 그리고 무엇을 자선의 목적으로 간주할 것인가에 대한 국가의 정책결정을 통해서 그와 같은 사적 기부에 연루된다. 그런 정책들은 마땅히 자유주의적 정당화라는 시험을 통과해야 한다.

둘째, 고등교육 영역은 시민의 삶에 개별적으로 또 상대적으로 막대한 영향을 미치는, 롤스가 말하는 '사회의 기본구조'의 중요한 부분이다. 따라서 모든 자유주의 사회에서 국가는 교육 제공에 국가가 얼마나 직접적으로 관여하는가와 관계없이 고등교육기관들의 총괄적 효과가 정의의 요구사항에 부합되는가를 점검하는 일에 관심을 쏟는다. 이런 측면에서 볼 때 고등교육의 규제에 대한 국가의 합법적 관심은 공익을 위해 다른 산업과 활동을 규제하는 것과 비슷한 것으로 볼 수 있다. 이런 사례에는 식품위생 규정, 안전기준, 경제와 조세 제도의 규제가 포함된다. 이는 개인들의 선택이 평등한 기회를 부당하게 침해하는 일이 없도록, 혹은 최소 수혜자의 미래 상황을 악화시키는 일이 없도록 보장하기 위해서다.

그렇다면 이와 같은 틀에서 볼 때, 예술과 인문학은 어떤가? 자유주의적 정당화의 관점에서는 (서양 고전의 객관적 우월성처럼) 많은 시민들이 옹호할 수 없는 어떤 심미적, 도덕적, 종교적 전제를 하면서 예술과 인문학을 고등교육에서 옹호하는 것 혹은 최소한 국가의 지원과 제공을 옹호하는 것은 배제되는 것 같다. 최근의 동향에 대해 이런 점을 지적하고 한탄하는 비평가가 많다. 예를 들어, 영국의 비평가인 스테판 콜리니(Stefan Collini)는 고등교육 정책의 정당화가 객관적인 문화적 가치로부터 경제적인 정치적 가치로 이행한 것을 가리켜 알맹이 없는 유행이라고 말한다.

아주 폭넓게 말하면, 민주주의적이고 평등주의적인 사회적 태도가 일종의 소비자 상대주의의 성장과 함께 확산되었다. 어떤 활동이 다른 활동에 비해 내재적으로 더 가치 있거나 더 중요하다는 주장은 '엘리트주의'라고 비웃음을 당한다. 논변은 '의견'으로 퇴락하고 만다. 모든 의견은 똑같이 가치 있는(혹은 가치 없는) 것이 되어 버리고, 사람들이 제각기 원하는 바라고 생각하는 것을 말하면 그것이 유일한 합의기준이 되어버리고, '현금 가치'는 파기될 수 없는 유일한 가치가 된다.[9]

그러나 이것은 틀린 말처럼 들린다. 콜리니가 불평하는 동향은 쉽게 바뀔 수 있는 유행의 변화라고 이해할 것이 아니다. 오히려 자유교양을 공부하는 이유에 대한 이해에서 나타났던 광범하고 정당한—자유롭고 민주적인 사회의 공공정책에도 적용될 수 있는—변화의 일부라고 이해하는 것이 가장 좋다. 이런 변화에 대한 콜리니의 이해는 너무 협소한 것이다. 왜냐하면 자유주의적 정당화의 검사를 통과할 수 있는 가치에는 경제적 이득만 있는 것이 아니기 때문이다. 하여간 콜리니가 엘리트주의에 관한 우려를 부정해 버린 것은 잘못이다. 만일 예술과 인문학이 교육정책, 입법, 납세자의 지지 등에 의존하고 따라서 동료 시민들을 징집하고 강제하고 징세하는 국가권력에 의존하는 것이라고 한다면, 예술과 인문학을 정당화하는 데 끌어들일 수 있는 가치는 심각하게 제한되고 만다. 사람들이 수용해 줄 것으로 상상해 볼 수 있는 정당화의 종류는 다음과 같은 것이다. 어떤 정책은 사람들이 스스로 선택한 목적을 추구하는 데 필요한 자원을, 아마 장기간에 걸쳐서 그리고 간접적인 수단에 의해서 더 많이 제공할 것이다. 이와 비슷하게, 지지받기에 좋은 자유주의적 근거는 다음과 같은 것이다. 예술과 인문학은 어떤 식으론가 유능한 시민의 육성과 관련되거나, 사회정의의 문제에 대한 감수성을 길러 준다. 그러나 객관적인 미적 가치는 그런 것에 끼지 못한다. 예를 들어, 컨트리 뮤직을 좋아하는 사람들은 라틴어 계통의 시, 혹은 오스트리아 작곡자 안톤 베베른(Anton Webern)의 음악에 관한 연구비를 지원하기 위해 세금을 내야 한다는 점을 이해하거나 수용하기 어려워할 것이다. 그들에게 공감하기는 어렵지 않다.

이 글에서 나의 접근방식은, 행위와 정책의 어떤 이유를 배제하는 인식론적 자기-부정이다. 이것을 일부 독자는 불합리하게 느낄 것이다. 그들은 분명히 이렇게 말할 것이다. 정책이란 어떤 이슈에 적용될 수 있는 모든 최선의 이유에 기반을 두어야 하며, 임의적으로 그중 일부 이유에만 기반을 두어서는 안 된다. 이와 같은 불평에는 결과주의(consequentialism) 이론이 깔려 있을 것이다. 결과주의에서는 강제(coercion)를 정당화시켜 주는 이유를 서로 제시해야 되는 자유롭고 평등한 시민들의 결사체라는 사회적 이상을 특별히 중시하지 않는다. 이와 달리 완전주의(perfectionism)에서도 그런 불평이 나올 수 있다. 완전주의는 예술과 인문학을 옹호할 때, 인문학자와 예술실천가의 자아상 그리고 개인적 가치와 부합되는 측면으로 더 기울어진다. 서로 경쟁하는 여러 가지 이론의 장단점을 지금 일일이 따질 수 없다. 여기서 나의 입장은 도덕적 원칙이라는 기반에서, 다시 말하면 국민에게 정당화될 수 없는 방식으로 국가의 강제력을 동원하는 것은 잘못되고 부당한 일이라는 근거에서 자유주의적 정당화의 접근방식을 옹호하는 쪽으로 기울어진다. 그렇지만 나의 입장을 뒷받침하는 이유로서 그런 원칙을 납득하지 못하는 사람들을 위해서, 혹은 정당화라는 아이디어에 얽힌 온갖 난점을 밝혀낼 수 있다는 생각을 의심하는 사람들을 위해서 더 실용적인 이유를 역설할 것이다. 민주주의 사회에서 우리는 일반적으로 고등교육을, 넓은 의미에서 학술연구 사업을, 그리고 그 일부로서 예술과 인문학을 지원해야 할 필요가 있음을 정치가들과 그들의 유권자에게 납득시켜야 한다. 만일 우리가 정치가나 유권자가 수용하고 이해하고 공인할 만한 좋은 이유가 담긴 논변을 제시한다면 그들을 납득시킬 가능성은 더 높아질 것이다. 그러므로 이 장의 관점에서 보면 원칙과 실용주의가 수렴된다.

인문학의 정당화: 경제적 근거에서

앞 절에서 분명해졌듯이, 자유주의 사회에서 최소한 일단 정당화될 수 있는 것으로 보이는 정당화의 종류는 시민의 잘삶, 기회, 자유의 확대에 초점을 둔 것이고, 이런 사항은 개인이나 사회 전체의 부와 소득의 증가를 통해서 아주 적절하게 개선될 것이다. 이 정당화는 대체로 미국과 영국의 교육정책을 둘러싼 유명한 논변에서 나타났다. 영국에서 고등교육에 관한 최근 정책담론에서의 특징은 그런 정당화였다. 그 결과, 예술과 인문학을 옹호하려고 애쓴 교수와 교수 대표 기구는 그런 담론에 호응했고, 예술과 인문학은 사치품이 전혀 아니고 자연과학이나 응용과학처럼 경제성장에 기여할 수 있다고 주장했다. 이런 정당화는 원칙적으로 수용할 수 있는 형태이나 실제로 두 가지 결함을 갖고 있다.

- 첫째, 그런 정당화는 국가정책의 목표를 GDP의 증대라는 협소한 의미의 경제성장에서 찾아야 되고, 이것이 전체 인구에게 일자리와 번영을 줄 것이라는 점을 확정적인 것인 양 받아들인다.
- 둘째, 그런 정당화는 두 가지 사항을 확정적인 것으로 간주해 버림으로써 집단적 잘삶(collective well-being)을 더 잘 향상시킬 수도 있는 다른 정책대안을 경시해 버린다.

첫째 사항을 지적하는 것은, 경제 영역에 포함된 공공정책의 목표 문제는 공적으로 논쟁하고 토론해야 될 일이라는 뜻이며, 그렇다면 그런 논쟁과 정당화가 벌어질 수 있는 여건을 확보하는 일이야말로 어느 특수한 정책 목표보다 논리적으로 우선하는 일이라는 뜻이다. 그렇다고 한다면, 그런 논쟁에 참여할 수 있게 만드는 일이 일반적으로는 교육체제의, 특수하게는 고등교육의 핵심 관심사가 되어야 한다. 이런 점에서 예술과 인문학의 역할이 중요하다는 점을 밝혀낸다면 정당화 작업은 어느 정도 이루어진 셈이다. (예술과 인문학이 그렇게 기여할 수 있는 사항은 다음 절에서 다룬다.) 둘째 사항을 지적하는 것은, 성장의 증진 이외의 다른 정책들이 시민의 잘삶과 자유에 기여할 수도 있는 것인데 성장의 증진이라는 의제가 이런 점을 감추어 버릴 수 있다는 점을 환기시킨다.

미국은 교육의 가치와 목적에 관한 사상적 전통이 다른 나라처럼 풍부한 나라다. 그럼에도 불구하고, 정치가의 공적 발언을 살펴보면 그런 전통이 별로 드러나지 않는다. 오바마 대통령이 행한 교육 관련 연설(2009. 3. 10.)을 일례로 살펴보자. 그 핵심은 분명하다. 교육은 국가번영의 기반이며, 미국은 타국에 비해 뒤떨어진다. 교육은 모든 사람에게 가치 있는 기능(skills)을 제공할 뿐만 아니라, 국가 간의 경제적 경쟁을 도와야 한다. 오바마의 말에 따르면, "지금은 미국 전체 지역의 모든 아동이 세계 어느 나라의 어떤 노동자보다 더 잘 경쟁하도록 준비시켜야 할 때다."[10] 영국에서 『브라운 보고서(Browne Report)』라고도 부르는 『고등교육의 지속가능한 미래 확보』는 최근 고등교육 정책의 토대다. 2010 총선 이전에 노동당 정부가 위탁하였던 연구인데, 그 틀은 대학의 목적과 목표에 관한 초당적 합의를 반영한 것이다. 물론 이 보고서에서는 고등교육기관이

"문명사회를 받쳐 줄 지식, 기능, 가치를 창조한다."는 사실을 상투적으로 언급하고 있지만, 거기에 담겨 있는 더욱 정교한 정당화의 전체적 기조는 고도로 교육받은 노동력이 영국에 주는 경쟁적 이득 그리고 대학 학위 취득이 개인에게 주는 진로와 소득 측면의 개인적 이득이다.[11] 이런 점에서 『브라운 보고서』는 1970년대 이후 영국에서 분명히 나타났던 경향의 정점을 의미한다.[12] 영국의 고등교육 재정은 최근 수십 년간 변화를 거듭했다. 대학재정위원회(University Grants Committee)가 정부로부터 넘겨받은 일정한 총액을 각 대학에 배분해 주는 대등한 체제였던 것이 전혀 다른 (그러나 주로 납세자의 지지를 여전히 받고 있는) 현재의 틀로 바뀌었다. 이렇게 달라지게 만든 원인은 성장 및 기능과의 관련성에 대한 정치적 요구 그리고 납세자에 대한 책무성 요구였다. 시간이 흐를수록 정부 재정의 우선순위는, 경제성장을 위한 각 분야의 중요성에 대한 중앙정부의 판단에 따라서 과학/기술/공학/수학(STEM) 분야에 치우치고 예술/인문학/사회과학은 뒤처지고 말았다. 이런 변화 때문에 예술과 인문학에 대한 지원은 마침내 고갈되고 말았다. 1980년대 재정삭감은 여러 학과의 폐과로 이어졌는데 최근 리버풀과 킬에서는 철학과 강좌가 위태롭고, 미들섹스와 그리니치에서는 철학과 강좌가 중단되었다. 재정 압박을 못 견딘 이스트런던 대학교는 예술 프로그램의 전면 중단을 선언했다. 특히 외국어 교육이 극심한 타격을 받았고, 관련 과목을 전면 폐지한 대학도 많았다.

이런 압력과 변화에 대한 교수 및 후원자의 반응은 근본적으로 두 가지였다.

첫째, 다음과 같은 불평이 쏟아졌다. 대학의 경제적 이득에 그처럼 초점을 맞추는 것은 터무니없이 편협한 일이고, 대학정책은 광범한 사회적 이득과 별도로, 연구와 학문의 내재적 가치까지 고려해야 한다. 이런 논변은 일반적으로 정부로부터 환영받지 못했는데, 마치 대학교수의 '특별대우를 요청하는 것'처럼 보였기 때문이다. 만일 자유주의적 정당화 논변에 장점이 있다면, 정부의 입장에도 일리가 있다. 납세자 중에서 많은 사람들이 중세 프랑스 시(詩)에 대한 연구를 가치 있게 여기지 않음에도 불구하고 내재적 가치라는 근거에서 그들이 지원을 계속해야 할 이유는 무엇인가? 아무튼 수많은 활동들이 내재적 가치는 있으나, 정부지원을 받을 만하거나 교육과정에 들어갈 만한 가치는 없는 것처럼 간주된다.

둘째, 예술과 인문학은 겉보기와 전혀 다르게 직접적인 경제적 이득을 낳는 분야이며, 따라서 과학/기술/공학/수학 분야에만 집중하는 것은 잘못이라는 논변이 나타났다.[13] 이런 경제적 반론 중에는 상당히 타당한 것도 많다. 지난 수십 년 동안 제조업에서 서비스 부문으로 이행해 버린 경제에서 예술, 인문학, 사회과학 분야의 교수들은 다음과 같은 사실을 지적할 수 있다. 지난 수십 년에 걸쳐 제조업에서 서비스 부문으로 이행해 버린 경제에서 자신들이 학생들에게 전수해 준 제반 기능은 실질적으로 경제적 이윤을 낳고 있는데, 정부의 지원을 받은 공학과 수학 분야의 졸업생들 중에는 제조업 분야에서 일자리도 못 얻고 남아돈다. 그러나 미국에서도 그런 것처럼 대학교수는 자신의 전공학문에서 가르치는 기능의 이득을 강조하는 데에는 민감하면서도, 그런 기능을 가장 잘 발달시킬 방법을 정확하게 파악하거나, 혹은 그런 기능의 개발에 직접 몰두하는 데에는 별로 관심을 쏟지 않는다.[14] 말하자면, 중세의 시(詩)가 활용 가능한 기능에 미치는 간접적 효과라는 표현은 그 학문을 옹호하는 얄팍한 꼼수의 정당화처럼 보인다. 오히려 다른 방법이나 다른 연구 분야가 그런 기능을 더 효과적으로 발달시킬 수도 있다.

  그런데 이처럼 좁은 의미의 경제적 논변이 의문스러운 것일지라도, 그 논변의 적용가능성에 대해 우려해야 할 더 심층적인 이유가 있다. 경제적 논변은 자유주의적 정당화의 틀 안에서 수용될 수 있는 것으로 제시될지라도, 아마도 특히 고등교육의 맥락에서 자유주의자가 관심을 쏟아야 할 어떤 뿌리 깊은 **편향성**(biases)을 실제로 감추기 때문이다. 이 편향성 때문에 성장의 표준 모델은 (자유주의적 정당화가 요구하는) 정책결정을 위한 중립적 기준(metric)과 같은 것을 충실하게 제공할 수 없다. 수용가능한 자유주의적 정당화는 시민들의 잘삶에 기반을 둔 논변을 전개할 수 있겠지만, (개인적 혹은 집단적) 잘삶의 고려사항이 좁은 의미의 재정적 이득과 혼동되어야 할 마땅한 이유는 없다. 개인들의 잘삶은 각자 벌어들인 소득의 양뿐 아니라 또 다른 문제로, (예를 들어, 자신이나 타인을 보살피고, 돈벌이 이외의 일이나 다른 흥미를 추구하고, 여가 등을 즐기는 데) 임의로 쓸 수 있는 자유시간이라는 문제로 적절하게 연결될 것이다. 또한 개인들의 잘삶은 자연환경, 사회환경의 질적 수준과 연결되기 때문에 돈을 더 많이 벌어도 오염이 심하고, 생물의 다양성이 줄고, 범죄율이 높고, 길에서 자전거를 타는 아이가 더 위험해지는 사회에서는 금전적인 부가 더 커져도 삶의 질은 오히려 실질적으로 더 나빠질 것이다. 이런 문제들을 개인적 선택의 결과에만 맡겨 버리는 것은 여하튼 불충분한 일이다. 왜냐하면 자연환경, 사회환경 그리고 (더 많은 시간을 일할 것인가에 대한 시민의 결정에 영향을 미치는) 다른 요인이야말로 개인이 어떤 선택을 하는 배경의 일부이기 때문이다. 그러므로 자유주의적 정당화는 개인의 선택뿐 아니라, 그 선택의 메뉴가 어떻게 만들어지는가에 대해서도 관심을 쏟아야 한다. 후자는 대체로 정치적 결정에 속하는 것이다.

특히 주목해야 할 것으로 두 가지 문제가 있다.

첫째, 다음과 같이 생각해야 할 타당한 이유가 많다. 전통적으로 이해되었던 성장 모델은 실질적인 잘삶을 지속적으로 증진시켜 주지 못하고, 통상적으로 추진되었던 성장 정책은 이윽고 환경 재앙을 불러일으키고 경제적으로 지속불가능하다. 가장 뚜렷한 이유는 당연히 기후변화다. 이로 인해 지구의 대부분이 살기 어려운 곳으로 변할지 모르고, 장기적으로 심각한 경제적 손실이 나타날지 모른다.[15] 탄화수소, 금속과 같은 다른 광물질을 추출해야만 하는 경제는 그런 자원이 점차 희귀해지고 가격이 계속 급등하면 힘들어지기 시작할 것이다.

둘째, 현행의 성장 모델은 실제로 선진국에서도 많은 시민에게 성장과 번영을 제공해 주지 못했고, 또 바람직하고 만족스러운 일자리를 충분히 제공해 주지 못했다. 미국과 같은 사회는 평균적으로 더 부유해졌을지 모르나, 평균 수치 속에는 현저히 악화된 부와 소득의 불평등이 감추어져 있고, 또 수많은 사람의 실질적 생활수준의 정체와 저하가 감추어져 있다. 역사적으로 볼 때, 표준 성장 모델은 실질적인 잘삶의 변화를 판단하는 데 좋은 대용물이었을지도 모른다. 그러나 그 모델은 환경 관련 외부비용과 가사노동을 가볍게 여기고 여가시간을 부정적으로 보는 편향성이 있기 때문에 이제는 더 이상 우리에게 꼭 필요한 것이 아니다.

그러므로 환경적, 사회적 근거에서 생각해 볼 때, 실질적 잘삶과 지속적 GDP 성장을 서로 분리시킬 방법을 조속히 강구해야 할 필요가 있다. 이는 여러 학문 분야가 협동해서 접근해야 할 과제다. 한편으로 새로운 경제 모델을 궁리해야 하고, 다른 한편으로 번영이나 잘삶의 의미를 철학적으로 성찰해야 한다. 후자의 측면에서 역량(capability) 모델을 만들어 낸 아마르티아 센(Amartya Sen)과 마사 누스바움(Martha Nussbaum)의 연구는 더할 나위 없이 귀중하다. [16] 만일 우리가 마침내 채택해야 할 경제 모델에서 많은 사람이 현재보다 더 적은 시간을 임금 고용에 투자하게 된다면, 그것은 우리에게 다음과 같은 이유를 제공해 준다. 우리의 교육적 노력을 사람들의 취업훈련에만 주로 투입하지 말고, 그들의 전체 시간을 가장 잘 활용하도록 도와줄 수 있는 자원을 제공하는 쪽으로 투입해야 한다. 잘삶에 대한 더욱 정교한 이해를 다듬어 내는 일에서 그리고 잘삶을 확보해 주는 문화자원을 개인에게 제공하는 일에서 고등교육 그리고 예술과 인문학은 특히 빼놓을 수 없는 역할을 수행한다. 물론, 아직도 2008년 재정 파탄의 후유증이 남아 있고, 또 위기의 재발 및 심화 가능성도 아주 심각한 시기이므로 그런 역할은 정치지도자에게는 난감하거나 혹은 거의 불가능한 메시지일 것이다. 이런 분위기에서 선택의 폭은 더욱 좁아져서 더욱더 긴축하게 되고, 극빈층은 정말 힘들게 되고, 일자리를 제공하기 위한 경제성장만 되살아날 것이다. 그러나 이렇게 제한된 폭의 정치적 선택이 전부는 아니며, 자유 국가에서 더 논의해야 할 것들이 남아 있다. 왜냐하면 특히 환경과 사회의 현실 자체가 이윽고 효력을 발휘하게 될 것이기 때문이다.[17]

민주시민과 인문학

경제적 이득과 이와 유사한 것에 초점을 둔 논변은 원칙적으로 자유주의적 정당화의 검사를 충족시킨다. 왜냐하면 이 논변이 시민의 물질적 잘삶과의 연관성을 입증하기 때문이다. 이런 논변에서 모든 시민은 각자 개인적인 인생 계획이나 기획의 추구에 필요한 추가 자원의 제공으로부터 이득을 보거나, 최소한 피해를 입지 않을 것으로 간주되기 때문에―실제로는 삶의 다른 측면을 소홀히 함으로써 불완전하거나 엉뚱한 경우가 자주 생길 수 있을지라도―누구나 받아들일 수 있을 만큼 좋은 이유를 갖춘 논변처럼 보인다. 그러나 예술과 인문학에 관심을 갖는 사람은 경제적 논변에 장점이 있다고 믿을지라도, 그것을 혼란스럽거나 불편한 것으로 보기 쉽다. 셰익스피어가 그의 출생지와 (런던의) 셰익스피어 글로브 극장으로 관광객을 끌어들이고 더 크게 관광업과 출판업에 영향을 주어 영국경제를 일으킬 수 있으나, 영문학 교수들은 틀림없이, 이런 이득은 실질적인 것일지라도 그들의 열정, 흥미, 지지를 입증해 줄 이유들과는 너무 동떨어진 것이라고 느낄 것이다. 문화적, 문예적 우월성을 앞세우는 논변은 동료 시민이 공유할 수 없는 것이어서 내놓기가 불가능할지라도, 문학과 예술의 도덕적, 정치적 효과에 근거를 둔 정당화는 여전히 매력적 대안으로 남아 있다. 이런 유형의 정당화는 아무래도 우회적인 것이 될 수밖에 없다. 왜냐하면 어떤 도덕적 주장은 완전주의적인 것이어서 자유주의적 정당화로서 허용될 수 없기 때문이다. 그러나 민주시민으로서의 역량을 길러 주는 예술과 인문학의 힘에 중점을 두는, 그리고 특히 서로 정의롭게 행동하는 시민의 능력을 중심에 두는 논변은 수용될 수 있는 형식을 갖춘 것으로 보인다.[18]

이런 식의 생각은 최근에 누스바움의 저서 『학교는 시장이 아니다』에서 나타났다. 그녀에 따르면, 예술과 인문학이 민주사회에서 핵심 역할을 하는 이유는 시민들이 함께 정의의 관계 속에서 살아가는 데 필수적인 도덕적 능력이 그것을 통해 길러지기 때문이다. 그녀의 더 구체적인 주장에 따르면, 예술과 인문학은 타인의 삶에 대한 공감능력과 상상력을 발달시킴으로써 폭력, 인종차별, 불의를 조장하는 인간성의 분열을 극복할 수 있게 도와준다. 우리의 상황과 문화를 공유하지 못하는 사람들의 입장에서 세계를 바라볼 수 있게 되는 것은, 우리가 공정성과 정의감으로 행동할 수 있게 되거나 혹은 낯선 사람들의 인격과 이익에 대한 적절한 인정이라는 명분에 따라 자기발전의 요구사항을 조절할 수 있게 되는 데 핵심이다. 내가 누스바움과 일치하는 것은 안정된 정의로운 민주적인 사회를 원한다면 타인에게 정의롭게 행동하는 능력을 습득할 필요가 있다는 점이다. 그러나 이를 위해 인문학을 대학에서 공부할 필요가 있다는 누스바움의 논변에 대해서 나는 더 회의적이다.

누스바움의 관점을 평가하기가 처음부터 어려운 것은 그녀의 주장의 다양성 때문이다. 그녀의 주장에는 고등교육에 관한 것만이 아니라, 더 일반적으로 교육에 관한 것도 들어 있다. 만일 예술과 인문학이 교육체제의 모든 단계에서 교육과정에 들어 있고, 또 대학 사명의 일부로서 그에 대한 연구가 이루어지고 있다면, 교육에서 인문학의 중요한 역할을 옹호하면서도 이와 동시에 대학에서 교사양성 부문을 제외한 다른 종류의 인문학 활동을 부정하는 논변을 제시할 수 있다. 그러나 이것이 그녀의 견해는 아니다. 누스바움의 주장에 따르면, 건전한 민주주의를 위해 교육의 모든 단계에서 인문학이 제공되어야 하며, 이 점에서는 과학/공학/기술/수학을 전공하는 학생이나 경영, 직업 관련 자격증을 준비하는 학생도 마찬가지다. 다시 말해서, 그녀는 **미국 자유교양 모델**(liberal arts model)과 같은 것의 핵심 역할을 옹호한다. 더 나아가 그녀는 모든 교육단계에서 다양한 학생들에게 인문학을 제공할 것을 옹호할 뿐만 아니라 '소크라테스적 방법'을 특별히 효과적인 교수법의 핵심으로 옹호한다. 누스바움이 교육적 제공의 특성들을 언급하면서, 어떤 특성을 민주시민의 형성을 위해서 '필수적인' 것이라고 생각하는지, 아니면 그저 '바람직한' 것이라고 생각하는지를 분간하기가 때로 어렵다.[19]

시민이 **민주적 덕성**을 습득하려면 예술을 접촉할 필요가 있는가? 이 말은 예술이 교육과정의 일부가 되어야 한다는 뜻인가? 나의 대답은 두 가지로 나뉜다.

첫째, 역사적으로 그리고 현재도 예술은 인간의 삶에서 공식적 교육체제와는 전혀 별개로 어디서든 나타나는 것임을 나는 지적한다. 그렇다면 예술은 끊임없이 실천되는 것이고, 학교의 공식적 예술교육과 관계없이 인간은 끊임없이 예술에 노출될 것이라는 말은 별로 틀리지 않고 확실할 것이다.

둘째, 나는 민주적 관점에서 누스바움의 입장의 큰 위험성을 지적한다. 그녀가 필요하다고 간주하는 정도로 예술과 인문학 수업을 받지 못한 동료 시민은, 민주사회의 충실한 구성원으로서 제 기능을 발휘하는 데 필요한 도덕적 자질을 그 정도로 갖추지 못할 것이라는 암시는 위험하다.

예술에 대한 접근과 참여의 역사는 형식적 교육체제보다 앞서 나타났고, 교육체제의 밖에서 주로 행해졌고, 때때로 교육체제와 갈등을 일으켰다. 인간의 모든 문화에 미술, 음악, 서사가 두루 나타나는데 여기서 인간의 아주 기본적 필요와 충동이, 이를 위한 공식적 공간이 정부와 교육자에 의해 만들어지는가와 관계없이 지속될 것이라는 점을 우리는 엿볼 수 있다. 정말 온갖 예술형식이, 재즈도 마찬가지로 형식적 교육체제의 주변부에 살았던 사람들에 의해 창조되고 발전되었다. 이야기와 노래의 민속 전통은 많은 나라에서 흔히 식자층에 끼지 못하는 이들에 의해 지속되었는데, 서사(narratives)가 흔히 아주 복잡한 것까지도 인류의 공통 유산의 일부임을 확인해 준다. 우리가 흔히 아는 것처럼, 누스바움의 저서 『학교는 시장이 아니다』가 문화적 감수성의 핵심 전파자로서 특별히 대우하는 공식적인 대학이야말로, 대학 밖에서 실질적인 변화가 나타날 때도, 무엇이 미술이고 무엇이 문학인가에 대한 케케묵은 모델에 집착하느라 미술, 문학, 음악에서 나타난 새로운 발전의 성격과 가치를 가장 늦게 인지하는 곳이다. 문화의 창조적 측면들이 대학 밖에서 자주 나타나는 것처럼 그 소비 측면도 마찬가지다. 앞서 내가 인용한 윌리엄스에 따르면, 우리는 역사상 최초로 음식 준비보다 드라마 시청에 더 많은 시간을 쏟는 문명을 살고 있다. 만일 상상된 시나리오 그리고 타인과 타국민의 삶에 대한 접촉이 공감적 상상력의 발달에 필수적인 것이라고 본다면 그런 것을, 텔레비전을 통해서 과거에 비해 더 많이 얻고 있는 것은 확실하다.[20]

이런 이유 때문에 나는 첫째 사항에 대해 낙관적이다. 그러나 둘째 사항에서 비관론은 철학적 민주주의자에게 그리고 정치적 평등을 위해서 굉장히 위험한 것이다. 만일, 민속 예술과 텔레비전에 대한 나의 희망과 반대로, 전체 인구의 대다수가 공식적 교육체제의 외부에서 예술과 인문학에 충분히 접촉하지 못한다면 우리가 여기서 민주주의를 위해 끌어내야 할 교훈은 어떤 것인가? 이에 대한 내 대답은, 필수적인 덕목을 습득하는 데 필요한 것이 어떤 수준의 가르침인가에 따라 달라질 것이다. 누스바움은 비관적인 것처럼 보인다. "이런 [가르침의 내용 변화] 추세가 지속된다면 스스로 사고하고, 전통을 비판하고, 타인의 고통과 성취의 의의를 이해하는 온전한 시민들의 세대가 아니라, 유용한 기계들의 세대가 이윽고 전 세계의 국가에서 등장할 것이다. 세계 민주주의의 미래는 그 균형에 달려 있다."[21]

앞서 내가 분명히 밝혔듯이 공감적 상상력에 필요한, 누스바움이 생각하는 수준의, 예술을 공식적 교육 프로그램을 거치지 않고서도 접촉하는 보통 사람들의 능력에 대해 지금 나는 훨씬 덜 비관적이다. 그러나 누스바움의 생각이 맞다고 가정하고, 또 역량 있는 시민으로서 기능을 발휘하는 데에 공식적 교육이 실제로 요청된다고 가정하자. 우리 주변에는 온갖 종류의 정규 교육을 받지 못한 사람들이 많다. 아마도 그들은 누스바움의 눈에는 어떤 범위의 역량을 성취하지 못한 사람일 것이다. 만일 과학, 공학, 기술/직업 분야에 한정된 능력만 갖고 있거나 혹은 미술, 문학, 음악에 접촉한 적이 없는 시민까지 추가한다면, 정치공동체의 충실한 구성원으로서 기능 발휘에 필요(하다고 누스바움이 생각)한 배경이 취약한 사람들은 대부분의 선진 민주주의 사회에서 전체 인구의 상당한 비율을 차지하게 된다. 이로부터 도출되어야 할 점이 무엇인지는 불분명하다.

정치적 민주주의를 위한 정당화는 본질적으로 도구적인 것이고, 의사결정의 질에 따라 조건적인 것이라고 생각하는 사람들이 있다.[22] 만일 그들이 '배경'에 관한 사실에 대해서 누스바움에 동의한다면, 이로부터 투표권을 제한한다든가 혹은 역량을 제대로 갖춘 사람에게 다수의 투표권을 주는 방안에 찬성할 이유가 도출된다고 생각할 것이다.[23] 이와 달리, 정치적 평등에 따른 참여의 권리를 기반으로 민주주의를 신봉하는 다른 사람들은[24] 자신이 향유할 권리를 효과적으로 사용하는 데 필요한 자질이 결핍된 시민들이 많아질 경우, 더 골치가 아파질 것이다.

만일 시민들이 충실한 사회참여에 필요한 바람직한 인지적, 정서적 특성을, 습득할 능력이 있는 한 모두 갖추게 된다면 이것은 최선의 경우에 속한다. 비판적 추론, 논변, 공감적 상상력을 위한 능력은 누스바움에게는 인문학과 동일한 것이다. 이와 다른 능력, 즉 통계적 분석, 연역적 논리, 과학적 추론과 같은 것은 과학과 더 밀접하게 관련된 것이다. 만일 우리가 정치참여를 핵심 목적으로 삼고, 그러나—시민들은 정치뿐만 아니라 다른 관심도 폭넓게 갖기 때문에—다른 목적들도 공유하는 방향으로 교육과정을 설계하려고 한다면, 양쪽 사이에서 어떻게 균형을 잡을 것인가가 당면 과제로 떠오를 것이다. 민주주의에 필요한 종류의 인지적 참여 능력은 여러 교과들과 연관되는 것이다. 이 중에서 수학과 자연과학은 정규 교육이 없으면 습득이 불가능할 것은 분명하다. 독특하게 인문학에 의해 길러지는 능력은, 내가 앞서 주장한 것처럼 상당히 많은 부분에서 텔레비전, 독서, 음악과 같은 폭넓은 문화를 통해 습득될 수 있을 것이다. 그렇다고 한다면, 교육과정에 대한 시사점은 인문학에게 반드시 유리한 편이 아니다. 게다가 어른이건 아동이건 과학, 인문학, 교육에 대한 적성이 제각기 다르므로, 만일 타고난 성향과 '안 맞아서' 사람들이 친근감을 별로 못 느끼는 과목을 의무적으로 배우도록 설계된 교육이라면 우려가 생길 수밖에 없다. 그런 교육에 분통을 터뜨릴 위험도 있을 것이고, 누스바움이 원하는 것과 전혀 다른 효과가 나타나게 될 것이다.

그런데 자신의 저서 『학교는 시장이 아니다』에서 누스바움은 폭넓은 기반의 미국 체제를 대학교육 단계에서도 확고하게 옹호한다. 이 점을 분명히 밝힌 글에서 그녀는 미국 모델을 권장하고, 인문학 분야를 중핵과 비—중핵(non-core)으로 구별하여 물 타기를 하려는 모든 시도에 반대한다. 또한 협소한 범위에서 한두 가지 인문학에 학생을 집중시키는 경향이 있는 유럽의 사례를 가리켜서 민주시민에 부적합한 고등교육의 양식과 내용을 제공하는 것이라고 주장한다.[25] 이런 주장을 어떻게 평가할 것인가는 알기가 어렵다. 누스바움은 민주시민의 이상에 대해서, 그리고 이 이상의 실현에 필요한 (예를 들어, 다른 나라와 문화에 대한) 지식의 종류에 관하여 생각하는 것 같다. 그다음에 그런 점들이 다른 나라에 비해 미국의 체제에서 더 두드러지게 나타난다고 그녀는 지적한다.

그러나 이 문제를 다른 식으로도 생각할 수 있다. 우리는 여러 나라의 정치문화, 선거참여와 정당가입의 비율, 대중매체에서 벌어지는 정치적 토론의 질, 그리고 이와 비슷한 많은 지표를 살펴볼 수 있다. 그런 다음에 우리는 자유교양을 대학교육 체제의 모델로 삼고 있는 나라가 더 좁은 범위의 과목을 배우는 대학생들의 나라에 비해 이와 같은 차원에서 더 나은 경향이 있는가를 물을 수 있다. 나는 이런 조사를 해 보지 않아서 인상과 추측에 의존할 수밖에 없다. 내가 지금 믿는 바에 따르면, 서구의 정치문화는 미국의 그것에 비해 더 나쁜 형태가 아니다. 물론, 교육체제뿐만 아니라 다수의 복합적인 역사적 이유들이 여러 나라가 어떻게 해서 현재의 정치문화를 갖게 되었는가를 설명해 준다. 따라서 누스바움이 바람직하다고 보는 교육체제의 특성들 그리고 그녀가 중시하는 정치적 효과들, 이 둘 사이에 상관관계가 없다는 점에 주목한다면 그녀의 논변은 확정적인 것으로 간주할 수 없다. 어쩌면 자유교양이 없을 경우 미국의 정치문화가 지금보다 더 나빠질 수 있고, 서구 여러 나라가 그런 식으로 접근한다면 정치문화가 더 좋아질 수 있다.

이와 비슷한 생각과 논변을 우리는 누스바움이 옹호하는 교수법 스타일(수동적이고 권위주의적인 스타일이 아닌 소크라테스적이고 참여적인 스타일)에도 적용할 수 있다. 예를 들어, 프랑스의 교육체제가 모든 교육단계에서 눈에 띄게 권위주의적 스타일임에도 불구하고 결과적으로 프랑스의 시민성이 미국의 그것에 비해 현저하게 뒤떨어지는 것으로 보이지는 않는다.

누스바움의 논변에서 드러나는 난점의 일부는, 내가 보기에 불필요할 정도로 강한 주장을 펼치는 그녀의 경향 때문에 생기는 것 같다. 정치적 자유주의의 관점에서 인문학을 옹호하는 논변일지라도 다음과 같이 주장할 필요는 없다. 모든 시민이 민주적 참여에 필요한 능력을 갖추려면, 모든 교육단계의 모든 학생에게 어떤 형태로건 인문학을 제공하는 것이 절대적으로 필요하다. 누스바움이 언급한 증거를 끌어들일지라도 우리는 더 부드럽고, 더 옹호받을 수 있는 논변을 제안할 수 있다.

첫째, 어떤 단계에서건 인문학에 대한 접촉은 자유국가의 시민 형성을 위해 바람직한 것이며, 그런 접촉이 없으면 시민이—자신의 적성이 예술이나 과학 중에서 어느 쪽인지, 혹은 양쪽의 혼합인지—자신에 관한 중요한 사실을 배울 수 없기 때문에 필요한 것이라고 우리는 주장할 수 있다.

둘째, 누스바움의 논변보다는 오히려 그 논변의 사회적 버전이 확실히 더 설득적이다. 모든 사람이 인문학 교육을 받는 것이 민주주의를 위해서 꼭 필요하지 않을 수 있으나, (미술, 문학, 역사와 같은) 인문학으로부터 파생되는 논변이 정치적 과정에서 한자리를 차지할 필요가 있다는 점은 확실하다. 만일 우리가 민주주의를 가리켜서, 시민들이 토론 과정에서 각자의 특수한 지식과 기능을 끌어들이는 대화가 벌어지는 협력적, 사회적 과정이라고 생각한다면 각자가 온갖 종류의 능력과 정보를 전부 갖출 필요는 없고, 그런 능력이나 정보가 사회체제 안에서 누군가에게 있어서 그에 관해서 다른 사람들이 들을 수만 있으면 충분하다는 점을 우리는 이해할 수 있다. 예를 들어, 2001년 9월 11일 이후의 민주적 대화를 위해서 중동지역의 정치와 역사 및 이슬람교의 신학을 모두 알아야 할 필요는 없었지만, 그런 지식을 갖추고 이를 다른 사람들에게 알려 주고 설명해 줄 능력을 가진 시민들도 있어야 했다. 물론, 특수한 전문 능력 중에서 어떤 것이 관련될 것인지를 미리 예측하기가 아주 어려울 수는 있다.[26]

이 두 가지 사항으로부터 누스바움이 실천과 정책으로서 원하는 것들이 대부분 도출된다. 만일 아이들이 문학, 예술, 역사에 접촉해야 한다면 그들은 확실히 교사로부터 가르침을 받을 필요가 있으며 이런 교사는 그전에 먼저 그런 교육을 받을 필요가 있다. 만일 어떤 시민들이 이슬람의 역사, 러시아의 소설에 관해서 알 필요가 있다면 누군가가 그들을 가르칠 필요가 있다. 만일 그런 주제들에 대해서 언론에 기고하거나 동료 시민들과 소통할 전문가가 우리 곁에 있어야 한다면 우리에게 확실히 필요한 것은 새로운 세대의 연구자, 교육자 등을 육성할 수 있는 수준 높은 연구자들 그리고 대학 학과들이다.

인문학을 옹호하는 자유주의적 정당화의 세 번째는 (국민에 대한 물질적 자원의 제공에 초점을 두는 것도 아니고, 민주시민의 정치적 삶에 초점을 두는 것도 아닌) 개인에게 각자가 추구할 수 있는 일련의 삶의 방식들을 제공하고, 각자가 선택할 수 있는 삶의 방식들을 비판하고 평가하는 데 필요한 도구를 제공하는 데에 초점을 둔다. 이런 종류의 논변은 인문학이 '삶의 실험'을 위한 재료를 제공해 준다는 밀(J. S. Mill)의 사상에 뿌리를 둔다.[27] 이에 따르면, 인문학은 보수적인 엘리트들이 옹호하는 객관적 가치의 수호자로 보이지 않는다. 그보다는 순종을 강요하는 사회적 (특히 시장의) 압력에 맞설 수 있는 다양한 삶의 방식들을 보존하는 것으로 보인다. 밀의 저술에서 이런 생각은 오히려 실질적인 자율성관과 연결됨으로써 완전주의적인 형태로 틀어지고 말았지만, 롤스의 언어로 전적으로 재구성될 수 있다.

『정치적 자유주의(Political Liberalism)』에서 롤스는 시민들에게, 좋은 삶의 본질을 성찰하려는 관심과 능력뿐만 아니라 좋은 삶에 대한 관념을 형성 · 수정 · 추구하는 역량을 부여한다. 그런 관심을 갖는 시민들은 관심을 쏟을 것들에 대해서도 흥미를 갖는다. 미술, 문학, 역사는 그들에게 각자의 삶의 목적이 무엇이어야 하는가에 대한 영감과 성찰의 원천을 제공할 수 있다.[28] 이런 논변은, 인문학을 옹호하는 '민주시민성' 논변과 비슷하게, 시민들이 각자의 좋은 삶을 선택하고 성찰하는 데 필요한 적절한 자원 제공에 초점을 둔 것이며—교육이 없으면 시민들은 본질적인 인지적 자원에 접근할 수가 없다고 할 정도로—교육과정에 대한 시사점을 갖는다. 또한 이런 논변은, '민주시민성' 논변과 비슷하게, 시민들은 좋은 삶에 관한 자신들의 선택을 평가할 때 인문학 이외의 (수학과 자연과학) 교육으로부터 도움을 받을 수도 있겠지만, 인문학은 타인들의 삶에 들어 있는 역사와 상상된 선택을 묘사해 주는 것으로서, 시민들이 각자의 좋은 삶에 대한 관점을 갖도록 도와주는 일에서 특별한 역할을 수행할 수 있을 것이다.

인문학: 지식의 본질적 원천

일반 시민의 일반적인 잘삶, 민주정치에 필요한 결사, 좋은 인생관의 형성과 수정에 대한 시민의 관심 등은 우리가 예술과 인문학을 연구 및 공부의 영역으로서 지지하는 이유를, 그리고 자유주의적 정당화의 검사를 통과할 수 있는 이유를 제공한다. 그렇지만 이런 정당화가 불만족스럽다고 생각하는 사람들도 있다. 이런 정당화는 자유주의적 정당화의 검사를 통과할지 모르지만 그것은 다른 시기에, 다른 이유 때문에 발전되었던 실천들을 절망적으로 합리화하려는 것이라는 느낌도 풍긴다. 전통적인 대학 교육과정에서 예술과 인문학이 현재와 같은 형태를 갖게 된 이유는 경제발전을 위한 실질적 유용성과 별로 관계 없는 것이고, 또 자유민주주의적 시민의 이상과도 관계가 깊지 않은 것이다.[29] 오히려 예술과 인문학은 흔히 고대의 종교적 소속과 연관되거나 혹은 귀족적 덕목의 발휘에 적합한 종류의 지식관과 연관된다. 인간의 삶에서 흔히 그런 것처럼 일련의 제도의 역사적 원인과 정당화가 소멸되면 인간은 새로운 정당화 이유를 찾게 된다.

그렇지만 검사를 통과할 또 다른 정당화가 아직 남아 있을지 모른다. 이 마지막 절에서 내가 집중하고자 하는 것은 넓은 의미의 **과학기획**(scientific enterprise)의 일부로서 인문학을 지지하는 더 방법론적이고 관점-기반적인(perspective-based) 정당화다. 이런 정당화가 인문학을 그런 것으로서 전적으로 옹호하지는 못하더라도, 그것은 인문학을 정치적으로, 사회적으로 논란이 훨씬 적은 광범위한 실천 속에서 보호해 준다. '넓은 의미의 과학 기획'은 세계에 관한 지식의 발견과 관련된 것이며, 순수과학과 수학의 유용성을 가끔 의심하는 회의론자가 있어서 비판이 전혀 없는 것은 아니지만 인문학에 비하면 그래도 덜 심한 편이다. 이 마지막 정당화의 원천은 다음 두 가지다. 첫째, 인간의 경험세계는 전체 세계의 참된 일부분이며, 자연과학이 연구하는 세계의 일부분과 동등한 것으로 고려되어야 한다. 둘째, 인간의 경험세계에 관한 연구는 인문학에 의해서 독특하게 개발된 이해와 해석이라는 방법을 요청한다. 여기에 두 가지 측면이 있다.

- 인문학의 방법론은 자연과학이 관찰할 수 없고, 침투할 수 없는 세계의 측면들에 대한 참된 진리를 발견하기 때문에 인문학과 자연과학은 대등하게 작동한다.
- 어떤 연구 대상을 위해서 인문학은 자연과학의 관점을 보완해 주는 관점을 우리에게 제공한다.

인문학, 더 일반적으로 말해서 **인문과학**(human sciences)은 자연과학이 제공할 수 없는 인간세계의 어떤 진리에 우리가 접근하게 해 준다. 이런 말은 오래된 주장이며, 지암바티스타 비코(Giambattista Vico), 빌헬름 딜타이(Wilhelm Dilthey)가 구분한 **정신과**

학(Geisteswissenschaften)과 **자연과학**(Naturwissenschaften) 그리고 방법론적으로 대립하는 '이해(verstehen)'와 '설명(erklären)' 등과 연관된다. 이 명제의 어떤 버전은 그것을 아주 강한 형태로, 다시 말해서 인간의 삶의 현실은 의미가 스며들어 있는 것이어서 오직 해석에 의해서만 알 수 있다는 주장으로 표현된다.[30] 이런 강한 버전에 따르면, 텍스트나 예술작품의 다양한 요소들 간의 내부의 의미론적 연관과 대립을 파악할 수 있고, 또 텍스트나 예술작품을 둘러싼 더 큰 사회적, 문화적 실재를 파악할 수 있는 것은 오직 사안을 스스로 해석하는 주체뿐이다. 어떤 사회적 복합체 안에서 특정 행위와 동작이 갖는 의미를 이해할 수 있는 것은 오직 해석학적 기능을 가진 인간뿐이다. 이런 강한 버전은 원칙적으로, 자연과학의 방법을 통해서 사회가 이해될 수 있다는 점을 아예 부정한다. 이것은 너무 강한 것 같다. 심리학, 사회학, 경제학 및 다른 사회과학에는 규칙성의 관찰, 실험 그리고 (인간학적 이해가 우리를 어떻게 오도하는가를 밝혀 주는) 우리의 세계에 대한 새로운 관점 등이 수행하는 역할이 분명히 있다.

더 소박한 명제가, 다시 말해서 인간세계를 이해할 때 인문학 방법과 자연과학 방법이 상호 보완적일 수 있는 가능성을 수용하는 주장이 더 적절하다. 실제로 우리가 갖고 있는 공감, 의미파악, 상상적 이해 등의 능력을 끌어들이지 않는다면 인간의 세계, 특히 이 세계의 역사적 요소를 이해하기가 불가능하다. 예를 들어, 우리가 누구인가 그리고 현재 우리가 살고 있는 사회가 어떤 사회인가에 대한 적절한 이해는 이 사회의 역사적 기원에 대한 파악에 따라서 상당히 달라진다고 믿는다면, 인문학적 이해가 '폭넓은 지식-획득이라는 기획'의 본질적 요소에 속한다는 점까지 우리는 믿을 것이다.

그렇지만 우리는 인문학이 지식의 획득 그 자체만을 위해서 일정한 역할을 갖고 있다는 생각에 우리 자신을 가둘 필요는 없다. 인문학은 주체의 관점 그리고 주체적 삶의 경험에 대한 민감성을 갖는 것이기 때문에 응용과학, 의학, 공학을 보완할 수 있다. 이런 사례를 건축과 의학에서 찾아본다.

건축이나 도시설계와 같은 분야에서 공학적 관점이 광범하게 퍼지게 만든 것은 20세기 초반과 중반에 위세를 떨쳤던 자연과학이었다. 그러나 투입−산출에 대한 집중 그리고 인간의 필요의 추상적 상세화에 근거한 '생활 기계'의 설계에 대한 집중은 나중에 인간적 재앙이 되고 말았다. 인간이 정상적인 공동체에서 살아가려면 주체적인 그리고 정말 미학적인 경험이 필수적이라는 점이 밝혀졌다.[31]

의료 인문학(medical humanities)이라는 새로운 영역에서 '정밀'과학과 인간경험의 상호보완 관계가 두 번째로 밝혀졌다. 의료 인문학이란 (문학, 철학, 윤리학, 역사학, 종교학, 인간학, 문화연구, 심리학, 사회학, 드라마, 영화, 시각미술, 공연예술 등) 여러 가지 인문학을 의료활동에 적용하는 학문융합적 탐구영역이다. 그 목적은 의료와 인문학의 관계를 이해하고, 인문학이 제공할 수 있는 통찰을 의학교육과 의료실천에 활용하는 것이다.

의료 인문학은 의사 양성의 주요 부분을 차지하는 거대한 자연과학적 정보를 보완해 줄 중요한 부분이다. 의료 실천가들이 의학적 기초지식을 습득하고 숙달해야 하는 것은 당연하지만, 이와 동시에 그들은 일차적으로 사람이 중심인 영역에서 활동하기도 한다. 의사는 개인의 고통을 예방하고 치료하기 위해서 그것을 과학적 관점뿐 아니라 환자의 관점에서도 이해해야 한다.

의료 인문학은 문학, 미술, 역사를 통해서 의료의 인문학적 측면을 탐구하고 개발하는 것을 목적으로 삼는다. 의료 인문학은 이제까지 의사들이 주로 수동적 소비자로서 배웠던 과학적 지식에 대해 유익한 관점을 제공해 주기 위해서 그들로 하여금 그런 지식을 비판적으로 살펴보고, 또 의학 지식이 생산되는 사회적, 인류학적, 역사적 맥락의 변화를 살펴보고, 의학 지식의 본질과 의의를 철학적으로 성찰할 수 있게 만든다. 의료 인문학은 과학으로서의 의료와 인문학적 실천으로서의 의료 간의 관계에 대한 이해를 심화시키고, 이를 통해 의사 교육과 의사에 대한 이해를 풍부하게 만드는 것을 목적으로 삼는다.[32]

인문학의 방법론적 독특성, 인문학이 넓은 의미의 과학에 속함, 과학 기획의 다른 부분들에 대한 이론적 보완, 그리고 인문학의 실천적 이득 등에 대한 강조는 인문학의 전체 탐구 영역을 얼빠진 공리주의적 비판으로부터 구해 낼 수 있는 머나먼 길로 나아갈 수 있다. 인문학이 아무튼 하지 말아야 할 일은 현재 생각하고 구분되어 있는 형태를 있는 그대로 두는 것이다. 인문학의 전통적인 영역 구분은, 내가 앞서 논의했던, 과학 기획을 위해서 혹은 더 광범한 도구적 목표를 위해서 반드시 가장 생산적인 것은 아니다. 이렇게 말하긴 하지만, 역사적인 학문적 지도는 집단적 성취의 놀라운 기록을 남긴 여러 학문공동체를 탄생시켰다. 대학경영자들은 학문 영역의 경계를 무너뜨리고 싶은 충동을 자주 느낄 것이지만, 그렇게 함으로써 그들은 시간과 더불어 진화했던 협력과 연구의 귀중한 네트워크를 파괴해 버릴 위험이 그리고 새로운 구분이 실제로 제대로 작동하지 못할 위험이 언제나 남아 있다.

맺음말

내가 도달하고 싶은 결론은 이것이다. 인문학이 그동안처럼 그렇게 방어적일 필요는 더 이상 없다. 설령 우리가 비교적 엄격한 정당화의 원칙을 도입하고, 인문학의 특수한 문명사적 가치에 의존하는 논변을 포기한다고 할지라도, 대학에서 인문학의 위상을 옹호하는 데 필요한 자원은 공적 이성과 정치적 이성 안에 아직 충분히 남아있다. 인문학은 우리가 정치가의 사랑을 받고 있으나 결국에는 인류의 잘삶과 지구의 안전을 위협하게 될 경제 성장론이—각 개인의 목적을 형성하고 수정하고 추구하는 시민들의 능력과 연관된—다른 고려사항에 의해 도전받거나 보완될 수 있음을 파악하도록 도와줄 수 있다. 누스바움의 민주시민론이 너무 많은 것을 주장한다고 밝혔지만, 인문학은 민주적 대화를 위해 본질적으로 기여한다. 시민들이 자기들 역할을 하기 위해서 모두 인문학 교육을 받을 필요까지는 없으나, 모든 시민이 공적 이슈와 얽혀 있는 가치문제와 고려사항을 충분히 깨닫기 위해서는 인문학이 공적인 토의와 토론에 기여할 필요가 있다. 마지막으로 인문학이 더 일반적으로 사회에서 수행할 중요한 역할이 있다. 그것은 자연과학과 별도로 독특한 형태의 지식을 제공하고 또 중요한 측면에서 자연과학을 보완하는 역할이다.

1) 이런 불안을 다룬 최신의 논문집은 베이트(Bate, 2001)이다. 콜리니(Collini, 2012) 도 참조.

2) 복(Bok, 2006, p. 283).

3) 윌리엄스(Williams, 1974, p. 56).

4) 누스바움(Nussbaum, 2010).

5) 래즈(Raz, 1986)와 같은 완전주의적 자유주의자들. 그리고 아르네슨(Arneson, 2000)과 같은 결과주의적 자유주의자들.

6) 월드론(Waldron, 1987)을 참조. 이 절에서 내가 논의하는 정당화에 대한 일반적 반-완전주의적 설명은 특히 롤스(Rawls, 1993)에게서 끌어들인 것이다.

7) 그와 같은 수용을 확보하는 데 따르는 몇 가지 문제점을 버트럼(Bertram, 1997)이 탐구했다.

8) 이런 취지의 놀라운 논변은 매디슨(Madison)과 헨리(Henry) 간의 논쟁을 거론한 롤스(Rawls, 1999, p. 602)에서 참조.

9) 콜리니(Collini, 2011, 2012)에 수록.

10) 오바마의 교육연설(March 10, 2009). 이 연설의 또 다른 놀라운 구절에 대한 논의 는 누스바움(Nussbaum, 2010, p. 138)을 참조.

11) 켈리(Kelly)는 이 책에 수록된 글에서 대학의 기업 모델, 경제발전 모델, 학자 중 심 모델을 구분한다. 현대 영국을 지배하는 모델은 첫째와 둘째의 혼합이다.

12) 브라운, 바버, 코일, 이스트우드, 킹, 나이크, 샌즈(Browne, Barber, Coyle, Eastwood, King, Naik, & Sands, 2010).

13) 예를 들어, 레빗, 얀타, 쉬하비, 존스, 발렌티니(Levitt, Janta, Shehabi, Jones, & Valentini, 2009)를 참조.

14) 미국에서 이에 관한 것은 복(Bok, 2006, 제11장)을 참조.

15) 기후변화의 방치는 심각한 경제적 폐해를 낳을 것이라는 점이 스턴 보고서의 핵 심 주장이다. 스턴(Stern, 2007)을 참조.

16) 아주 많은 책 중에서 센(Sen, 1999)과 누스바움(Nussbaum, 2000)을 참조.

17) 마지막 세 절에서 나는 특히 잭슨(Jackson, 2009)과 쇼(Schor, 2010)의 영향을 크게 받았다.

18) 일부 독자는 여기서 다음과 같은 점을 우려할 것이다. 시민들은 허용할 수 없 는 완전주의적인 근거에서 자신들이 선호하는 정책을 장려하지 않아야 한다 는 요구는 위선적이고 기만적인 일단의 실천을—이를 통해서 논변들이 일정한 형태로 개진되지만 공유될 수 없는 '실질적' 이유들에 의해 은밀히 동기화되는 데—은폐할 수 있다. 이런 종류의 관심사는 스타우트(Stout, 2004, 제3장)를 참조. 그러나 내가 보기에, 시민들이 악의적으로 논변할지 모른다는 불안은 '동료 시 민들이 옹호할 것으로 합당하게 기대될 수 있는 이유를 그들에게 제시한다는 것 자체가 사람들이 정상적으로 최고의 중요성을 부여해야 될 도덕적 이유다.'라는

아이디어에 대해 충분한 비중을 부여하지 못하는 것이다.

19) 문화습득과 민주시민성/공감적 상상 간의 연관성에 대해 더 많은 의문이 있지만 나는 이를 지적할 뿐 더는 탐구하지 않는다. 그것은 그런 노출이 누스바움이 말하는 긍정적 이점을 갖는다는 주장, 엄밀한 경험적 연구가 아닌 정신분석적 및 교육학적 문헌에―그녀의 책에서처럼―의존하는 주장에 관한 의문이다. 그런데 엄밀한 경험적 연구가 없으면 우리는 대체로 일화의 세계에 머물고, 또 아무리 그럴싸한 아이디어일지라도 이에 맞설 일화나 서사를 언제나 끌어들일 수 있다. 예를 들어, 1930년대와 1940년대에 교양이 많고, 인문교육을 받은 독일장교 집단은 민주시민성과 공감적 상상이라는 미덕이 충분히 함양되지 못한 것처럼 보이고, 그들은 우리에게, 누스바움이 자주 민감하게 강조했듯이, 문화적 우월감이 오히려 타인에 대한 멸시, 증오, 배척과 같은 감정의 근거가 될 수 있음을 환기시킨다. 또한 최근의 심리학적 연구에 비추어 보면, 민주사회의 인간 특성으로서 인격적 자질과 도덕적 성향에 대해 누스바움이 부여했던 중요성에 대해서도 의문을 가질 수 있다. 예를 들어, 어느 학파의 주장에 따르면, 행동을 위해서 더 중요한 것은 인격이라기보다는 상황이며, 그럼에도 불구하고 우리는 심리적으로 인격-기반적 설명을 선호하는 쪽으로―잘못되게―기울어진다. (이처럼 잘못된 경향이 소설가의 예술에서 핵심을 차지한다.) 만일 이 견해가 맞고 인습적 지혜가 틀린 것이라면, 민주사회의 정상적 기능을 위해 필요한 것으로서 개인의 성향에 초점을 둘 것을 옹호하는 주장은 무너지게 되고, 행동의 다른 결정 요소, 예를 들면 제도적 설계와 같은 것이 살아날 것이다. 그러나 나의 논변을 위해서 나는 누스바움의 두 가지 신봉, 즉 인격의 중요성에 대한 신봉 그리고 예술과 문학에 대한 접촉이 공감적 상상력과 친사회적 성향에 미치는 좋은 효과에 대한 신봉을 인정하고 넘어간다.

20) 이것은 인문학을 가장 잘 가르치는 일이 대중문화에 대한 비판적 관점을 학생들에게 제공함으로써 민주주의를 향상시킬 수 있음을 부정하지 않는다. 그러나 내가 회의적인 것은 실제로 인문학을 얼마나 많이 가르쳐야 그렇게 될 수 있는가 하는 점이며, 그리고 내가 비교적 낙관하는 것은 단순히 수동적인 소비의 조건에서 탈출하는 일반인의 역량이다. 학생들에게 비판적 태도를 길러 주는 일이 어떻게 해서 실제로 얄팍한 거부감을 길러 낼 수 있는가에 관한 몇 가지 우려는 이 책에 수록된 에벨스-더건의 글을 참조.

21) 누스바움(Nussbaum, 2010, p. 2).

22) 예를 들면, 아르네슨(Arneson, 2004).

23) 밀(Mill, 1975, 제3장)의 모델에 아주 크게 의존한다.

24) 그런 견해의 한 가지 사례로 브릭하우스(Brighouse, 1996)를 참조.

25) 누스바움(Nussbaum, 2010, pp. 125-128).

26) 이 핵심에 아주 근접하는 것은 베이트(Bate, 2001, p. 2)의 다음과 같은 지적이다. "9·11 테러가 단적으로 보여 주듯 최근의 역사적 발전을 살펴보면 [영국에서] 1960년대 초의 고등교육 재정의 대폭적 삭감은 인문학의 주변부에 속하는 이슬

람학 영역에서 특히 심각했다."

27) 밀(Mill, 1982, 제3장).

28) 롤스 자신은 이 점에 대해 불필요할 정도로 머뭇거리는 것 같다. 그는 "옳음의 우선성과 좋음의 아이디어"(Rawls, 1993, pp. 199-200)에서 아동교육의 합당한 요청은 보다 종합적인 자유주의에 의해 증진되는 것에 가까울 것이라고 양보하면서도, 이를 "유감"이라고 지적한다.

29) 미국에서 교육과정의 진화에 관한 토의는 복(Bok, 2006, 제1장)을 참조.

30) 이와 같은 고전적 논변은 테일러(Taylor, 1971)를 참조, 비판적 논변은 맥도널드와 페팃(MacDonald & Pettit, 1981)을 참조.

31) 이런 논란의 핵심 텍스트는 당연히 제이콥스(Jacobs, 1961)다. 그러나 브랜드(Brand, 1994)도 참조. 그리고 스콧(Scot, 1998, 제4장, 제9장)에 들어 있는 르 꼬르뷔지에(Le Corbusier)에 관한 논의와 실천적 지식에 관한 논의를 참조.

32) 이 절에서 버드(Bird)의 도움을 얻었다. 그는 브리스틀 대학교(University of Bristol)에서 의료 인문학 프로그램을 만들었다. 인문학과 의료 간의 이런 융합의 바람직한 특별한 사례는 캐럴(Carel, 2008)이다. 캐럴은 자신의 삶을 보여 주는 감명 깊은 책을 썼다. 현상학적 방법론에 정통한 철학자인 그녀에게 심각한 불구가 나타났고, 그녀는 수명이 크게 단축될지 모른다는 심각한 진단을 받았다. 진단과 치료의 과정에서 그녀는 의사의 냉담한 임상적, '과학적' 접근에 상당히 충격을 받았다. 그녀가 보기에, 진행되는 일의 아주 중요한 측면, 즉 그것이 환자에게는 어떤 일이 될 것인가라는 점이 진단과 치료의 과정에서 누락된 것 같았다. 메를로 퐁티(Merleau-Ponty)의 저서를 끌어들이는 캐럴은, 생리학적 설명과 임상적 개입이—세계나 타인과의 경험 및 상호작용의 한 가지 양식으로 서—환자의 일인칭적 관점에 관한 설명에 의해 보강되는 것이 중요하다고 적고 있다. 최근에 그녀는 환자 경험의 신체적 성격을 고려하는 것이 임상적 실제와 환자 배려를 어떻게 개선시킬 수 있는가에 관한 글을 쓰고 있다.

참고문헌

Arneson Richard (2000). "Rawls versus Utilitarianism in the Light of Political Liberalism." In *The Idea of Political Liberalism: Essays on Rawls*, edited by Victoria Davion and Clark Wolf. Lanham, MD: Rowman & Littlefield.

Arneson Richard (2004). "Democracy Is Not Intrinsically Just." In *Justice and Democracy: Essays for Brian Barry*, edited by Robert E. Goodin, Carole Pateman, and Keith Dowding. Cambridge: Cambridge University Press.

Bate Jonathan Ed. (2001). *The Public Value of the Humanities*. London:

Bloomsbury.

Bertram Christopher (1997). "Political Justification, Theoretical Complexity, and Democratic Community." *Ethics* 107, no. 1: 563–583.

Bok Derek (2006). *Our Underachieving Colleges: A Candid Look at How Much Students Learn and Why They Should Be Learning More.* Princeton, NJ: Princeton University Press.

Brand Stewart (1994). *How Buildings Learn. What Happens After They're Built.* New York: Penguin.

Brighouse Harry (1996). "Egalitarianism and Equal Availability of Political Influence." *Journal of Political Philosophy* 4, no. 2: 118–141.

Browne John, Michael Barber, Diane Coyle, David Eastwood, Julia King, Rajay Naik, & Peter Sands (2010). *Securing a Sustainable Future for Higher Education in England.*

Carel Havi (2008). *Illness: The Cry of the Flesh.* Stocksfield: Acumen.

Collini Stefan (2011). "From Robbins to McKinsey." *London Review of Books* 33, no. 16 (August): 9–14.

Collini Stefan (2012). *What Are Universities For?* London: Penguin.

Jackson Tim (2009). *Prosperity without Growth: Economics for a Finite Planet.* London: Earthscan.

Jacobs Jane (1961). *The Death and Life of Great American Cities.* New York: Vintage Books.

Levitt Ruth, Barbara Janta, Alaa Shehabi, Daniel Jones, & Elizabeth Valentini (2009). *Language Matters: The Supply of and Demand for UK Born and Educated Academic Researchers with Skills in Languages Other than English.* Santa Monica, CA: Rand Europe for the British Academy.

MacDonald Graham, & Philip Pettit (1981). *Semantics and Social Science.* London: Routledge.

Mill John Stuart (1975). "Considerations on Representative Government." In *Three Essays,* edited by Richard Wollheim. Oxford: Oxford University Press.

Mill John Stuart (1982). *On Liberty.* Edited by Gertrude Himmelfarb. Harmondsworth: Penguin.

Nussbaum Martha C. (2000). *Women and Human Development: The*

Capabilities Approach. Cambridge: Cambridge University Press.

Nussbaum Martha C. (2010). *Not for Profit: Why Democracy Needs the Humanities*. Princeton, NJ: Princeton University Press. 우석영 역 (2011). 학교는 시장이 아니다. 서울: 궁리.

Rawls John (1993). *Political Liberalism*. New York: Columbia University Press. 장동진 역(1998). 정치적 자유주의. 서울: 동명사.

Rawls John (1999). "The Idea of Public Reason Revisited." In *Collected Papers*, edited by Samuel Freeman. Cambridge, MA: Harvard University Press.

Raz Joseph (1986). *The Morality of Freedom*. Oxford: Oxford University Press.

Schor Juliet B. (2010). *Plenitude: The New Economics of True Wealth*. New York: Penguin.

Scott James C. (1998). *Seeing like a State: How Certain Schemes to Improve the Human Condition Have Failed*. New Haven, CT: Yale University Press.

Sen Amartya (1999). Development as Freedom. Oxford: Oxford University Press.

Stern Nicholas (2007). *The Economics of Climate Change: The Stern Review*. Cambridge: Cambridge University Press.

Stout Jeffrey (2004). *Democracy and Tradition*. Princeton, NJ: Princeton University Press.

Taylor Charles (1971). "Interpretation and the Sciences of Man." *Review of Metaphysics* 25, no. 3: 1–45.

Waldron Jeremy (1987). "Theoretical Foundations of Liberalism." *Philosophical Quarterly* 37, no 47: 127–150.

Williams Raymond (1974). *Television: Technology and Cultural Form*. London: Fontana.

https://www.gov.uk/government/uploads/system/uploads/attachment_data/file/31999/10–1208-securing-sustainable-higher-education-browne-report.pdf.

제4장

학문적 우정

폴 바이스만(Paul Weithman)

이 장에서 나는 대학교육의 목적에 대한 어떤 철학적 성찰을 제시한다. 여기서 나의 개인적 경험을 끌어들일 것이다. 나는 입시경쟁이 심한 종교계 사립대학에서 철학을 가르친다. 이런 점에서 다른 교수의 경험과 퍽 다르겠지만 학생들에게 좋은 교육을 제공하는 데 헌신하는 대학교수는 누구나 내 이야기에 공감할 것으로 기대한다.

먼저 **교수-학생 관계**를 동반자로 보고 이야기를 시작한다. 이 관계가 무르익으면 일종의 우정이 되는데, 이것을 나는 '학문적 우정(academic friendships)'이라고 부르겠다. 물론 지도교수와 학생, 또 교수와 조교 사이에 다른 종류의 학문적 우정이 생길 수 있으나 앞으로 나는 강의실에서 교수와 학생들 간에 발전하는 '학문적 우정'을 논할 것이다.

첫째, 그와 같은 학문적 우정이 어떤 종류의 관계가 될 것인지를 살펴본다. 교육은 학생을 자율적 인간으로 만드는 것을 목적으로 삼아야 한다고 흔히들 말한다. 둘째, 자율성이 고등교육의 가치 있는 목표이긴 하지만 그것만으로는 불충분하다고 나는 주장한다. 셋째, 대학교육에서 길러 주려고 노력해야 할 자율성을 구성하는 마음의 자질(qualities)뿐만 아니라 또 다른 마음의 자질을 논한다. 넷째, 그런 마음의 자질을 어떻게 장려할 것인가를 밝히기 위해, 가장 먼저 다루었던 학문적 우정을 다시 끌어들인다. 마지막으로, 나의 교육관을 엘리트주의라고 하면서 반대하는 주장을 살펴보고 끝을 맺는다.

학문적 우정의 의미

내가 이해하는 '학문적 우정'은 학생과 교수의 삶에서 하나의 선(good, 좋은 것)이다. 학문적 우정은 그 자체로서 선택할 만한 것이지만 우정에 방향을 부여하는 데 도움을 주는 다른 목표도 갖는다. 그중 하나는 학문적 우정의 동반자가 함께 추구해야 할 목표, 즉 학습이다. 또 다른 목표는 교수가 유념해야 할 특수한 책임, 즉 학생에게 어떤 마음의 자질을 발달시키는 것이다. 이런 마음의 자질은 학생과 교수의 만남이 끝난 후에도 학생이 최소한 가끔은 발휘할 것으로 우리가 희망하는 것이다. 우정에 관한 철학에서 고전적 논의는 아리스토텔레스(Aristotle)의 것이다. 학문적 우정이 아리스토텔레스가 발전시킨 틀과 어떻게 부합되는지를 살펴보면 유익할 것이다.

아리스토텔레스는 참된 우정을 다른 두 가지 우정과 구별한 것으로 유명하다. 하나는 쾌락에 기반을 둔 우정이고, 다른 하나는 공리에 기반을 둔 우정이다.[1] 공리에 기반을 둔 우정의 사례는 예를 들어 동업자 간에 나타난다. 각자는 자신의 이득을 위해서 동반자 관계를 맺는다.[2] 오늘날 고등교육의 세계에서 교수-학생의 동반자 관계는 공리적 우정과 가장 잘 맞아떨어지는 것으로 볼 수도 있다.

흔히 말하는 것처럼 고등교육은 점점 더 상품화되었다. 이 말에는—교육행정가, 교수, 학생에 의해서—학습은 전적으로 도구적인 그리고 시장의 힘에 의해 그 가치가 결정되는 생산품으로 더욱더 취급된다는 뜻도 있다. **상품화**가 나타나는 한 가지 방식은 학생과 교수가 관계를 맺을 때 상대방에 대해 갖는 기대에서다. 교육이 상품화될 때 학생은 자신이 구매한 상품에 대해 만족감을 느낄 권리를 가진 고객이라고 스스로를 간주한다. 이 상품은 소비자들로부터 부정적 평가를 받지 않을까 하고 우려하면서 그들의 요구와 취향에 맞추어야 한다는 의무감을 느끼는 교수에 의해 제공된다. 이 상황에서 교수-학생 사이에 생기는 우정은 아리스토텔레스의 공리적 우정에 속할 것이다.

그러나 교육을 상품으로, 즉 학생의 요구를 충족시키는 데 맞추어야 될 상품으로 취급하는 것은 잘못이다. 이런 잘못은 최소한 부분적으로 강의실 교육의 선(좋은 점들)이 어떻게 확인되고 전달되어야 하는 것인가를 심각하게 오해하는 데에 기인한다. 강의실 교육의 선은 학생의 요구를 살핌으로써 확인되는 것이 아니다. 왜냐하면 학생은 어떤 사실과 기능을 숙달해야 할 필요가 있는지에 대해서 아무래도 불완전한 지식을 갖고 있기 때문이다. 그리고 그런 사실과 기능은 학생의 취향에 맞추는 방식으로 전달되어서는 안 된다. 왜냐하면 학생이 그런 사실과 기능의 숙달에 필요한 치밀함에 대한 취향을 갖고 강의실에 오지 않을 수 있기 때문이다. 교육이 상품화될 때 나타나는 학문적 우정은 내재적 한계를 갖는다. 결국, 이런 학문적 우정은 서로가 유익한 관계에 대한 기대를 충족시켜 주는가에 달려 있고, 유익한 관계는 각자가 지닌 욕구에 따라 판단되는 것이다. 앞서 말한 것처럼 교수-학생의 동반자 관계에는 그 관계를 뛰어넘어 교수가 목표로 삼아야 할 핵심이 들어 있으며, 이 핵심은 학생에게 어떤 마음의 자질을 장려하는 일이다. 나중에 내가 주장할 것인데, 그런 마음의 자질 중 하나는 지적으로 힘든 자료에 대한 취향이다. 이 말이 맞다면 교수는 학생과의 동반자 관계를 형성적인 (formative) 것으로 만들려고 노력해야 한다. 교수는 학생의 지적 취향을 형성시키려고 노력해야 한다. 예를 들어,[3] 학생의 불리한 평가를 두려워한 나머지 교수가 상품화의 논리를 끝까지 따르고 학생의 취향을 있는 그대로 받아들이고 이렇게 하는 것을 교수의 교육적 과업으로 받아들인다면, 그와 같은 형성은 이루어질 수 없다.[4]

교수-학생 사이에 발달되어야 할 우정은 아리스토텔레스가 부수적으로 언급했던 종류의 우정, 즉 동행하는 여행자들 사이에 발달될 수 있는 우정의 가장 좋은 형태와 상당히 비슷하다. 이런 관계는 교수-학생의 동반자 관계를 위해서 별로 대수롭지 않은 모델처럼 보일 수 있다. 왜냐하면 아리스토텔레스가 그것을 언급한 까닭은 어떻게 해서 여행자의 관계가 공동경비에 대한 견해 차이로 깨질 수 있는가를 보여 주고, 느슨한 의미에서 친구라고 간주될 수 있는 사례를 보여 주려고 했기 때문이다.[5] 실제로 동행하는 여행자들의 관계는 아마 제한된 의미에서 참된 우정에 가까운 것일 수 있다. 이 가능성을 나는 간략하게 탐색하기를 바란다.

아리스토텔레스에 의하면, 참된 우정을 나누는 사람들은 상대방의 좋은 성격을 인지한다. 그들은 각자의 성격을 좋은 것으로 만들어 주는 미덕이 발달하고 발휘되는 활동을 함께하면서 시간을 보낸다. 이런 활동에 몰두하는 시간이 길어질 때 그리고 몰두함으로써 상대방의 좋은 성격에 대한 이해가 깊어질 때, 서로에 대한 애정이 싹트고 애정은 우정의 지속을 도와준다.[6] 완전한 우정에서 이런 애정은 특히 깊어진다. 자기 자신에 대한 애정과 같은 것이 상대방에 대해서 생겨난다. 이 때문에 아리스토텔레스는 참된 친구를 '또 다른 나'라고 말한다.[7]

동행하는 여행자들 사이에 발달되는 우정은 완전한 것이 아니다. 여행 시간이 비교적 짧고 여행이 끝남과 동시에 우정의 지속적 발달이 멈추게 된다면 그런 우정은 완전한 것이 되지 못한다. 그렇지만 거기서 참된 우정의 요소들이 생길 수 있다. 동행하는 여행자들은 상대방의 너그러움과 참을성, 낯선 사람과 장소에 대한 호기심, 여행 장소에 관해서 더 많이 배우려는 학구열 등을 인지할 수 있다. 그들이 함께 시간을 보내는 활동 속에서 그런 성격의 자질들이 발휘되고 더 발달될 수 있다. 물론, 여행 그 자체가 정보를 제공해 주고 안목을 넓혀 줄 수 있다. 이럴 때, 여행자들은 도구적으로 또 내재적으로 가치 있는 선(goods)을 개별적으로 또 공동으로 실현하는 과정에서 호기심과 개방성이라는 미덕을 발휘한다. 우정의 특징인 애정은 여행에서 불편과 난관을 극복하느라 서로 돕는 가운데 얼마간 싹틀 수 있다. 그뿐만 아니라 이런 애정은 시간을 함께 보내면서, 그리고 더 중요하게는 발견의 경험을 공유하면서 깊어지는 친숙함을 통해서도 싹틀 수가 있다.

　동행하는 여행자들 간의 동반자 관계처럼 교수–학생의 그런 관계도 완전한 우정이 될 가능성은 없다. 교육적 동반자는 여행의 동반자처럼 함께하는 시간이 무한정 긴 것이 아니고 여행이 끝나면 동행자 관계가 끝나는 것처럼 학기/학년이 지나면 마찬가지로 끝난다는 것을 알고 있다. 그러나 교육적 동반자 관계에서도 참된 우정의 어떤 특성이 보일 수 있고, 이렇게 되는 이유도 동행하는 여행자들의 경우와 비슷할 것이다. 교육이 잘될 때 교수와 학생은 상대방으로부터 배운다. 교수는 가르침으로써 교육 자료에 대한 그의 지식이 심화되고, 지적이고 문화적인 특성이 다양한 여러 학년의 학생들에게 효과적으로 자료를 제시하는 방법도 터득한다. 학생들도 제시되는 자료를 숙지하고, 또 자신의 이해를 심화시킬 수 있는 질문을 던질 것으로 당연히 기대를 받는다. 따라서 좋은 여행에서 겪은 활동처럼 좋은 교육을 이루는 활동은 정보를 제공하고 안목을 넓혀 준다. 그리고 여행처럼 그런 활동에서 실현되는 선(좋은 점들)은 내재적으로 또 도구적으로 가치 있는 것이다.

　가르침과 배움은 그런 선을 추구하고 성취할 때 교수와 학생이 발휘하는 성격의 자질들을 끌어들인다. 이런 성격의 자질들에 대해서는 곧 더 논의할 것이다. 여행에서처럼 교육에서도 그런 자질들의 일부는 서로 돕는 과정에서 드러난다. 같은 길을 가는 사람들은 그 과정에서 부딪히는 난관 앞에서 동료로서 서로에게 봉사할 수 있다. 수년 동안 똑같은 자료를 가르치는 교수들도 자료에 대한 이해가 더 깊어질 수 있는 인문학에서는 최소한, 학생과 교수가 학문적 자료의 난해함 앞에서 동료로서 서로에게 봉사할 수 있다. 교수와 학생은 서로의 성격을 이해하고, 각자가 교육활동에서 발휘하는 점을 파악하고, 교육적 성공에 대한 관심을 공유하고, 또 발견의 기쁨을 나눔으로써 우정이 어린 애정의 관계로 함께 나아갈 수 있다. 교수–학생 간에 적절한 종류의 우정이 발달하는 것은 가르침의 한 가지 즐거움에 속한다. 우정 그 자체는 교수와 학생의 삶에서 하나의 선이고, 교육활동에 대한 교수와 학생의 헌신을 고조시킬 수 있다.

교육적 동반자 관계의 또 다른 특성은 그것을 완전한 우정으로 만들어 주지 못한다. 왜냐하면 완전한 우정에 필요하다고 아리스토텔레스가 생각하는 평등이 없기 때문이다.[8] 한 가지 불평등은 정서적, 사회적, 지적 발달의 불평등이고, 또 한 가지 불평등은 권력의 불평등이다. 이런 차이점이 암시하는 것은 우정 관계의 당사자가 공유하기를 원하지 않는 어떤 활동이 있다거나, 혹은 서로 공유하기가 부적절한 어떤 활동이 있다는 점이다. 함께할 수 없는 그리고 함께 해서는 안 될 것이 많다는 사실은 우정이 도달할 수 있는 심도와 강도를 제한한다. 그러나 이런 제한점들을 설명해 주는 불평등은 오히려 그 우정에 '핵심'을 제공해 주는 것이기도 하다. 학생들이 현재 도달해 있는 지적 발달의 단계 그리고 교육을 통해 자신의 지적 발달을 끌어올리려는 관심 때문에 그들은 교수의 권위와 지도에 자신을 맡기면서 교수와 동반자의 관계로 들어간다. 교수도 학생을 발달시킬 책임을 맡으면서 그런 관계로 들어간다. 따라서 교수–학생 간에 생길 수 있는 우정은 동행하는 여행자들의 그것과 비슷하지만,

교수가 학생들의 교육 여정을 기획하는 일을 맡음으로써 학생들의 발견이 이루어지게 하고 이들의 교육 여정이 끝난 후에도 계속 나아지는 방향으로 발달하게 만든다.

나는 이제까지 교수-학생 간에 생길 수 있는 우정을 탐색했는데, 그것이 교수-학생의 동반자 관계의 성격과 목적을 밝혀 준다고 믿었기 때문이다. 바람직한 자질은 아리스토텔레스가 말하는 우정에 많이 들어 있고, 어떤 바람직한 마음의 자질은 교수가 책임지고 촉진시켜야 할 학생 발달의 일부분이다. 아리스토텔레스에 따르면, 친구는 상대방의 좋은 자질을 인정해 주고 그것에 이끌린다. 이와 같은 상호 인정에서 싹트는 애정은 좋은 자질이 발휘되고 또 더 발달될 수 있는 공동 활동에 대한 헌신을 지속시킨다. 학생들의 이런 발달은 교수-학생 간의 동반자 관계의 핵심이다. 내가 제안하고 싶은 점은 이것이다. 학생들의 그와 같은 발달에 교수가 기여해야 할 한 가지 길은 학생들이 함양하기를 바라는 마음의 자질을 교수가 모범적으로 보여 주는 것이다. 교수는 다음과 같은 희망을 가지고 그렇게 해야 한다. 학생들과 맺은 학문적 우정의 결과로서, 그들은 그런 자질에 이끌리고 그런 자질을 스스로 발휘하고 싶어 할 것이다. 다음 절에서 나는 그런 자질을 살펴보고, 그런 자질의 어떤 점이 바람직한가를 이야기할 것이다.

자율성과 그 한계

정규 교육은 자율성을 위한 교육이 되어야 한다고 흔히들 말한다. 이런 주장은 정치적 논변, 도구적 논변, 완전주의적 논변(perfectionist arguments)에 의해서 옹호된다. **정치적 논변**에 따르면, 교육은 자유민주주의적 시민성과 자율성에 필요한 마음의 자질, 더 정확히 말해서, 자율성을 위해 발휘되어야 할 자질을 길러 주어야 한다. **도구적 논변**에 따르면, 자율성을 위한 교육은 학생이 좋은 삶을 이끌어가고 싶은 자신의 관심을 실현하는 데 도움을 준다.[9] 완전주의적 논변에 따르면, 학생이 자율성을 위한 교육을 받아야 할 이유는 교육이 좋은 삶을 이끌어가는 데 필요한 자질을 길러 주어야 하는데 이런 자질 중 하나가 자율성이기 때문이다.

만일 자율성을 위한 교육을 공적으로 정당화시킬 수 있는 논변을 원한다면, 정치적 논변과 도구적 논변이 분명한 이점을 갖는다. 이런 논변이 밝혀야 할 것은 자율성을 위한 교육이 정당한 공적 목표에 기여한다는 점이다. 정치적 논변과 도구적 논변은 이것을 약속하는 반면—좋은 삶에 관한 주장에 호소하는—**완전주의적 논변**은 그렇지 않을 것 같다.[10] 내가 믿기로는, 대학에서 가르치는 많은 교수는 철학적 용어를 쓰건 안 쓰건 간에 자율성에 관한 완전주의자이다. 자율성은 좋은 삶을 구성하는 일부분이고, 그 자체가 목적으로 선택할 만큼 가치 있는 것이라고 생각하는 교수들이 많다. 앞 절의 끝부분에서 내가 제안했던—교수는 학생이 함양하기를 바라는 마음의 자질을 모범적으로 보여 줄 수 있고, 또 그래야 한다—말이 맞다면, 이에 따라 교수는 자율성의 모델이 되어야 한다.

자율성을 위한 교육이란 무엇인가? 내가 보기에 그 옹호자들의 말은, 정규 교육의 한 가지 목적은 학생이 자신의 **믿음**(belief)을, 혹은 꼭 그것의 대부분은 아닐지라도 어떤 중요한 일부분을, 자율적으로 견지하도록 장려하는 것이어야 한다는 것이다.

믿음을 자율적으로 견지한다는 것은 무엇인가? **자율성 교육을 옹호**하는 사람들의 글에서 확실한 뜻을 찾기는 쉽지 않다. 이것이 어려운 한 가지 이유는, 최근 수십 년간 도덕철학자들이 자율성에 관한 연구를 굉장히 많이 했음에도 불구하고, 자율성을 교육의 목표로 간주하는 사람들은 그런 연구에 별로 관심을 갖지 않았기 때문이다. 그 결과, 교육학 문헌에서 사용되는 **자율성**이라는 용어가 실천철학에서 전형적으로 사용되는, 예컨대 칸트가 도덕 법칙의 자기 부여를 가리키는 데 사용했던 자율성과 어떤 연관성이 있는지를 말하기가 어렵다. 내 추측에 따르면 공통된 아이디어는 이것이다. 자율적으로 행하는 것은 이성의 권위에 따르는 것이다. 자율적으로 사는 것은 자신의 삶을 계속 살아가면서 이성의 권위에 따르는 것이다. 자신의 믿음을 자율적으로 견지하는 것은 어떻게 살 것인가 혹은 무엇을 할 것인가에 관해서 어떻게 믿을지를 결정할 때 이성의 권위를 따르는 것이다. 그렇다면 내가 보기에, 자율성을 위한 교육의 옹호자들이 말하는 바 어떻게 살 것인가 혹은 무엇을 할 것인가에 관한 여러 가지 믿음 중에서 학생들이 생각하기에 가장 강력한 합리적 지지를 얻는 것을 옹호하도록 그들을 가르쳐야 한다는 것이다.

이런 의미에서 자신의 믿음을 자율적으로 견지하려고 한다면 어떤 개념과 기능을 습득할 필요가 있다. 예컨대, '믿음의 이유' '합리적 지지'와 같은 개념을 희미하게나마 파악하는 것이 포함될 것이다. 또 지지의 정도를 가늠하고 그리고 공통된 오류를 인지하기 위해서는 합리적 지지의 다양한 종류—귀납적인 것, 확률적인 것, 연역적인 것—를 구별할 수 있는 것도 도움이 된다. 또한 지지의 정도를 가늠하기 위해서 분석보다는 오히려 은유적 묘사의 기능이 요구되는 경우가 더 많다. 자신의 믿음으로부터 일정한 '거리를 두기', 자신의 믿음으로부터 '비판적인 거리'를 확보하기가 그런 것이다.[11] 이와 같은 거리가 확보될 경우, '사람이 어떤 믿음에 대해 어느 정도 확신하는가'에는 그 믿음을 옹호하는 증거의 힘이 반영될 것이다. 예를 들어, 자기 자신의 믿음이기 때문에 생길 수 있는 정서적 투입은 반영되지 않을 것이다.

일반적으로 자율성을 위한 교육은 그런 기능의 교육을 포함하는 것으로 생각된다.[12] 또한 때때로 자율성을 위한 교육은 **공적 숙의**(public deliberation)를 위한 교육을 요구하는 것으로 생각된다. 그 결과로 학생들은 '국가가 무엇을 해야 하는가'에 관한 자신의 믿음의 이유를 제시하는 법을 배우고, 적절하고 강력한 반대-논변에 부딪칠 때 자신의 견해를 옹호하고, 변경하고, 수정하고, 타협하는 법을 배운다.[13] 이와 같은 기능의 발휘는 '어떻게 살 것인가'에 대한 자신의 믿음을 신뢰 혹은 증언의 기반 위에서 견지하는 것과 부합될 수 있다. 이 경우에 학생들은 신뢰받는 혹은 증언하는 원천이 그 자체로서 합리적 지지를 받을 수 있는 것이라고 생각하거나 혹은 어떻게 해서 그럴 수 있는가를 파악하거나 할 것이다.

나는 앞에서, 대학에서 가르치는 대다수의 교수는 최소한 자율성에 관한 암묵적 완전주의자라고 말했다. 그래서 나는 대다수의 교수가 다음과 같이 생각할 것으로 믿는다. 이성이 이끄는 대로 보고,

이성을 기반으로 믿고, 이성의 한계를 인식하는 것은 학생들로 하여금 아주 위대한 지적 가치를 깨닫고, 다른 대안에 비해 그와 같이 중요한 측면에서 더욱 내재적으로 가치 있는 삶을 살아갈 수 있게 만들어 준다. 이것을 위해서 교수는 학문 분야와 관계없이 방금 지적한 기능을 학생들에게 가르치려고 애쓴다.

이성발휘와 거리두기가 특징적으로 나타나는 삶을 사는 것이 더 좋은 이유는 무엇인가? 한 가지 표준 대답은 이것이다. 그런 삶은 중요한 의미에서 자유롭기 때문에 더 좋은 것이다. 자신의 이성의 권위에 따라 자신의 삶을 이끌어갈 때 '자주적이고' 그래서 독립적인 삶을 사는 것이라고 말한다.[14] 그뿐만 아니라 자주적인 삶을 사는 것은 '어떻게 살 것인가' '무엇을 할 것인가'를 결정할 때 자만심, 교조주의, 맹신, 부모와 종교 권위에 대한 맹종 등과 부합될 수 없는 것이라고 생각한다. 따라서 이런 방식으로 독립적인 삶은, 학생들 사이에 널리 퍼져 있다고 일부 대학교수가 생각하는, 다양한 형태의 탈이성(unreason)으로부터 자유로운 것이다. 이와 같은 결함이 팽배해 있다는 믿음은, 최근의 교육철학에서 자율성을 위한 교육이 강조되었던 이유를 상당 부분 설명해 준다.

학생들의 자율성을 위한 교육은 앞서 말했던 기능을 발휘하고 싶어 하는 욕구가 그들에게 발달될 수 있고, 또 발달될 것이라는 점을 논리적으로 전제한다. 다시 말하면, 거기서 논리적으로 전제되는 점은 이것이다. 학생들이 '어떻게 살 것인가'에 대해 무엇을 믿을까를 결정할 때 그들이 이성의 권위라고 간주하는 것을 그대로 따르려는 욕구가 그들에게 발달될 수 있고, 또 발달될 것이다. 그러나 어떻게 해서 학생들은 이성이 명령하는 바에 흥미를 갖고, 그리하여 이성의 권위를 인정하고, 또 이에 따라 움직일 수 있는가는 결코 제대로 이해되지 못한다. 그 이유의 일부는 이성의 권위에 따르려는 욕구가 정말 무엇을 위한 욕구인가를 정확하게 말하기가 어렵기 때문이다. 우리가 학생들에게 장려하고 싶은 욕구는, 그들이 좋은 이유라고 간주하는 것에 단순히 반응하는, 상위 차원의 욕구가 수반되지 않는 일차적 욕구는 아닐 것이다. 우리는 학생들이 자신이 행하는 바를 왜 믿는가에 대해 성찰하기를 원하기 때문에 그와 관련된 좋은 이유에 대해 그렇게 그들이 반응하기를 좋아할 것이다. 그런데 이 것은 이성이 타당하게 여기는 인식론적 원칙에 따르려는 욕구인가? 아니면 우선 먼저 독단과 편견으로부터 스스로 자유로운 인간, 인식론적 원칙을 따르는 인간이 되고 싶은 욕구인가?

나는 다음과 같이 가정할 것이다. 이성의 권위에 따르려는 욕구 그리고 이를 통해 자율성을 실현하려는 욕구는 그런 인간이 되고 싶어 하는 욕구를 포함하거나, 이런 욕구에 의해 강화된다. 만일 학생들에게 자율성을 위한 교육을 시키려고 한다면 교수는 그들에게 이런 욕구를 불러일으키거나 심어 주어야 한다. 교수는 열린 마음과 지적 정직성뿐만 아니라 증거에 대한 관심, 추론의 명확성, 논증의 타당성 등을 학생들에게 분명히 보여 줌으로써 그들이 습득해야 할 자질의 모범이 될 수 있다. 앞 절에서 내가 말했듯이, 교수—학생의 동반자 관계가 학문적 우정으로 발전한다면, 교수가 모범적으로 보여 주는 마음의 자질을 학생들도 갖고 싶어 할 것이다. 새뮤얼 셰플러(Samuel Scheffler)가 다른 데서 주장했듯이, 그것은 교수가 그런 자질을 모범적으로 보여 준 결과로 나타날 수 있다.

자율성의 자질들을 모범적으로 보여 줌으로써 교수는 학생들이 인정할 것으로 기대하는 이성의 권위를 자신도 똑같이 따르고 있음을 보여 준다. 셰플러의 주장에 따르면, 공동의 권위에 복종하는 경험은 사람들 사이에 연대감을 일으킬 수 있고, 더 나아가 그들 간에 우정과 같은 것을 낳고 또 따르게 할 수 있다. 셰플러의 전형적 사례는 공동의 권위 인물에 대해 복종하는 경우이지만, 그의 말에 따르면 규범의 권위에 대해 공동으로 복종하는 경우에도 연대감과 우정의 유대가 발달될 수 있다.

우리는 모두 인간 경험의 규범적 차원에 대면해야 한다. 우리는 모두 옳건 그르건 간에, 우리가 권위 있는 것으로 간주하는 규범, 원칙, 이유, 이상의 그늘 아래 살고 있다. 그리고 비록 우리의 가치가 다양할지라도, 규범의 권위에 반응하는 경험—우리가 수용하는 가치와 규범을 따르려고 노력하는 경험—은 우리의 공동경험의 일부분이다. 그리고 이것도 일종의 연대—공동의 권위 인물에 대한 복종이 아닌, 규범이나 권위 자체에 대한 복종을 공유하는 경험에서 파생되는 연대—를 가능하게 만든다.[15]

셰플러의 논변은 흥미롭고 시사적이다. 그는 내가 여기서 말하는 '이성의 권위에 대한 공동의 복종'이 연대를 일으킨다고 말하지 않는다. 오히려 그는 '공동 복종이 그 자체로서 교수-학생의 우정을 위한 근거를 제공할 수 있는가?'라는 질문을 제기한다.

최소한 학생들이 대학에 처음 들어올 때에는 그럴 수 있다고 우리는 생각할 것이다. 일부 학생은 명확하게 추론하고 엄밀하게 결론을 도출해야 한다는 교수의 요구를 지적으로 자극적이라고 본다. 이것은 최소한 내가 학생들을 철학으로 입문시킬 때 경험한 바다. 그러나 거의 모든 학생은 그런 요구를 충족시키기가 중등교육 단계의 요구보다 더 어렵다고 본다. 학생들이 논변의 새로운 규범에 복종하고, 그것을 충족시키기가 더 어렵다고 느끼는 것은 대학교육의 독특한 부분이다. 셰플러의 추론이 암시하는 바, 교수는 학생들이 그런 규범을 따르게 만들고, 또 스스로 그런 모델이 됨으로써 학문적 우정을 낳을 수 있으며, 이 안에서 학생들은 그런 규범에 대한 복종에 감탄하고, 그런 규범에 따라 행동하는 인간이 되기를 열망하게 된다.

어쩌면 그렇게 할 수 있을 것이다. 아마 성공한다면, 우리 학생들은 어떻게 살 것인가에 관한 자신의 믿음을 덜 독단적으로, 덜 자만하면서 견지할 것이다. 그러나 만일 우리가 추론과 논변의 추상적 규범에 대한 복종을 학생들에게 장려하려고 노력한다면, 우리는 독단을 배격하느라 애쓰는 가운데 오히려 우리가 탄식하는 다른 특성—진리보다는 논쟁에서의 전투적 승리만을 목적으로 삼는 비근한 경향—을 장려해 버릴 위험이 있다. 철학에서도 우리는 이 책에서 에벨스-더건의 글이 지적하는 위험에 빠질 수 있다. 철학은 너무 많은 온갖 윤리적 입장을 옹호하거나 반대하는 강력한 논변들을 동원할 수 있기 때문에 학생들은 '어떻게 살 것인가'를 결정하는 기반은 자기 자신의 **욕구**뿐이라고 생각할 수도 있다. 이럴 경우, 자율성을 위한 교육이라는 것이 자기-파괴적인 것으로 판명될 수 있다. 왜냐하면 학생들은 자신의 **이성**의 권위에 따라서 자신의 삶을 이끌어가는 데까지 도달하지 못할 것이기 때문이다.

그러나 셰플러의 글이 제시하는 (것으로 내가 받아들이는) 방향으로 우리가 성공할 수 있을지는 의문이다. 나의 회의론의 한 가지 이유는, 그의 사유방식이 틀린 전제에 의거하는 것으로 보이기 때문이다. 나의 경험에 따르면, 대학생들 심지어 신입생들에게 특징적으로 나타나는 점은 학문영역을 가로질러 공적으로 적용되는 낯설고 엄밀한 추론 기준에 대한 복종이 아니다. 오히려 그들은 이런저런 교수들이 제각기 요구하는 규범 그리고 철학이나 영문학의 글쓰기 혹은 텍스트 해석 또는 (최우수 학생의 경우에는) 현실 분석 특유의 규범에 따른다는 것이다. 여기서 암시되는 점은 이것이다. 교수가 **자율성의 자질들**을 모범적으로 보여 주려고 노력할 때에는 그런 자질들은 교수의 전공 분야에 특수한 방식으로 추론하고 또 그 분야에 특수한 문제를 다루는 가운데 발휘된다는 점을 유념해야 한다. 이렇게 할 수 있는 길을 생각해 보면, 교수가 학생들에게 장려하고 싶어 하는 마음의 자질에는 (앞서 내가 확인했던) 자율성에 기여하는 것들 외에도 다른 종류의 마음의 자질이 있다는 점이 밝혀진다. 이런 자질들이 어떤 것인가를 살펴보기 위해 나는 '자율성을 위한 교육이 왜 그렇게 중요하게 생각되는가?'라는 질문으로 되돌아가겠다.

마음의 자질

　앞 절에서 나는, 그토록 자주 자율성이 고등교육을 포함한 모든 정규 교육의 목표로 간주되는 이유를 다음과 같이 추측했다. 교육자는 학생들에게 넓게 퍼져 있는 것으로 지각되거나 추정되는 **교조주의**(dogmatism) 혹은 사려 깊지 못한 **경외**(deference)를 퇴치시키기를 원한다. 나는 이런 진단에 이의를 제기하는 대신, 그런 단점을 자율성을 위한 교육으로 개선할 방안을 제시하려고 노력했다.

　내가 가르치는 가톨릭 대학의 학생들은 거의 모두 신앙인임을 자처하고, 또 종교교육을 상당히 받았음에도 불구하고 특별히 교조주의적인 것처럼 보이지는 않는다.[16] 또 그들—어떤 텍스트에 대해서 주로 피상적인 반론을 제시하면서 나쁜 점수를 주려고 안달하는 독자라는 의미에서—은 냉담한 독자로 보이지도 않는다. 오히려 훨씬 더 공통적으로 나타나는 단점이 있다. 이것을 밝히기 위해서, 내가 학생들을 윤리학 역사의 고전에 속하는 텍스트로 입문시킬 때 흔히 겪는 경험을 예로 들 수 있다. 학생들은 윤리학 고전을 읽을 때, 그 고전의 저자도 도덕적 삶에 대해서 자기가 생각하는 방식과 비슷하게 생각할 것으로 간주한다. 다시 말해서, 플라톤, 아리스토텔레스, 아퀴나스, 칸트가 모두 진정성, 판단유보, 봉사, 전인발달을 가치 있게 여길 것으로 간주하면서 그들의 텍스트를 읽으려고 한다. 학생들이 이런 해석을 고수하자면 고전 속에서 자기 자신의 견해를 찾아내느라 철저히 파헤쳐야 하고, 해석학적 치밀함도 상당히 필요하게 된다. 여기서 편협한 상상력이 나타나는데, 이 점이 현재 나에게는 더 중요한 것이다.

이와 같은 상상력의 편협성을, 자율성을 위한 교육이 바로잡아야 할 교조주의로 착각해서는 안 된다. 교조주의자는 자신이 옹호하는 결론과 전혀 다른 결론을 (고려의 대상인) 그 저자가 옹호할 수 있음을 인정하면서도 그 저자가 그렇게 하는 것을 잘못이라고 주장할 수 있다. 그러나 내가 언급한 학생들이 텍스트를 읽을 때에는 자신들이 단순히 참이라고 간주하는 것이 아니라 명백하게 참이라고 간주하는 견해들을 그 텍스트에서 끌어내는 방식으로 읽는다. 따라서 그들의 마음에 전혀 떠오르지 못하는 것은 인간의 삶에 대한 근본 문제들이 다양하게 제기되었고 대답되었다는 점이다. 이런 상상력 빈곤은 학생들이 텍스트를 읽는 방식을 제한하기만 하는 것이 아니다. 그것은 그들에게 열려 있는 지적, 도덕적 선택지들을 상상하거나 추구하는 능력마저도 제한해 버린다. 따라서 상상력 빈곤이 그들의 자유를 제한하는 방식은 교조주의의 방식과는 왠지 전혀 다르다. 교조주의는 자주성을 위축시킴으로써 자유를 제한하는 반면, 상상력 빈곤은 학생들이 생생한 가능성으로 간주할 수 있는 것들을 축소시킴으로써 자유를 제한한다. 따라서 학생들의 상상력을 풍부하게 만드는 교육은, 앞서 내가 논했던 자율성을 위한 교육과는 전혀 다른 방식에서 학생들의 자유를 향상시킬 것으로 예상된다.[17]

자유의 향상을 고등교육의 목표로 간주한다면, '그것을 위해 교수가 어떤 기여를 할 수 있는가?' 하는 물음으로 되돌아갈 필요가 있다. 앞 절의 끝부분에서 내가 암시했던 것처럼 교수가 학생들에게 가장 분명히 모범을 보여 주는 자질은 특정 학문에 특수한 것이거나, 혹은 학문영역들을 가로질러 발휘되는 것인데 교수가 모범을 보여 주는 방식은 모두 특정 학문에 특수한 것이다. 따라서 '자유의 향상이라는 목표의 달성을 위해 교수가 어떤 기여를 할 수 있는가?'라는 물음에 응하려면, '대학교수가 자신의 **학문적 단련**을 통해서 적절하게 기여할 점은 무엇인가?'라고 묻는 것이 도움이 될 것이다.

학문적 단련은 석사 수준에서, 더 많게는 박사 수준에서 이루어진다. 이 과정을 마치려면 해당 학문영역에서 이미 축적된 성과를 숙달하는 데에만 여러 해를 바쳐야 한다. 이런 종류의 학업에 이끌리는 이유는 그 탐구영역에서 이미 성취한 것들의 깊이와 복합성에 의해 우리가 배척되거나 거부되기는커녕 오히려 감명을 받기 때문이라고 생각된다. 특정 탐구영역으로 우리를 끌어들이고 사로잡는 성취는, 예를 들어 바흐 푸가의 반복적 구조, 롤스 정의론의 우아한 체계, 경제학에서 평형 결과(equilibrium results)에 대한 멋진 증명, 키케로와 아우구스티누스가 사용했던 고대 라틴어의 구문법, 양자 전기역학의 우아한 공식 등등 무수히 많다. 그러나 그런 성취가 무엇이건 간에, 수준 높은 학문 활동에 도달한 우리가 그것에 의해 특별한 감동을 받는 것은 특이한 일이다.

어떤 강의 시간이건, 우리를 흥분시키는 자료의 **복합적 특성**을 학생들에게 가르칠 기회가 생기기 마련이다. 학생들이 복합적인 자료를 이해하려면 그것을 갖고 씨름해야 하는데—논변을 펼치고, 푸가나 라틴어 구문의 구조를 분석하고, 문제를 해결해야 하는데—여기서 그들의 이성이 발휘된다. 이성의 발휘는 힘들 수 있지만, 점진적 발견과 심층적 인식의 과정은 큰 기쁨의 원천일 수 있다. 그것이 기쁨의 원천이 될 수 있는 한 가지 이유는 새로운 스타일의 회화, 음악, 소설, 증명을 이해하려면 새로운 개념을 적용해서 우리의 경험을 분석하고 기술할 필요가 자주 생기기 때문이다. 회화, 음악, 소설, 증명의 최고 스타일을 이해한다는 것은 거기에 담겨 있으나—우리가 교육을 제대로 받지 못하면 혼동하거나, 놓치거나, 답답하게 느끼게 될—복합적 특성을 파악하기를 배우는 일이다. 따라서 학습은 경험을 풍부하게 만들고, 풍부해진 경험은 새로운 지적 희열을 약속한다. 학습을 사랑하는 사람들은 그런 희열을 즐긴다. 교수는 그런 희열에 대한 자신의 열정을, 학생들도 그런 희열을 즐기는 사람이 될 것이라는 희망 속에서 그들에게 전달해 줄 수 있다.

텍스트, 악보, 언어 사용, (사회)과학이론 등의 분석은 분석되는 작품에서 이미 달성된 성취를 밝혀 주기도 한다. 그것을 가르치는 교수는 그런 성취를 이해할 수 있는 좋은 위치에 있다. 그 이유는 그런 성취를 직접 공부하거나 혹은 특별한 기여를 시도하면서 그런 성취가 얼마나 힘들게 달성된 것인지를 깨닫기 때문이다. 따라서 학생들이 교수로부터 전달받을 수 있는, 그러나 타인으로부터 얻을 수 없는 것으로 두 가지가 더 있다. 하나는 인간정신의 위대한 성취 자체에 대한 열정이고, 다른 하나는 그것이 얼마나 놀라운 성취인가에 대한 고차원적 인식이다.

이런 성취에 대한 이해는 학생들에게 상당한 만족을 줄 수 있다. 교수는 학생들이 난해한 자료를 어느 정도 파악하면서 자신감과 자존감이 커지는 것을 본다. 이것은 겸손을 불러일으킬 수 있고, 또 일으켜야 한다. 지적 성취를 이해하는 것은 얼마나 지적 문제가 어려운 것인가, 인간으로서 그것을 이해하기가 얼마나 까다로운가 그리고 그런 문제에 대해 탐구할 가치가 있는 해답을 찾아낸 사람들은 얼마나 재능이 많았고 부지런했는가를 아는 일이다.

게다가 나는 아름다움의 창조, 자연세계와 사회세계에 관한 지식 탐구, 인간조건에 대한 이해 노력 등은 그 중요성이 명백한 활동이라고 본다. 그리고 이런 활동에서 축적된 예술적, 지적 성취를 섬세하고 식견 있게 이해하는 것은 좋은 삶의 일부가 되어야 한다고 나는 본다. 그 이유 중 하나는, 그런 성취를 낳은 활동의 중요성이 학생들에게는 분명하게 드러나지 못할 수 있기 때문이다. 그런 활동에서 성공의 여부를 가늠하는 기준을 파악하고, 그런 기준을 충족시키는 작업이 어떻게 이루어지는가를 어느 정도 이해하는 것이야말로 학생들로 하여금 그런 활동에 가치를 부여하지 않을 수 없게 만든다. 그 이유는 그런 활동에 미, 지식, 이해와 같은 내재적 선(intrinsic goods)이 들어 있기 때문이다. 내가 인간 정신의 위대한 성취에 대한 이해를 중요하게 보는 또 다른 이유는, 그것이 인간의 정신이 낳은 위대한 성취이기 때문이다. 그것은 인간에 의해 만들어지고 지켜진 실천들에 참여하는 인류의 구성원들의 성취다. 이에 대한 이해는 학생들로 하여금 모든 인간이 공유하는 능력을 존중하게 만들고, 그럼으로써 희망컨대 인간성 자체를 존중하게 만들어야 한다. 그러므로 나는 그런 이해를 장려하는 것이 인문교육의 목표 그리고 (종교계 대학이건 비종교계 대학이건 관계없이) 모든 대학교육의 목표에 포함되어야 한다고 본다.

그러나 나는 선도적인 학문 연구를 수행하는 교수들이 지적 치밀성을 사랑한다고 할지라도 그것 자체만을 위해 사랑하거나 혹은 그에 대한 이해가 인문적 가치를 향상시킨다는 이유에서만 사랑하는 것은 아니라고 생각한다. 나는 **지적 치밀성**이 이 세계의 정밀성과 복합성에 적합하다고 교수가 생각하기 때문에 그것에 이끌리기도 한다고 생각한다.[18] 이 말의 뜻은 수학적 모형을 사용하여 탐구 대상을 기술하는 자연과학 혹은 사회과학에서 가장 분명히 밝혀질 것이다. 그러나 나는 예술이나 인문학에서도 마찬가지라고 생각한다. 예술과 인문학에서도 복잡한 해석이 필요한 이유는, 연구하는 작품의 뉘앙스를 드러내는 데 필요하기 때문일 것이며, 작품 자체가 드러내는 인간 현실을 제대로 밝혀내기 위해서는 미묘해야 되기 때문이다.

여기서 나에게 가장 흥미로운 **지적 복합성**은 내가 가장 좋아하고 가장 잘 아는 철학영역의 것이다. 최고의 철학자들은 늘 다음과 같이 가정했다. 철학의 진보는 비타협적 엄밀성, 섬세한 구별의 중요성에 대한 집착, 제기된 질문과 제시된 답변에 대한 신중한 검토 등을 통해서만 이루어질 수 있다. 철학적 텍스트에 대한 깊은 이해는 텍스트의 관심 문제, 제시된 답변, 거부하는 혹은 간과하는 대안적 질문과 대답 등을 발견하기 위해서 앞서 지적했던 기능을 끌어들인다. 철학자들이 관심을 쏟는 역사적, 주석적, 체계적 질문은 그런 기능의 발휘를 요구한다. 철학 연구에 그 독특한 복합성과 정밀함을 부여해 주는 것은 바로 그런 기능의 발휘다.

구분을 하고, 질문을 더하고, 개념을 명료화할 필요성은 다른 학문영역과 마찬가지로 실천철학에서도 절실하다. 왜냐하면 도덕적 현실 자체가 미묘한 것이기 때문이다. 이 책에 수록된 여러 글이 처음 발표되었을 때의 학술 모임의 주제는 '도덕과 정의의 문제'였다. 이런 문제와 그 역사를 연구하는 사람들은 그와 관련된 고려사항이 얼마나 폭넓은지를 잘 안다. 고려사항들 중에서 어느 것이 다른 것들을 절대적으로 배제시키는지, 혹은 이들 간에 균형을 잡아야 하는지, 만일 균형을 잡는다면 어떻게 해야 하는지 등을 알기는 어렵다. 우리는 '도덕과 정의의 문제'를 알기 쉬운 형태로 제기하는 것이 얼마나 힘든지를 알고, 또 철학자마다 중심 문제로 보는 것이 전혀 다르다는 점도 알고 있다. 게다가 우리가 모두 경험하는 것처럼 어떤 문제에 대해서 얼마간의 진척이 있는 만큼 안다고 생각했었는데, 막상 어떤 글을 읽어 보면 우리가 전혀 모르는 차원이 거기에 밝혀져 있다. 다른 사람들이 고심하며 탐색해 놓은 차원을 그들의 연구로부터 배울 필요가 있다. 그러므로 도덕철학이나 정치철학에서 지적 작업은, 다른 철학영역에서 그리고 내 생각에는 인문학, 수학, 과학의 모든 탐구영역에서도 마찬가지로, 익히 알고 있는 진리를 다시 환기하면서 끝나 버린다. 우리가 탐구하는 문제는 생각했던 것보다 더 어렵다.

내 경험을 말하면, 새로운 지적 영역을 처음 접해보는 것은 긴장된 순간이다. 미지의 영역에 들어간다는 생각은 겁나지만, 나보다 먼저 길을 나섰던 선배 학자들의 도움으로 내 길을 뚫을 수 있음을 알게 될 때, 나는 새로운 영역을 탐구할 것으로 기대한다. 나를 사로잡은 문제를 언젠가 다른 관점에서 살펴보게 될 것이라는 전망은 내가 계속해서 나아가도록 밀어준다. 이런 점에서는, 발견의 기쁨에 의해 자신의 연구에 매달리고 사는 대부분의 교수도 마찬가지일 것이다. 그런데 우리가 다루는 문제들이 얼마나 난해한 것인가를 깨달음으로써 실질적 이득이 생기는데, 이것은 진보와 통찰에 수반되어 나타나는 쾌락이 아니라 그 깨달음이 가져다주는 자제력이다. 도덕적, 정치적 문제를 비롯한 지적 문제들이 얼마나 난해한 것인가를 알게 되면, 또 그런 문제들에 대해서 배울 수 있고, 또 배워야 할 것이 얼마나 많은가를 알게 되면, 단순한 대답이라든가 널리 통용되는 해답의 매력은 크게 줄어들고 만다. **복합성의 인식은 성급한 결론으로 치닫는 것을 자제하게 해 준다.**

우리 학생들이 도덕적, 정치적 문제의 난해함에 민감하지 못한 것은 자연스러운 일이다. 내 경험에 따르면, 해답을 궁리하기 전에 먼저 학생들이 배워야 할 것은 그런 질문을 갖고 고민하고 그것을 다각적 차원에서 살펴보는 일이다. 따라서 우리 학생들을 위해서 우리가 할 수 있고 해야 할 또 다른 일은 그들에게 다음과 같은 점을 보여 주는 것이다. 아주 친숙한 인간 현상까지도 복합적 설명이 가능하다. 그것이 그럴 수 있는 것은 도덕적, 정치적 현실이 난해하기 때문이다. 인간이나 사회가 부딪히는 거대한 문제는 그래서 복잡하다. 손쉬운 해결책은 무턱대고 수용할 것이 아니고 오히려 의심해야 할 것이다.

이로써 교수가 목격한다고 말하는 학생들의 지적 결함은 많은 부분에서 줄어들 것이다. 이 절의 첫머리에서 언급했던, 철학적 윤리학과 종교적 윤리학의 역사에서 나타난 훌륭한 텍스트를 읽을 때 자기 자신의 도덕관을 집어넣어 읽는다는 학생들을 다시 생각해 보

자. 그렇게 하는 이유는 그들이 자신의 견해를 교조적으로 고수하기 때문이 아니라, 다른 대안을 상상할 수 없기 때문이라고 나는 말했다. 그들은 자신이 바라보는 것과 전혀 다르게—인간의 행복이나 자아실현, 그릇된 행동이나 죄책감에 대해서 상이한 생각을 갖고—도덕적 세계를 바라보는 사람들도 있으리라고 상상할 수 있을 정도로 도덕적 사고에 대해 충분히 알지는 못한다. 따라서 고전 작품에 대한 다른, 덜 부자연스러운, 더 충실한 해석들이 그들에게 아예 생기지 못한다.

학생들에게 도덕적 세계의 복합성을 가르치는 일의 일부는, 과거의 위대한 사상가들이 던진 질문을 되살리고, 그 사상가들이 그런 질문을 던진 이유를 찾아내는 것이다. 또 다른 일부는 그런 질문에 대한 해답을, 그 사상가들이 직접 사용한 기준에 따라서 그리고 우리가 적절하다고 생각하는 기준에 따라서 평가하는 것이다. 도덕적, 정치적 문제의 난해성 때문에 문제의 해결책에 대한 최종적인 논변을 제시하거나, 혹은 그 이면에 깔려 있는 이유를 아주 권위 있게 밝히는 것은 불가능하다고 생각한다. 학생들을 가르치면서 그런 문제를 탐구하는 교수는 어떤 논변이 가장 설득적인 것으로 보이는가를 지적하고, 그리고 난점까지도 공개적으로 인정하면서 그 논변을 강력하게 제시할 수 있다. 교수가 마땅히 해야 될 일은 학생들이 처음에 구상했던 질문과 해답은 상당 부분 수정할 필요가 있는 것이라는 점을 그들에게 납득시키는 것이다.

이 정도만 밝혀 주면 학생들은 자유로워진다. 이것은 앞 절에서 논한 '자율성을 위한 교육'과는 다른 식으로, 그들을 자유롭게 만든다. 왜냐하면 학생들이 인간세계에 대한 생각이 시대와 사람에 따라 얼마나 달라지는가를 이해하게 된다면, 그들이 인생을 살아가는 방식은 그들의 종교적 전통을 이해하고 실천하는 다양한 방식과 더불어 엄청나게 다양해지기 때문이다. 가능성들을 다양화함으로써 학생들의 도덕적, 종교적 상상력의 장애물을 제거해 준다면 그들은 소수의 친숙한 선택지에서 선택할 수밖에 없다고 스스로 덧씌우는 필연성으로부터 자유로워진다.

물론 학생들의 상상력이 교육을 받은 결과 덜 억눌리게 될지라도 그들에게 여전히 필요한 것은 새롭게 열릴 가능성을 탐색하려는 자신감이다. 이 자신감을 찾기가 쉽지 않을 것이다. 학생들에 대한 나의 잠정적 일반화에 따르면, 우리가 그들에게서 엿볼 수 있다고 생각하는 수많은 특성들—도덕적 · 종교적 권위, 전통, 경전이 제공하는 해답의 무비판적 수용, 피상적 토론, 온갖 지적 · 도덕적 관점에 대한 방만한 관용, 모든 저자가 마치 독자와 일치하는 것처럼 읽는 경향 등—은 최소한 부분적으로는 삶의 문제들에 대해 단순한 해결책을 찾으려는 욕망에서 생겨난다. 다시금 이런 욕망은, 한편으로 지적 노력에 대한 이해할 만한 거부감으로부터, 다른 한편으로 단순한 명료성을 도덕적 강인함으로 혼동하는 것으로부터 생겨난다. 그러나 내 생각에, 다른 많은 사람처럼 학생들이 단순한 해결책을 찾는 이유는 도덕적 세계를 비롯한 모든 세계가 쉽게 이해될 수 있는 것이라는 생각에서 오히려 편안함을 느끼기 때문이다. 그렇지 않다는 것을 인정함은 지적 성숙의 일부분이다. 또한 그런 인정은 좋은 삶을 살아가고 좋은 시민이 되는 데 필요한 마음의 자질이다. 이를 장려하는 것이 대학교육의 한 가지 목표가 되어야 한다. 대학교수가 그렇게 할 수 있는 한 가지 길을 나는 다음 절에서 밝힐 것이다.

학문적 우정의 가치

'자율성과 그 한계'에서 내가 주장했듯이, 만일 우리가 흔히 이해하는 의미의 자율성을 위해 학생들을 교육시키려면 이성의 권위에 따라 움직이는 그런 종류의 인간이 되도록 장려해야 한다. 바로 앞 절에서 내가 주장했듯이, 우리는 이성의 다른 발휘에서도 학생들에게 영향을 미치기를 원한다. 우리는 학생들이 위대한 지적 성취의 복합성을 칭송하고, 그런 성취를 위대하게 만들어 주는 것이 무엇인지를 인식하기를 원한다. 우리는 학생들이 그런 성취를 어느 정도 이해하는 것에 자부심을 느끼고, 또 그런 성취의 위대함 앞에서 겸손해지기를 원한다. 우리는 학생들이 인간의 이성 그리고 인간성 자체를 존중하기를 원한다. 우리는 학생들이 인간세계를 비롯한 세계의 복합성에 따라서 올바른 방향으로 움직이고, 그 결과 도덕적, 정치적 문제의 난점을 회피하거나 혹은 안일한 해결책으로 도피하지 않기를 원한다.

만일 학생들이 그런 식으로 영향을 받은 사람이 되려면 그들의 교육은 지력(intelligence)의 발달에 그치면 안 된다. 그들의 교육은 그들의 관심, 취향, 욕망까지 형성시켜 주어야 한다. 예를 들어, 만일 그들이 문학, 철학, 경제학, 음악, 물리학의 위대한 성취를 이해하려면 지적 아름다움과 우아함에 대한 취향이 발달되어야 한다. 만약 그들이 난해한 내용을 숙달했다는 자부심을 가지려면 학습에 관심을 쏟고, 학습을 가치 있는 성취로 간주해야 한다. 만약 그들이 삶의 문제에 대해 난해하고 낯선 해답을 회피하지 않으려면 진리를 추구하는 지적 용기와 꿋꿋함이 발달되어야 할 필요가 있다. 이와 같은 마음의 자질들을 어떻게 장려해야 하는가?

이성의 권위에 따르려는 욕구에서나, 앞 절에서 논의한 마음의 자질과 관련된 욕구에서나 똑같은데, 그런 욕구가 무엇을 위한 욕구인가 하는 점은 결코 분명하지 않다. 그러나 그런 욕구는 '어떤 종류의 인간이 되려고 하는 욕구'를 포함하거나 혹은 이런 욕구에 의해 향상되는 것이라고 나는 가정한다. 만일 이 가정이 옳다면, 학생들을 가르치는 교수는 '학생들이 되기를 바라는 그런 인간'이 먼저 됨으로써 그들에게 그런 욕구를 길러 주려고 노력해야 한다. 교수는 학생들이 습득하기를 원하는 마음의 자질을 모범적으로 보여 줌으로써 그렇게 할 수 있다. 따라서 자신의 학문을 학생들에게 가르칠 때 교수는 학문의 미묘함, 심오함, 아름다움에 대한 열정을 모범적으로 보여 줄 수 있다.

그런 열정을 보여 주는 교수의 모범행동이 학생들에게도 그런 열정을 불러일으키는가? 그 여부는, 전문가 양성 과정이 교수를 어떤 종류의 인간으로 만들어 준 것처럼 학생들도 자신의 교육이 자신을 그런 인간으로 만들어 주기를 원할 것인가에 달려 있다. 그러나 그럴 것 같지는 않다. 졸업생 중에서 교수를 따라 대학으로 되돌아오는 학생들이 드물다는 사실은 교수를 본받으려는 욕구가 발달된 학생들이 별로 없음을 말해 준다. 이것은 과장된 말일지 모르나, 학습의 가치를 내재적으로가 아니라 도구적으로 접근하도록 학생들을 유인하는 또래나 금전의 막강한 압력에 의거해서 확실하게 설명할 수 있다. 교수가 그런 압력을 성공적으로 차단할 수 있다거나, 혹은 학생들의 삶이 뒤흔들릴 정도로 강력한 지적 열정을 고취시킬 수 있다고 믿는 것은 비현실적인 반응이다. 교수가 현실적으로 바랄 수 있는 것은, 내 생각에는 잠깐이나마 불타오를지라도 지속적 효과를 낳을 수 있는 열정과 열망을 고취시키는 일이다. 내 생각에는 교수가 그렇게 할 수 있는 길은 학생들과 학문적 우정을 쌓음으로써 열릴 수 있고, 그래야 학생들은 교수와 함께 있는 시간 동안이나마 발달하고 싶어 하는 마음의 자질들을 파악할 수 있다. 어떻게 하면 그런 우정을 쌓을 수 있는가?

나는 '학문적 우정의 의미'에서 동행하는 여행자들끼리 서로 안내해 주는 우정을 학문적 우정과 연결시켰다. 교수는 학생들을 처음 지도하는 그 시간부터 그들과 우정을 쌓기 시작할 수 있다. 학생들이 스스로 이해한다고 생각하는 어떤 현상—투표하기와 같은 친숙한 정치현상 혹은 좋은 삶을 살려는 노력과 같은 친숙한 도덕현상—을 가지고 시작하고, 또 그런 현상이 심층적으로 얼마나 복잡한 것인가를 보여 줄 수 있다. 학생들과 시간을 함께 보냄으로써 교수는 자신이 직접 부딪쳤던 지적 문제와 그 해결책을 얼마나 사랑하고 있는가를 분명히 보여 줄 수 있다. 그리고 교수는 학생들도 그런 것들을 사랑하기를 자신이 얼마나 절실히 원하고 있는지를 알려 줄 수 있다. 교수—학생들과 함께 공부하고, 그들의 진보에 관심을 보여 주고, 그들과 함께 더 깊이 이해하기를 바라는 난해한 내용을 극복함으로써—는 지적 발견이라는 공유되는 선으로 그들을 안내할 수 있다. 강의실에 모인 여러 학생과 그와 같은 선을 공유한다면 공동체 감정도 생길 수 있다. 내 경험으로 보건대, 그런 공동체 감정이 가끔 고조되는 것은, 우리가 공부하는 철학 문헌에 들어 있는 새로운 공동의 어휘를 학생들이 습득하고 이런 어휘를 이윽고 그들의 언어의 일부로 사용할 때다. 학생들의 마음을 넓혀 주는 교육적 경험을 그들과 공유하는 일에 분명히 관심을 쏟는 교수가 이끌어가는 강의실 공동체의 일부분이라고 학생들이 스스로 느낄 때 그들의 반응은 다음과 같이 나타난다. 교수가 모범을 보여 줌으로써 학생들도 습득하기를 바라는 마음의 자질이 최소한 희미한 형태로나마 발달된다.

내가 논의한 학문적 우정은 '지적 탐구의 특정 영역에서의 진보'라는 선을 공유하는 데에서 성장한다. '자율성과 그 한계'의 끝부분에서 나는 학문적 우정이 "규범성 자체에 대해 복종 ……하는 경험을 공유하는 데에서 ……생겨날" 가능성을 보여 주기 위해서 셰플러를 끌어들였다. 이 **규범성**(normativity)은 학생들이 따라야 할 증거와 추론의 규범에 의해 표현되는 것이다. 이 규범에 따르려고 노력한 결과, 학생들 사이에 그리고 교수와 학생 사이에 **연대감**(solidarity)이 발달할 수 있음을 나는 부정하지 않는다. 그러나 만일 그렇게까지 된다면, 연대감의 발달은 학생들이 그런 규범을 따르는 일에 관심을 쏟기를 배웠기 때문에 나타났을 것이고, 학생들이 그것을 자신이 하고 싶어하는 중요한 일로 보게 되었기 때문에 나타났을 것이다. 학생들이 한두 가지 학문 분야의 주제에 대해 제대로 사고하기를 원할 수는 있겠지만, 과연 그런 규범을 따르는 데에 관심을 쏟기까지 할 것인가에 대해서 나는 의문을 갖는다. 이런 의문이 어느 정도 근거 있는 것이라고 하자. 만약 학생들이 규범을 따르기 그 자체에 대해 관심을 갖게 된다면, 학생들이 그 자체로서 관심을 쏟게 될 일은 기껏해야 특정 학문의 주제에 관해서 제대로 추론하는 것이다. 그렇다면 내가 셰플러를 끌어들여 확인했던 종류의 학문적 우정에는 다음과 같은 전제가 들어 있다. 교수가 (모범적으로 보여 주어야 한다고 내가 말했던) 전공 주제에 대한 관심을 학생들에게 성공적으로 불러일으켰다.

교수–학생의 학문적 우정은 동행하는 여행자들의 우정과 비슷하다. 두 가지가 모두 일반적으로 오래 지속되지 못한다. 우리가 강의실에서 아무리 성공적으로 학습공동체를 만들지라도 학기나 학년이 끝나면 흩어지고 만다. 이 때문에 학생들에게 장려했던 욕구와 관심이 더 이상 그들에게 동기를 부여하지 못하고, 기껏해야 다른 강의실에서 장려되는 것으로 바뀔 가능성이 있다. 그럼에도 불구하고 학생들과의 공부가 끝나면 그런 마음의 자질들이 사라질 것이라고 결론을 내리면 안 된다. 여행의 경험도 생생한 기억이 흐려질지라도 지속적으로 영향을 미칠 수 있다. 정말이지, 여행의 가장 생생한 경험이 우리의 마음을 넓혀 주고 우리를 교육시킬 수 있는 한 가지 방식은, 우리의 취향을 형성시켜 주는 것이다. 그리하여 과거와는 다르게 미래의 경험에 반응할 수 있도록 우리의 성향은 만들어진다.

여행의 이런 효과를 헨리 제임스(Henry James)는 기막히게 표현한다. 그는 반년 동안 로마를 방문한 후 다음과 같이 기록했다.

로마에서는 5개월이 지난 후 비로소 자신의 경험, 자신의 수확, 자신의 감수성의 온갖 모험이 쌓여 찬사와 경의를 표하게 될 것이다. 그러나 정말 너무 많은 감동을 받았기에 그 많은 세세한 사항을 덧붙이기가 쉽지 않다. 하여튼 확실한 것은 그곳에 대한 열정이 솟구치는 느낌 그리고 인상 깊은 곳이 셀 수 없이 많다는 느낌이다. 수많은 느낌이 강렬하고 소중한 것이었어도, 마치 큰 물고기가 늘 작은 물고기를 삼켜 버리듯, 한 느낌이 또 다른 느낌을 덮어 버림으로써 그 느낌이 어떻게 되었는지 조차 말할 수 없다. 그것은 기억과 '취향'이라고 말하는 희미하고 안정된 여러 곳에 소리 없이 쌓이고 없어졌다가도 삶이나 예술이 그것을 불러낼 때, 비로소 생생하게 되살아날 것이라는 은밀한 믿음을 지니면서 우리는 살아간다.[19]

교수가 학생들에게 모범적으로 보여 주려고 애쓰는 마음의 자질은 그들에게 성향으로 남아서 '삶이 정작 그것을 요청할' 때, 교수와 함께 그들이 탐구했던 질문에 부딪치면서 되살아날 것이다.

맺음말

내가 말한 학문적 우정은 너무 이상적인 이야기라는 반론도 나올 것이다. 왜냐하면 교수의 가르침에 대한 학생들의 반응을 너무 낙관적으로 가정하고, 또 엘리트 대학교의 교수에게나 가능한 가르침을 전제하기 때문이다. 내가 말한 학습의 동반자 관계—교수가 학생들과 친근하고, 그들의 흥미를 알고, 그들의 진보 상태를 꼼꼼히 챙길 수 있는—는 소규모 강의실에서나 나타날 가능성이 아주 높은 유형일 것이다. 교수나 학생들이 이처럼 소규모의 강의를 누릴 수 있는 대학은 별로 많지 않을 것이다. 오늘날 그런 대학이 많을지라도, 앞으로 계속 그럴 수 있거나 또 그렇게 하려는 대학은 더 줄어들 것이 거의 확실하다.[20] 그렇다면 내가 말한 교육은, 내가 비교했던 여행처럼 다수 학생들이 누릴 수 없거나 혹은 재정 압박이 커지면 줄어들게 될 특권일 것이다.

나는 이에 대해 세 가지 답변을 간략히 제시한다.

첫째, 내 이야기가 이상적일지라도 그것은 **교육적 이상**과 같은 것임에 틀림없다. 이상적 이론은 다른 데에서뿐만 아니라 교육철학에서도 유용한 것이다. 이상적 이론의 한 가지 용도는, 그것으로부터 멀어지는 교수와 학습이 어느 지점에서 그리고 어떤 이유에서 결함 있는 것인지를 우리가 보다 분명히 파악하도록 도와주는 것이다. 소규모 강의의 비중이 어떠한가는, 대학이 제공하는 교육적 질의 한 가지 척도로 자주 활용된다. 학문적 우정에 관한 논의는, 소규모 강의실이 왜 바람직한 것이며, 수강생 규모가 커서 개별적 파악이 불가능할 때 학생들이 겪을 손실이 어떤 것인지를 보여 주는 데 도움을 줄 것이다. 또한 소규모 강의실이 유지될 수 있는 대학에서 교수의 목적을 비판할 때에도 그런 논의는 유용한 것으로 밝혀질 수 있다. 소규모의 강의실일지라도 비인간적일 수 있다. 만일 교수가 평가 업무의 축소를 일차적으로 자신의 연구에 몰두할 기회로만 간주한다면 학생들과의 학문적 우정은 발전되지 못하고 만다. 교수가 소규모 강의를 그런 식으로 이용한다면, 자신뿐만 아니라 학생들까지도 기회비용의 대가를 치르게 만든다. 학문적 우정의 가치에 대한 더 높은 인식은 그 대가가 얼마나 심각한 것인지, 그리고 이것이 얼마나 심각한 의무 태만인지를 우리가 깨닫는 데 도움을 줄 수 있다.

둘째, 적어도 최우수 학생들은 졸업과 동시에 폭넓은 기회를 향유하게 된다. 그런 기회 중에서 일부는, 단기는 아니어도 장기적으로 많은 돈을 벌어들일 것이다. 때때로 부모의 강압, 또래의 압력, 교육비 대출금의 압박, 성공과 부의 동일시 풍조, 격조 높은 생활에 대한 중산층의 욕망 등으로 인하여 최우수 대학의 최우수 졸업생들은 재정적 보상을 약속하는 기회를 선택하도록 기울어질 수 있다. 그런 길을 아무 생각 없이 선택하다 보면 자주 한탄하게 되고, 이 또한 당연한 결과다.[21] 우리 학생들이 그런 선택에서 멀어지게 하려면 그들을 알고, 그들이 존경하고, 그들을 가장 아끼는 사람이 설득에 나서야 할 것이다. 만일 교수가 학생들과 학문적 우정을 쌓고, 지적 삶에 대한 헌신을 모범적으로 보여 주었다면, 아마 훨씬 더 나은 상황에서 다른 교수들과 협력하여 그들을 다음과 같이 설득할 것이다. 많은 학생들이 지금 염두에 두고 있는 진로와 마찬가지로, 다른 가치의 추구에 헌신하는 삶의 방식도 역시 선택할 만한 것이다.

셋째, 내가 말한 학문적 우정의 한 가지 목표는 학생들의 상상력을 가로막는 장애물을 제거하는 것이다. 현실은 그들의 상상력을 제약하는 데 특별히 강력한 힘을 미친다. 특히 요즈음과 같은 세상에서 부정부패의 만연과 감염은 부정부패를 자연스러운 것처럼 생각하도록 우리를 몰아간다. 자연스러운 것이라는 착각은 이 세상이 얼마나 달라질 수 있는가를 상상하지 못하게 만들어 버린다. 존 롤스(John Rawls)의 표현을 약간 바꾸어 말하면, 마치 불의가 인간의 사멸과 마찬가지로 인간 세계의 자연스러운 일인 것처럼 보일 수 있으며,[22] 그리하여 죽음이 없는 세계를 상상하기가 어렵듯이 부정부패가 없는 세상을 상상하기가 어려워질 수 있다. 학생들의 도덕적, 정치적 상상력의 확대는 이상주의적 경향이 생생하게 살아 있는 젊은 나이의 수많은 학생이 현실세계의 질곡에서 벗어나, 현재의 사회 현실이 얼마나 달라질 수 있는가를 신중하고 철저하게 생각하게 도와줄 수 있다. 우리 학생들은 노동세계, 시민사회, 정치세계에서 시민, 참여자, 혹은 지도자가 될 것이다. 그러므로 그들의 상상력이 확충되도록 도와주어야 할 책임이 교수에게 있다.

미주

1) 아리스토텔레스(Aristotle, 1941, VIII, 3).
2) 위 책(VIII, 4 at 1157a14).
3) 외저뎀(Özerdem, 2007, pp. 1-2)을 참조.
4) 합리적 선택이론은 선호를 외부에서 주어진 것으로 보기 때문이다. 디트리히와 리스트(Dietrich & List, 2013)를 참조.
5) 아리스토텔레스(Aristotle, 1941, VIII, 9, at 1159b27ff).
6) 위 책(VIII, 5).
7) 위 책(IX, 9).
8) 위 책(VIII, 6).
9) 아르네슨과 샤피로(Arneson & Shapiro, 1996, pp. 167-171).
10) 나는 정치적 논변과 완전주의적 논변의 구분을 몇 가지 측면에서 탐구했다 (Weithman, 2012).
11) 거트먼(Gutmann, 1999, p. 77).
12) 브릭하우스(Brighouse, 1998, p. 728).

13) 인간이 공적 숙의에 참여할 준비가 되어 있을 때는 언제인가? 그 답은 그가 일단의 지적 성향과 숙의적 성향을 갖출 때다. 즉, 그럴 준비가 되어 있을 때는 오직 자기 자신의 견해에 대해 올바른 태도를 갖고 있을 경우이며 그리고 자기 자신의 견해에 대해 올바른 태도를 갖고 있을 때는 오직 어떤 종류의 논변이 제시되면 이에 적절한 방식으로 대응할 사람이 된 경우다. 따라서 교육자가 어떤 태도를 장려해 주어야 하는가를 정확히 말하려면, 곧바로 아주 복잡하게 얽혀 있는 반-사실을 밝혀낼 필요가 있다. 나는 이를 바이스만(Weithman, 2005)에서 밝히려고 노력했다.

14) 거트먼(Gutmann, 1995, p. 572)을 참조.

15) 셰플러(Scheffler, 2010, p. 332).

16) 그러나 에벨스-더건(Ebels-Duggan)은 이 책에 수록된 글에서 말하기를, 그런 단점이 그녀의 학생들에게서 보인다.

17) 내가 제안한 방식으로 학생들의 상상력을 확충시켜 준다면 자신들의 선관에 대해 숙고하는 능력이 향상된다고 생각하기 때문에 나는 이런 생각이 이 책에 수록된 버트럼(Bertram)의 글에서 제안된 인문학 옹호론 중 한 가지를 지지하는 것으로 본다.

18) 물론 예외는 있다. 하트(Hart, 2005, pp. 686-687)를 참조. 야우만(Aumann, 2012)도 그의 자서전에서 똑같은 지적을 한다.

19) 제임스(James, 1995, p. 193).

20) 올리프, 펄래서스, 존슨, 리치맨(Oliff, Palacios, Johnson, & Leachman, 2013)을 참조.

21) 클라인(Klein, 2012)을 참조.

22) 롤스(Rawls, 1999, p. 91).

참고문헌

Aristotle (1941). *Nicomachean Ethics*. In The Basic Works of Aristotle, edited by Richard McKeon. New York: Random House.

Arneson Richard, & Ian Shapiro (1996). "Democratic Autonomy and Religious Freedom: A Critique of Wisconsin v. Yoder." In *Democracy's Place*, edited by Ian Shapiro. Ithaca, NY: Cornell University Press, 137-174.

Aumann Robert (2012). "Autobiography."

Brighouse Harry (1998). "Civic Education and Liberal Legitimacy." *Ethics* 108: 719-745.

Dietrich Franz, & Christian List (2013). "Where Do Preferences Come From?"

Gutmann Amy (1995). "Civic Education and Social Diversity." *Ethics* 105: 557–579.

Gutmann Amy (1999). *Democratic Education*. Princeton, NJ: Princeton University Press.

Hart Sergiu (2005). "An Interview with Robert Aumann." *Macroeconomic Dynamics* 9: 683–740.

James Henry (1995). *Italian Hours*. New York: Penguin.

Klein Ezra (2012). "Harvard's Liberal Arts Failure is Wall Street's Gain."

Oliff Phil, Vincent Palacios, Ingrid Johnson, & Michael Leachman (2013). "Recent Deep State Higher Education Cuts May Harm Students and the Economy for Years to Come." Center on Budget and Policy Priorities white paper.

Özerdem Alpl (2007). "The Commodification of Higher Education: The Pedagogical Costs?" Forum: Enhancing Teaching and Learning at the University of York 16: 1–2.

Rawls John (1999). *A Theory of Justice*. Cambridge, MA: Harvard University Press.

Scheffler Samuel (2010). "The Good of Toleration." In *Equality and Tradition: Questions of Value in Moral and Political Theory*, edited by samuel scheffler. New York: Oxford University Press. 312–335.

Weithman Paul (2005). "Deliberative Character." Journal of Political Philosophy 13: 263–283.

Weithman Paul (2012). "Education for Political Autonomy." In *Wisdom of the Christian Faith*, edited by Paul Moser and Michael McFall. Cambridge: Cambridge University Press.

http://www.nobelprize.org/nobel_prizes/economics/laureates/2005/aumann-autobio.html. Accessed April 9, 2012.

http://personal.lse.ac.uk/list/PDF-files/DietrichListPreferences.pdf. Accessed May 14, 2013.

http://mobile.bloomberg.com/news/2012-02-16/harvard-liberal-arts-failure-is-wall-street-gain-commentary-by-ezra-klein. Accessed April 15, 2012.

http://www.cbpp.org/cms/?fa=view&id=3927. Accessed May 14, 2013.

제5장

지적 미덕으로서 자율성

카일라 에벨스-더건(Kyla Ebels-Duggan)

학생의 **자율성** 증진은 일반교육의 목적으로서 그리고 특히 고등교육의 목적으로서 널리 긍정되고 있다. 종국적으로 나도 이에 대해 긍정적 입장을 표명할 것이나, 그 전에 먼저 자율성 발달을 더 폭넓은 목적의 맥락에 올려놓고 그것을 새롭게 해석하려고 한다. 더폭넓은 목적이란 학생의 지적 미덕의 발달이며, 자율성에 대한 나의새로운 해석은 지적 미덕의 발달을 아마도 놀라운 의미에서 파악할것이다. 특히 나는, 자율성 옹호론의 진리는 다음과 같은 명제에 포착된다고 주장할 것이다. 교육의 목적은 **너그러움**(charity)과 **겸허함**(humility)이라는 지적 미덕을 길러내는 것이어야 한다.

먼저 자율성 옹호론의 표준적인 견해에 대한 나의 생각을 밝혀보겠다. 그것은 다음 세 가지다. ① 전형적인 문제에 대한 진단으로서혹은 학생의 자율성에 대한 위협으로서 타율성의 특성, ② 위협 대처 방법에 대한 처방, 혹은 실천적 제안, ③ 처방의 목적으로서 나타나는 자율성관, 혹은 전망(prognosis).

나는 표준적인 견해의 세 가지에 모두 반대한다. 먼저 표준적인 견해는 전형적인 대학생이 직면하는 지적 성숙의 가장 중요한 장애물에 대해 진단을 내리는데, 나는 이에 대한 의문과 대안을 함께 제시할 것이다.[1] 그다음에는 제안된 처방의 적절성으로 관심을 돌린다. 나는 표준적인 처방이 공통된 **지적 악덕**(intellectual vices)을 완화시키기보다는 악화시키는 경향이 있음을 밝힐 것이다. 그런 후에 나는 대학교육이 목적으로 삼아야 할 목표, 혹은 대안적 전망을 제시할 것이다. 이 목표에는 너그러움과 겸허함으로서 재개념화된 자율성이 들어갈 것이고, 이것은 지적 미덕의 촉진이라는 더 폭넓은 목적에 포함될 것이다. 표준적인 견해에 대한 나의 견해 차이가 있음에도 불구하고, 내 입장은 표준적인 견해의 옳은 점을 성공적으로 파악하고 있음을 밝힐 것이다. 너그러움과 겸허함이 발달된 대학생에게는 '자율성'이라고 불러도 좋을 어떤 특성이 전혀 결핍되지 않는다. 이 장의 끝에서 나는 이처럼 재개념화된 자율성이 온갖 **지적 신봉**(intellectual commitments)을 고려할 때, 과연 바람직한 것인가에 대한 의문을 더 신중하게 제기할 것이다. 사실상 우리의 지적 신봉에 대해서, 신봉의 내용과는 독립적으로 우리가 가져야 할 관계를 특징지을 수 있는 길이란 없을 것이다.

표준적인 견해

자율성 옹호론의 표준적인 견해는 이미 표준이 되어 버린 것이어서 학문적으로 공식화된 진술을 찾기가 어렵지만 비공식적 옹호론은 많다. 한 가지 사례를 살펴보자.[2] 어느 철학교수가 최우수 교육상을 받는 자리에서 교육자로서 자신의 역할을 다음과 같이 밝혔다. 교육자의 역할은 학생들이 대학에 들어올 때 갖고 있는 가정이나 믿음에 대해 도전을 가하는 일이다. 그리고 덧붙였다. "학생들이 대학에 들어올 때 지니고 있던 신념을 그대로 갖고 졸업할지라도 만일 그들이 성찰을 통해서 그리고 자신이 밝힐 수 있는 이유에서 그렇게 한다면, 내 임무를 수행한 것이나 다름없다."[3] 나는 얼마 전까지는 이처럼 가치 있게 들리는 목표를 전적으로 옹호했을 것이다. 이제 나는 내게 커져가는 의문을 밝혀보겠다.

표준적인 견해의 진단부터 살펴보자. 표준적인 진단에 따르면, 학생들은 특수한 아이디어들의 집합, 사상의 전통, 혹은 선관에 대해 어떤 면에서 문제가 있는 관계를 갖고 대학에 입학한다. 흔히 표준적인 진단에서는 학생의 출신 가정에서 신봉하는 바를 일단 위협적인 것으로 간주한다. 어느 특수한 가치관을 신봉하는 가정에서 성장하는 것은 그 가치 신봉(value commitments)을 타율적으로 수용하게 만드는 위험 요인으로 간주되며, 정규 교육은 이 위험을 완화시켜 주는 균형추로 생각된다.[4] 주로 전통적인 종교적 견해가 그런 위험 요인의 패러다임으로 간주된다.[5] 자율성 옹호자는 순수한 지적 전통에 대한 신봉을 자신의 목표 진술에 포함시키기도 한다. 마사 누스바움(Martha Nussbaum)이 우려하는 점은 대학생들이 책을, 특히 '위대한 저서'를 권위와 동일시하는 것이다. "그런데 흔히 [그런 책의] 위세가 너무 커서 학생들로 하여금 교육의 참된 목표인 마음의 활동을 망각하게 만들고, 글자로 써진 것에 수동적으로 의존하도록 가르치는 경우가 많다. 그런 학생들은 문화적으로 권위 있는 자료를 많이 내면화하면서 아주 현명한 것이라고 믿고 …… 책을 경외와 외경의 대상으로 만들어 버릴 가능성이 너무 크다."[6] 이런 패러다임 사례에도 불구하고, 표준적인 견해의 가장 공통된 버전에 따르면, 학생들이 무엇을 신봉하건 간에 그것의 특수한 내용은 문제가 되지 않는다고 한다. 자율성 옹호자가 자주 조심해서 하는 말은 앞서 인용한 철학교수의 말처럼 학생들이 입학할 때 신봉하고 있었던 것을 그대로 지니고 졸업할 수는 있으나, 그럼에도 타율성은 자율성으로 바꿔져야 한다는 것이다. 학생들이 '성찰을 통해서 그리고 자신이 밝힐 수 있는 이유에서' 자신의 견해를 견지하고 졸업한다면 이로써 충분하다는 생각이다. 그런데 여기서 문제로 생각되는 것은 학생들의 믿음의 내용이 아니라 그의 믿음에 대해서 나쁜 관계에 놓여 있을 가능성, 즉 믿음을 타율적으로 갖는 것이다. 공식적인 이야기에 따르면 참된, 칭송할 만한, 혹은 해롭지 않은 가치 확신에 대해서 그런 관계에 놓여 있는 것은 거짓된, 나쁜, 위험한 가치 확신에 대해서 그런 관계에 놓여 있는 것과 마찬가지로 모두 반대할 수 있는 일이다.

내가 보기에, 내용에 대해 중립성을 주장하면서도 문제로 삼는 그 관계를 자세히 밝히는 것은 놀라울 정도로 어렵다. 그러나 여기서 잠깐, 자율성 옹호론에서 사용되고 있는 언어를 몇 개 살펴보자. 때때로 자율성 옹호자는 어떤 관념이 '불가피한' 혹은 '자연적인' 것처럼 보이는 것도 문제라고 말한다.[7] 우리는 이처럼 문제로 보이는 관계를 가리켜서 특정 견해에 대해 '성찰 없이' 혹은 '융통성 없이' 애착을 갖는 것이라고 애써 표현할 수 있다. 거의 모든 자율성 옹호자가 관심을 쏟고 있는 쪽에 깔려 있는 것은 적어도 그런 것이다.

이와 마찬가지로 '우리가 갖고 있는 견해에 대한 올바른 관계'라고 하는 것, 즉 자율성관을 명확하게 진술하는 것도 아주 어렵다. 자율성의 이상을 중시하는 사상가조차도 그런 관계를 자신이 어떻게 이해하는지를 늘 충실하게 밝히지 않는다.[8] 그러나 우리가 알듯이, 그것은 타율성을 해독시키는 역할을 하는 것으로 간주된다. 따라서 자율적 인간은 어떤 견해이건 성찰 없이 신봉하는 경우가 없다. 자율적 인간에게는 그 어떤 선관도 불가피하거나 자연적인 것으로 보이지 않는다. 표준적인 견해의 옹호자는 흔히 그런 점에 대해서 '무엇을 가치 있게 여겨야 하는가' '좋은 삶을 어떻게 생각해야 하는가'를 위한 일련의 대안들 혹은 실행가능한 선택지들에 접속한다는 식으로 표현한다.[9]

표준적인 처방을 위한 기반은 이것이다. 자율성을 위한 교육은 학생들에게 '무엇이 가치 있는 것인가'에 관한 일단의 견해들, 혹은 '대안적 삶의 방식들'에 관한 정보를 제시함으로써 선택지를 제공해 주어야 한다. 초·중등교육의 경우, 이 접근방식에 관한 논의에서 흔히 강조되듯이 다양한 문화적, 종교적 전통을 가진 학생들로 학급을 편성함으로써 그들이 서로 상이한 관점을 배울 수 있게 만든다.[10] 또한 고등교육에 관한 수많은 저술가들은 강의실에서 표출되는 다양한 견해의 가치에 깊이 매료되기도 한다. 초·중등교육의 토론에서 찾기 어려운 대결적인 논조가 대학에서는 자주 나타난다. 앞에서 우리는 '가정되고 있는 것에 대해 도전을 가하는 일'이 자신의 임무라고 주장하는 어느 교수의 말을 들어보았다. 누스바움은 고등교육의 프로그램을 가리켜 학생들이 수용하는 견해에 대한 대안들을 그들에게 '대면시키는 일'이라고 본다.[11]

이렇게 다양한 선관을 갖춘 학생들이 해야 할 일이란 무엇인가? 거의 모든 사람은 이구동성으로 말한다. 학생들이 모든 것에 대해 '비판적 사고'를 하도록 가르치고 장려해야 한다. 이에 대한 폭넓은 합의를 환기시키면서 데릭 복(Derek Bok)은 덧붙였다. 이에 대해 합의에는 도달했지만 핵심 용어는 아직 모호하다.[12] 나는 이 말을 전적으로 옳은 것으로 보기 때문에, 설령 내가 비판적 사고에 관한 논의에 옳은 점도 있지만 틀린 점도 있다고 생각할지라도 결코 놀라운 일은 아니다. 이를 나중에 재론할 것이다.

이처럼 표준적인 견해 속에는 교육이 다루어야 할 핵심 문제에 대한 '진단'이 들어 있고, 이에 대처할 방법에 대한 '처방'이 들어 있으며, 제안된 교육 프로그램이 무엇을 산출할 것인가에 대한 '전망'도 들어 있다.

- 진단: 학생들은 선에 대한 특수한 관념, 특히 출신 가정의 전통적 견해에 대해 잘못된 애착을 갖고 있다.
- 처방: 아주 다양한 선관에 비판적으로 접촉하도록 만든다.
- 전망: 학생들은 그런 선관들 중에서 자신에게 가장 잘 맞는 것을 자유롭게 선택할 수 있게 된다.

따라서 교육을 받은 학생들은 어떤 단일한 관념을 타율적으로 전수반는 일에서 해방되고, 그 대신 일련의 선택지를 제공받음으로써 그중에서 자신이 자율적으로 선택할 수 있게 될 것이다.

진단에 대한 의문

대학생들은 표준적으로 전통적인 선관에 아주 집착하는 것처럼 생각되지만 내 경험으로는 극히 이례적이다. 예를 들어, 이런 문제의 전형으로 자주 간주되고 있는 학생으로서 확실하게 종교를 신봉하면서도 선택할 수 있는 종교의 대안까지 잘 아는 경우는 비교적 드물었다. 그처럼 종교적 신봉을 아주 자연스럽게 혹은 불가피한 것으로 경험하는, 다시 말해서 무반성적으로 그것을 고수하는 학생은 거의 없다고 말할 수 있다. 전반적으로 그런 학생은 다른 학생에 비해 오히려 자신의 견해를 더 반성하고, 진지하게 고려해 보고, 그것이 잘못일 가능성까지 살펴볼 가능성이 더 크다는 것이 나의 느낌이다. 만일 대다수의 종교적인 학생이 자신의 견해를 고수하는 방식에 어떤 문제가 있다고 지적하려면, 그 문제점을 제대로 특징지어 말해 줄 수 있는 다른 용어가 우리에게 필요하다.

지적 전통에 대한 확고한 신봉이 오히려 드문 일이라는 새로운 이야기에 놀랄 사람은 없을 것이다. 나는 누스바움이 지적한 문제가 차라리 있었으면 좋겠다고 어떤 사람에게 토로한 적도 있다. 내가 만난 학생들 중에서 문화적인 관련 자료를 많이 내면화함으로써 수동적 인간이 되고, 책을 귀하게 여기는 경향을 보여 준 학생은 전혀 없었다. 실제로 나는 정반대의 사례를 듦으로써, 나에게 더 친숙한 지적 악덕을 특징지어 보려고 한다. 만일 내가 학생들에게 플라톤, 아리스토텔레스, 아퀴나스, 또는 칸트를 공부하라고 하면, 아무튼 그것을 가치 있게 여기는 학생들은 그것이 왜 틀리는가를 즉각 말할 수 있는 것 같은 행동을 보여 주는 경우가 많다. 내가 보기에 가르치기 힘든 일은 그런 혹은 다른 사상가들의 텍스트를 학생들이 진지하게—학점만을 위해서가 아닌, 강의실 밖에서 자신의 삶을 위해 실질적으로 가치 있는 어떤 것을 배울 수 있는 것으로—받아들이도록 납득시키고 고쳐시키는 일이다.

따라서 학생들에게 공통적으로 나타나는 지적 악덕 중 하나는 비판적 자세, 특히 텍스트에 대한 비판적 자세에 들어 있는 과신(overconfidence)이다. 이 과신은 어떤 전통적 견해를 너무 완고하게 신봉하거나 방어하기 때문에 생길 수 있고, 가끔 생기기도 한다. 그러나 그보다 훨씬 더 많은 경우에서 과신은 규범적 문제에 대한 긍정적 확신이 결핍되어 있음을 고백하는 것과 짝 지어 나타난다. 신입생 수업에서 있었던 최근의 사례를 두 가지 들어보겠다. 첫째, 15명의 수강생 중에서 롤스(Rawls)가 말하는 "풀잎을 세고 있는 사람은 자기 시간을 낭비하고 있다."는 견해에 공감하는 학생은 아무도 없었다. 둘째, 그보다 더 나쁜 사례다. "해충을 죽이는 것처럼 살인을 대수롭지 않게 여기는 사람이 대다수를 차지한다면 그런 사회는 도덕적 종말일 것이다."라는 견해를 옹호하는 학생은 전혀 없었고, 부정하는 학생이 대부분이었다.

학생들이 이런 **규범적 입장**을 진심으로 고수하고 있다고 결론을 내리기가 나로서도 꺼려진다. 아무튼 그 시간에 확실했던 점은, 학생들이 전략적으로 행동하고 있으며, 낯설게 느껴지는 강의실의 규범에 적응하느라 그들 나름대로 최선을 다한다는 것이었다. 대학 세미나에서 사용되는 낯설게만 느껴지는 언어와 스타일을 적용해서, 현실적으로 자신이 신봉하는 바를 방어하기가 거의 불가능하다는 학생들의 경험 이야기는 믿기 어려운 것이 아니다. 그에 대응해서, 학생들은 실용적인 태도를 취하고, 동료 수강생들 앞에서 불명확하게 발표하는 것에 조심하고, 학점을 잘 받으려는 속셈으로 자신이 신봉하는 바를 감추려고 한다.

그런데 이것이 실제로 발생한 일을 정확히 기술한 것인 만큼 강의실의 인센티브를 구조화하는 교수의 방식에 심각한 문제가 있음이 드러난다. 이런 인센티브는 표준적인 처방에서 예측할 수 있는, 물론 비의도적인 효과임을 나는 다음에서 다룰 것이다. 만일 그런 결과가 강의실에서 나타나면 나쁜 일일 것이다. 그러나 긍정적인 가치 신봉을 유예하거나 거부하는 습관은 우리 학생들의 윤리적 사고의 일반적 특징이 되었다고 생각할 만한 이유가 있다. 이 현상이 청년들 사이에 널리 퍼져 있다는 증거는 2008년 사회학 연구에서 나타났다.[13] 이 연구의 발견 내용을 연구자는 이렇게 말한다. "밝혀진 바를 요약하면, 도덕적 개인주의가 젊은이들 사이에 널리 퍼져 있고, 소수이긴 하지만 적지 않은 사람들이 도덕적 상대주의를 믿는다고 고백한다."[14] 이 연구자가 말하는 '도덕적 개인주의'에서 "도덕은 개인의 선택이고, 전적으로 개인이 결정할 문제다. 도덕적 옳음과 그름은 본질적으로 개인적 의견에 속하는 문제다. …… '그것이 개인적'이라는 말은, [응답자들에 따르면] 대체로 그 개인에, 즉 말하는 내가 누구인가에 달린 것이라는 뜻이다."[15] 실질적인 가치 신봉을 표명하거나 옹호하기를 꺼려하는 것이야말로 오늘날 대다수 학생들의 지적 성숙에서 가장 큰 장애물이라고 생각한다.

결국, 이렇게 실행되고 있는 **확신**의 **결핍**은 당사자의 의도와 무관하게 어떤 긍정적 가치관을 낳게 된다. 철학과에서 흔히 하는 이야기로, 학생들은 거친 주관주의를 긍정하게 된다. 그것은 '신입생 상대주의'라고도 불린다. 앞서 언급한 사회학 연구의 다른 피면접자가 우리에게 제공한 도덕적 주관주의 버전이 하나 있다. "내 말은, 무언가를 옳은 것으로 만드는 것은 그것에 대해 내가 어떻게 느끼는가 하는 점입니다. 그러나 사람마다 느끼는 방식이 제각기 다르기 때문에 무엇이 옳은지, 그른지에 대해서 내가 타인을 대신해서 말할 수는 없습니다."[16] 신입생 상대주의자의 생각에는, 만일 어떤 사람에게 원하고 바라고 좋아하는 것이 있다면 그에게는 그것이 가치 있고 좋은 옳은 것이다. 아니면 뭐 이런 입장을 고안하기까지 하는 학생은 예외에 속한다. 아무튼 대학 신입생들이 무반성적으로 수용하는 견해가 있다면 이것이 바로 그에 해당한다.

주관주의적 견해는 (학생들의 사고에 미치는) 또 다른 중요한 영향력과 아주 흥미롭고 복잡한 관계에 있다. 해리 브릭하우스(Harry Brighouse)는 전통주의적 관점에 몰두하는 자율성 옹호자와 다르게, 자율성에 대한 일차적 위협을 다음과 같이 보고 있다. "평생에 걸친 무반성적 물질주의의 고취를 목적으로 설정하고, 아동의 미래 자율성을 해치는 데 막대한 자원을 투입하는 상업세력이 지배하는 공적 문화, 특히 대중문화"가 그것이다.[17] 여기서 주시해야 할 점은, 주관주의자의 가치 입장은 브릭하우스가 우려하는 상업세력의 목적과 딱 맞아떨어진다는 것이다. 어떤 것을 원하는 것 자체가 그것을 좋은 것으로 만들어 준다는 아이디어는 결코 물질주의를 비판할 지렛대를 제공해 주지 못한다.[18] 사실상 상업세력이 증진시키려는 일반적인 가치관이 있다면, 그것은 곧 그런 **욕구-기반 주관주의**(desire-based subjectivism)일 것이다.

따라서 내 경험에 따르면, 학생들에게는 두 가지의 경향이 나타나는 것으로 보인다. 하나는, 있을 수 있는 관점들에 대한 자신의 비판이나 거부에 관한 과신이나 과장이다. 다른 하나는, 이와 동시에 자신의 긍정적인 견해에 대한 확신의 결핍이다. 어떤 전통의 도덕적 권위를 지각하고 이를 지나치게 공경하는 약점을 갖고 있는 학생들은 기껏해야 극소수다. 만일 이를 가리켜 학생들의 패러다임 문제로 간주해 버린다면 우리는 학생들의 필요를 충족시키는 데 실패하고 말 것이다.

처방에 대한 의문

부정확한 진단은 쓸모없는 처방을 낳는다. 앞서 암시했듯이 내가 우려하는 지적 악덕의 일부는 표준적인 처방의 결과로 나타난 것인지 모른다. 여러 자율성 옹호자들이 상상하는 교육을 살펴보면, 어느 규범적 문제에 관한 일단의 견해를 학생들에게 제시한다. 이렇게 하는 목적은 학생들이 그중에서 어떤 것을 선택할 수 있는 위치에 놓아 두려는 것이다. 그러나 서로 다른 여러 견해를 공정하게 제시하는 것은, 모든 견해가 선택받을 수 있을 정도로 똑같은 가치를 가진다는 전제를 암시한다면 모를까, 어려운 일이다. 그렇다면 학생 자신의 선호 혹은 욕구가 그 결정의 유일한 기반이 될 것처럼 보일 수 있다. 이런 모델에 적합한 교육 경험을 미리 쌓고 오는 대학생들이 오늘날 대부분을 차지한다. 그들이 주관주의를 내면화하는 것은 자율성 옹호론자들의 의도는 전혀 아닐지라도 별로 놀랍지 않은 결과일 것이다.[19]

비판적 사고의 강조는, 만일 신중하게 관리되지 못한다면 그런 사태를 악화시킬 가능성이 있다. 복(Bok)이 지적하듯이 '비판적 사고'의 의미는 사람마다 제각각이다. 그것이 분명히 가리키는 것은 잘못된 추론을 확인하는 기능(skill)이다. 수사학에 물들어 있는 미국 사회에서 나쁜 논변을 가려내는 능력은 분명히 가치 있는 것이고, 교육자들 사이에서 광범하게 옹호되는 것도 당연한 일이다. 그러나 그런 기능을 강조하다 보면 지적 활동에 대한 부정적 관점이 먼저 전달될 위험이 있다. 결함을 찾는다는 의미의 비판적 사고는 교육을 제대로 받은 학생들이 고등학교에서 배우는 것이다. 교육과정에 들어 있는 온갖 텍스트를 공부할 때 곧바로 그것을 도구로 사용하는 학생들이 많다. 거의 모든 경우에 어떤 입장을 옹호하기보다는 공격하기가 더 쉽기 때문에 영리하고 전략적인 학생들은 그런 식의 접근에 특별히 끌리고 만다. 그런 텍스트가 비판에서 제외되면 안 되겠지만, 비판능력은 내가 앞서 지적한 것처럼 부정적인 쪽으로 꽃을 필 수 있다.

또한 비판적 사고에 집중할 경우, 학생들은 아무 때나 논변을 요구하는 회의주의자의 역할을 수행하도록 장려받는다. 예를 들어, "사람을 재미 삼아 고문하는 것은 잘못이다."는 거의 해롭지 않은 규범적 주장이다. 그런데 이에 대해서도 일부 학생은 동의하기 전에 먼저 설득력 있는 추론을 제시해 달라고 요구할 것이다. 나는 대부분의 철학자들처럼 이유와 논변의 열렬한 옹호자이지만 나의 생각에, 그와 같은 요구는 위험할 정도로 지나친 합리주의를 미리 전제하는 것일 수 있다. 그런 요구에서 흔히 암시되는 점은 이렇다. 어떤 입장에 대한 완벽한 옹호론, 즉 마지막 한 명의 회의론자까지 납득시킬 수 있는 (혹은 최소한 그래야 하는) 옹호론을 제시할 수 있을 때 비로소 그 입장을 고수할 자격이 있다.[20] 과연 우리가 신봉하는 것들 중에서 그런 기준을 충족시킬 수 있는 것이 있는지는 결코 분명하지 않다. 심지어 그런 기준을 충족시킨다는 것이 무슨 뜻인지조차 불분명한 경우가 많다. 우리가 도달한 결론보다 더 확실하게 호소할 수 있는 전제가 있을까? 앞서 언급한 회의론자처럼 "장난으로 사람을 고문하는 것은 잘못이다."는 주장까지 부정하려 든다면, 그가 수용하려고 할 것은 무엇일까?

이와 같은 의문에 대해 어떻게 답할 수 있는가를 알기는 어렵다. 그렇기 때문에 학생들은 거의 모든 규범적 신봉에 대해 비판적 요구를 들이미는 데 성공할 수가 있다. 그래서 회의론은 강의실 토론을 마치 이겨야 할 게임처럼 생각하는 사람들에게는 매력적 전략이 되고 만다. 그러나 이런 식의 도전은 어느 특수한 긍정적 견해에 담겨 있는 진정한 매력을 고찰하는 데 장애가 될 수 있다. 이런 식으로 아이디어를 다룰 경우, 강의실의 활동은 참된 윤리적 성찰에서 멀어지고, 가치문제를 진지하게 생각할 수 있는 사람들은 소외를 당할 수 있다. 이와 동시에 이런 비판적 습관은 부정적인 입장에 대한 과신뿐만 아니라 (앞서 내가 언급한) 긍정적 확신의 결핍까지도 조장한다.

학생들에게 일단의 선택지를 제시하고 각 선택지의 문제점을 밝히는 일은 실제로 규범적 문제를 다루는 대부분의 대학 강의에서 표준적인 실천(standard practice)에 속한다. 그러나 그런 방식이 내가 말한 것처럼 학생들의 필요를 가장 잘 충족시킬 것인지는 결코 분명하지 않다. 대부분의 학생은 다수의 가능한 규범적 선택지들의 존재를 이미 알고 대학에 오며, 많은 학생이 그런 선택지들의 문제점을 지적하는 일을 잘한다. 이런 학생들은 흔히, 가치에 관한 문제는 오직 개인적인 취향이나 선호에 호소함으로써 해결될 수 있다는 결론을 쉽게 내린다. 그럼에도 불구하고 일부 학생들이 또 다른 가치 확신(value convictions)을 갖고 있으면, 이에 대해 '그들이 확실히 밝힐 수 있는 이유'를 요구한다. 이렇게 '대응하는' 것은 다음과 같은 의사를 전달할 위험이 있다. 모든 사람을 충족시킬 논변을 찾지 못하면 그런 확신은 포기해야 한다. 그러나 이것은 넘을 수 없을 정도로 높은 차단벽이고, 따라서 전혀 도움이 안 된다. 따라서 표준적인 처방은 아이디어를 거부하는 데에는 능숙한 반면, 긍정하거나 사랑할 만한 아이디어를 인식하는 데에는 미숙한 학생 세대를 양산하고 있는 것이 아닌가 하는 우려가 생긴다. 어떤 경우에 학생들이 이런 아이디어가 있을 수 있다는 가능성조차 생각하지 못하는 일이 생기지 않을까 걱정된다.

새로운 전망

표준적인 견해는 오늘날 대학생들에게 전형적으로 나타나는 지적 악덕을 잘못 진단하게 만들고, 그에 따른 처방은 그들에게 가장 공통된 문제를 완화시키기보다는 오히려 악화시킬 수 있다고 나는 말했다. 또한 나는 가치 신봉의 여러 가지 가능한 옵션들 중에서 하나를 선택하는 것을 자율성으로 이해하는 표준적인 견해에 문제가 있다고 보는데, 이것은 나중에 거론한다. 이런 온갖 지적에도 불구하고, 교수가 학생들의 자율성 촉진을 목적으로 삼아야 한다는 아이디어는 옳다고 생각한다. 나는 이 절에서 자율성을 지적 미덕으로 혹은 더 정확히 말하면 두 가지 미덕의 결합으로 재개념화함으로써 그런 합의에 이를 수 있음을 밝힐 것이다. 나도 전통적인 방식대로 미덕을 특수한 유혹, 약점, 악덕에 대응하는 성격 특성으로 이해한다.[21] 따라서 앞서 지적한 두 가지 악덕, 즉 '비판적 입장에 대한 과신'과 '긍정적 확신의 결핍'을 가진 학생들을 위해서 미덕이 기여할 수 있는 바를 여기서 살펴보겠다.

두 가지 미덕은 서로 밀접한 관계 속에서 '과신'이라는 악덕에 대응하는 데 기여한다. 너그러움은 낯선 견해를 대할 때 나타난다. 지적으로 너그러운 사람은 새로운 아이디어와 텍스트를 대할 때, 거기서 참되고 가치 있는 것을 찾아볼 수 있다고 전제한다. 그런 사람은 즉각적 비판을 자제하고, 우선 그 입장을 이해하고 또 그 입장에서 가장 설득력 있어 보이는 점들이 돋보이도록 재구성해 보려고 노력한다. 겸허함은 자신의 견해와 자기 자신과의 관계에서 나타나는 태도다. 지적 겸허함이란, 무엇보다도 먼저, 진지한 지적 과제의 진정한 어려움을 인식하는 것으로 이해할 것을 제안한다. 수많은 중요한 규범적 문제는 손쉽게 해답을 찾기가 어렵다고 주장하는 것은 겸허함이며, 그 점을 인정하는 사람은 겸허하다. 이런 겸허함은 사람들로 하여금 자기 자신의 견해에 오류가 생길 수 있음을 인정하게 만든다. 더 중요하게, 겸허한 사람은 대화 상대자와 의견이 일치하지 않을 경우에 그를 가리켜 지적으로 게으르다거나 어리석다거나 혹은 비도덕적이라고 탓하는 것에 대해서 아주 신중하다.

두 가지 미덕을 염두에 둔다면 우리는 표준적인 견해에서 생각하는 학생을 새롭게 살펴볼 수 있겠다. 이런 학생의 특성을 아주 만족스럽게 밝히는 데까지 이르지 못했지만, '자신이 신봉하는 바에 대해 무반성적이고 유연성이 없다.'는 표준적인 견해의 우려는 나의 진단에서 내가 과신이라고 말한 측면과 비슷하다. 진단상의 유사성이 암시하는 바는 이것이다. '너그러움'과 '겸허함'은 표준적인 견해의 학생과 내가 진단한 학생에게 올바른 목표가 될 것이다. 따라서 나는 묻는다. 만일 표준적인 견해의 옹호자들이 상상하는 학생들이 너그러움(낯선 견해 속에서 진리를 찾으려는 의지)과 겸허함(어려움과 이에 따른 오류가능성의 인식 및 상대방 존중)을 갖추거나 발달시켰다고 한다면, '자율성'은 그들에게 여전히 필요한 어떤 또다른 특성의 적절한 명칭일 것인가? 만일 이 질문에 대한 답이, 내 생각이 그러하듯 부정적이라면, 두 가지 미덕은 자율성의 목표를 해석하는 새롭고 더 나은 방식을 제공한다고 생각할 만한 이유가 있다.[22] 그렇다면 나의 진단에 동의하지 못하거나 혹은 나의 학생들과는 전혀 다른 학생들로 가득 찬 강의실에 직면하는 사람들조차도 나의 전망을, 다시 말해 '자율성'이라는 이름 아래 고등교육이 목적으로 삼아야 할 목표에 관한 나의 견해를 옹호할 것이다.

이 자율성관이야말로 그동안 자율성의 옹호자들이 늘 염두에 두었던 것이라고 생각할 수 있다. 그러나 어원적으로 볼 때 자기의존 및 자기강화와 연관성이 있는 자율성이 너그러움 및 겸허함과 동일시될 수 있다는 생각은 얼핏 놀라운 것이다. 내가 보기에 아무튼 바로 이런 식으로 생각하는 것은, 나의 교육에서 성취하려고 애쓰는 것이 무엇인가를 내가 이해하는 과정에서 나타난 참으로 유익한 진전이다. 이런 식으로 생각하는 것은, 우리가 자율성을 하나의 목표로 이해할 때, 학생이 하나의 선관을 자유롭게 선택할 수 있는 관점을 상상하는 유혹에 빠지지 않게 한다. 이것은 나에게 좋은 점으로 느껴진다. 왜냐하면 자율성의 옹호자들을 포함해서 수많은 사람들과 마찬가지로 그런 관점은 환상이라고 생각하기 때문이다. 또한 이런 식으로 생각하는 것은 다음과 같은 암시를 제거해 준다. 심층적인 규범적 확신을 갖는다는 것 자체가 자율성에 문제가 되거나 위협이 된다. 그리고 너그러움과 겸허함이라는 이상은 가치에 관한 주관주의와 쉽게 혼동되지 않는다.

또한 이런 식으로 생각하는 것은, 학생들이 방어적 위치에 있는 것으로 생각하는 표준적인 견해의 경향성에서 벗어나게 해 준다. 다시 말해, 교수는 학생들의 견해에 도전하고, 이를 방어하기 위해서 학생들은 자기 견해를 옹호하는 이유를 밝혀야 한다는 경향성에서 벗어나게 된다. 많은 학생들이 대학 수준의 세미나에서, 특히 인문학 분야에서 이런 경향성을 경험한다고 생각한다. 앞서 내가 설명했듯이 그런 경향성은 문제를 양산하기만 하는 것이 아닌지 우려된다. 학생들의 비판적 태도에 대해 그리고/혹은 규범적 확신을 가질 자신의 권리에 대한 자신감—부족에 대해 도전을 가하는 것이 유익할 것이다. 그러나 그런 점은 우리가 대면할 수 있는 믿음이나 신봉이라기보다는 텍스트와 아이디어에 접근하는 습관이다. 교수는 이런 습관의 대안을 모범적으로 보여 줄 필요가 있다.

앞서 지적했던 확신의 결핍이라는 또 다른 문제로 되돌아간다. '너그러움'이라는 이상은, 타인의 견해에 긍정적인 통찰이 들어 있다는 상정을 요구한다는 점에서 그 문제와 연관된다. 어떤 견해를 너그럽게 대한다는 것은 그것을 참으로 계몽적인 아이디어, 즉 이 세계에서 우리의 경험을 이해하게 도와주는 아이디어 그리고 그렇기 때문에 우리가 진실로 수용할 수 있는 아이디어의 원천으로 진지하게 대하는 것이다. 따라서 '지적 너그러움'의 이상과 실천에는 이미 긍정적 신봉에 대한 인식이 들어 있다. 이것은 또한 다음과 같은 의미를 갖는다. '너그러움'의 발달을 교육의 목표로 간주하는 것은 교수로 하여금, 학문 활동을 협소한 전략적 차원에서 접근하는 학생들의 공통된 경향, 즉 표준적인 견해가 장려하는 것이라고 내가 지적한 경향에 대해 반대하게 만든다. 학습자료와 강의실 토론에 대해서 이처럼 도구적인 마음가짐을 갖고 있는 한, 학생들은 너그러움에서 멀어진다.

그러나 우리는 그보다 더 나아가야 한다. 다른 지적 미덕과 함께 교수는 내가 **집념**(tenacity)이라고 부르는 미덕을 길러내는 것을 목적으로 삼아야 한다. **지적 집념**을 가진 사람들은 자신의 견해가 진리가 될 수 있는 가능성을 믿으며 쉽게 포기하지 않는다. 그런 사람들은 다음과 같은 생각에 사로잡힐 수 없다. 자신이 회의론자에 맞서서 완전하게 방어할 때에만 자신의 견해를 견지할 자격을 갖는다. **집념**은 또한 그보다 더 약한, 다음과 같은 입장에 대해서도 반대한다. 자신의 신봉에 대한 반론에 답이 될 수 있는 해답을 찾지 못할 때마다 자신의 견해를 포기해야 한다. 만일, 전반적으로 우리 학생들이 실질적인 규범적 견해를 너무 쉽게 포기하는 방향으로 잘못 가고 있다는 나의 말이 옳다면, 교수는 긴장을 이겨내는 어떤 의지를 가르쳐 주어야 하고 모범을 보여 주어야 한다.

바로잡는 방안

이제 여기서 일부 독자는 불편하거나 심지어 놀라기도 할 것이다. 더 강한 집념으로 이득을 볼 학생들이 어느 정도 있음을 기꺼이 인정하는 사람들은 '덜 강한 집념으로 이득을 볼 학생들도 있다'고 주장할 수 있다. 너그러움이나 겸허함 그리고 집념 사이에는 긴장이 있으며, 학생이 집념의 차원에서 너무 큰 잘못을 범할 경우 그것은 악덕이 된다. 여기서 나는 해롭지 않으나 별로 도움도 안 되는 반응을 가지고 형식적 수준에서 이 절을 시작한다. 그 반응이란, 학생들이 자신의 아이디어와 어떤 관계를 지속하도록 우리가 교육시켜야 하는데, 이 관계를 계속해서 확인하려고 시도하는 것이다. 그런 다음에 나는 이런 형식적 접근은 거기까지만 가능하다는 점을 제시할 것이다. 결국, 우리가 학생들의 아이디어 혹은 신봉과 독립된 것으로서 장려할 수 있는 그런 관계는 없을 것이다. 이는 표준적인 자율성의 옹호론과 지금까지 내가 인정했던 것보다 더 중대한 단절이 될 것이고, 또 현대 대학의 목적을 밝히는 데 불편한 문제점을 드러낼지 모른다. 어떤 독자들은 형식적 사항까지만 나에게 동의하고, 그이상은 거부할 것이다.

형식적 사항은, 우리가 '집념'과 '너그러움 및 겸허함' 사이에 생길수 있는 긴장을 인정해야 한다는 점 그리고 학생들에게 좋은 의미에서 아리스토텔레스 식으로, 양자의 중용을 추구하도록 가르쳐야한다는 점이다. 이런 점에서 성공을 보장해 줄 절차나 묘수는 없다. 이런 일에는 판단력이 요구되며, 이런 판단력을 잘 발휘하기가 지극히 어렵다. 사실상 이것이 지적 삶의 핵심 과제라고 주장할 수 있다.[23] 교수가 최선을 다해 할 수 있는 일은 학생들에게 전하고 싶은 미덕의 모범을 강의실에서 혹은 그들과 상호작용하는 다른 곳에서 자신의 행동으로 보여 주는 것이다.

또 다른 사항은, '집념'의 발휘 중에서 악덕에 속하는 경우로부터 미덕에 속하는 경우를 골라내려면 어떤 기준이 필요하고, 이 기준은 최소한 내용—의존적인 것으로 보인다는 점이다. 다시 말해서, 자신의 견해를 고수하는 것이 미덕인가의 여부는 최소한 의미 있는 부분에서 자신의 견해가 어떤 것인지, 그것이 칭송을 받을 만한 것인지아니면 해로운 것인지에 따라 달라진다. 이런 점을 집념에 대해 지적하고 나서 우리는 그것이 너그러움이나 겸허함에도 적용되는지를 살펴볼 것이다. 나는 그렇다는 생각으로 기운다.

규범적 확신에 대한 신봉 중에서 칭송을 받을 만한 것들을 살펴보자. 인권 존중은 선택 사항이 아니다. 누구나 평등하게 법의 보호를 받을 자격이 있다. 심각한 필요에 처한 사람은 우리의 관심과 도움을 요청할 권리가 있다. 모두가 칭송할 만한 경우처럼 보인다. 아마도 일부 학생들은 다음과 같은 사항들을 명백한 것으로 기꺼이 인정할 것이다. 풀잎을 세는 것은 자신의 인생을 모두 바칠 정도로 좋은 일이 못 된다. 사람을 죽이는 것은 해충을 죽이는 것보다 (이에 대해 어떻게 생각하든지 간에) 하여튼 더 나쁜 일이다. 그리고 대부분의 학생은 학점 부여 방안에 관한 토론에서 흔히 알 수 있듯이, 공정성의 규범을 심층적으로 신봉한다. 회의주의자들의 도전 앞에서도 이와 같은 주장을 의심하게 만들 수 없는 학생들은 나의 관심 밖이다.

그렇다고 해서 그런 신봉에 대해 합리적 성찰이 아무 역할도 하지 못한다는 뜻은 아니다. 우리는 가끔, 규범적이건 혹은 경험적이건, 적용의 문제를 생각하도록 촉발함으로써 도움을 줄 수 있다. 예를 들어, 우리는 다음과 같은 질문을 던질 수 있다. 타인에 대한 우리의 도움은 정의에 따른 것으로 보아야 하는가 아니면 자선에 따른 권장으로 보아야 하는가? 그리고 우리는 사회과학을 끌어들여 다음과 같이 질문할 수 있다. 어떤 식으로 도움을 주는 것이 타인들이 진술한 목적을 충족시키는 데 가장 성공적인가? 그러나 나는 기본적 가치에 대한 신봉을 개입이 요청되는 버전으로 만들 수 없다. 이런 신봉에 대해 집념을 갖는 것이, 즉 그것을 불가피한 것으로 받아들이는 것이 나에게는 오히려 도덕적 성숙의 징표로 다가온다.

다른 측면에서 나는 너그러움에 대한 요청이 어떤 견해로건 아무렇게나 확대된다고 믿지 않는다. 지적 성숙의 일부는 어떤 견해가 진지하게 받아들일 만한 것인가에 대한 분별력이 발달되는 것이다. 이 점은, 우리가 '지적 너그러움'과 '어떤 아이디어를 학생들의 실천적 안목에 실제로 변화를 일으킬 잠재력이 있는 것으로 취급하는 것' 사이의 연관성을 강조할 때 더 분명해진다.[24]

또 여기서 브릭하우스의 주장을 다시 생각해 보자. 아동과 청소년의 자율성에 가장 큰 위협은 자금력을 갖춘 막강한 **상업적 이익**이 조장하는 소비주의다. 이 문제에 집중하는 것이 유익할 것인데, 내용 관련 사항이 여기서도 적용된다. 무반성적인 물질주의 그리고 이와 연관된 주관주의에 기울어지는 학생들의 경향성이 나에게 문제점으로 부각되는 까닭은, 일차적으로 그것이 무반성적인 것이어서가 아니라 나쁜 생각을 수용하는 것이기 때문이다. 반성의 유도가 최소한 가끔은 그런 생각에서 벗어나는 데 기여할 것으로 나도 희망하지만, 그런 생각이 좋은 표적이 되는 것은 그 생각의 내용 때문이지, 그 생각과 학생의 관계 때문은 아니다. 만일 학생들이 그런 생각을 '스스로 밝혀낼 수 있는 이유 때문에' 옹호하면서 나의 강의실을 떠난다면, 나는 이것을 교육적 성취로 간주하지 않을 것이다.

자율성을 옹호하는 표준적인 견해는 내용-중립성을 목적으로 삼으면서, 학생들이 자신의 확신에 대해 잘못된 관계에 놓여 있는 것을 문제점으로 진단한다. 나는 자율성을 이해하는 최선의 길은 그것을 너그러움과 겸허함이라는 지적 미덕의 차원에서 이해하는 것이라고 제안했다. 만일 이 사항이 '두 가지 미덕은 집념이 그렇듯 그것이 적용되는 견해의 내용에 따라 상대적인 것이다.'라는 사항과 결합된다면, 그것은 표준적인 견해에서 상당히 벗어난, 다시 말해서 지적 성숙을 내용-중립적으로 보지 않는 지점으로 나아간다.

이제 이것이 말썽이 될 수 있는데 이것은 반성이나 비판적 사고의 중요성이 학자들 사이에서 합의될 만한 것처럼 보일 수도 있기 때문이다. 그러나 우리가 알듯이, 퇴치될 필요가 있는 잘못된 아이디어가 어떤 것이고, 올바른 아이디어라고 볼 수 있는 것이 무엇인가는 학자들마다 다르다. 심지어 앞서 내가 제시한 사례조차도 논란거리가 아닐 것으로 보았지만, 누군가가 이의를 제기할 가능성은 확실히 있다. 그리고 당연한 점인데, 우리가 더 특수한 문제를 고려하고 다양한 선관의 특수한 부분으로 더 깊이 들어간다면, 더 많은 견해 차이에 부딪칠 것이다. 따라서 '신봉하는 바에 대한 어떤 형식적 관계가 중요한 것이 아니라, 그보다는 신봉의 내용이 오히려 중요하다.'는 생각은 대학의 목적을 혼란스럽게 만들고, 다양한 교수들이 서로 엇갈리는 방향으로 흩어지게 만들지도 모른다.

이런 전망에 대해서 나도 불편하게 느끼지만, 비관적인 결론처럼 보일 수 있는 것을 과장하고 싶지는 않다. 교수들이나 사려 깊은 시민들 간에 나타나는 견해 차이의 폭과 깊이는 과장되어서도 안 되지만, 그렇다고 해서 일치된 견해의 폭과 깊이를 간과해서도 안 된다. 나는 앞서 제시한 지적 미덕의 가치를 대부분의 사람이 옹호할 수 있고, 학생들에게 지적 미덕이 발달되도록 돕는 것이 대학교육의 통일된 목적이 될 수 있기를 희망한다. 물론 그런 미덕이 각각 적절하게 적용될 수 있는 견해에 대해서 지엽적인 면에서 의견 차이가 없지 않을 것이다. 의견 차이로 남아 있는 문제에 대해서는 아무래도

불가지론적으로 접근하는 것이 옳을 것이다. 아무튼 우리가 행할 수 있는 최선은 그것이리라. [25]

맺음말

처음에 나는 다음과 같은 주장에서 출발했다. 자율성 교육의 표준적인 견해에 따르면 학생들의 일차적 문제는 어느 특정한 선관(흔히 출신 가정에서 전수받은 전통적 견해)에 대한 무반성적 혹은 경직된 신봉이다. 표준적인 견해에 따르면, 그 문제를 다루는 올바른 방식은 학생들이 갖고 있는 신봉에 도전을 가하고, 대안을 그들에게 제시해 주고, 그들이 비판적으로 사고하여 자신의 신봉에 대한 이유를 제시할 것을 요구하는 것이다. 그렇게 하는 목적은 학생들을 자율적으로 생각하는 사람 즉, 선관을 자유롭게 선택할 수 있는 사람으로 만드는 것이다.

이런 의견에 대해 나는 세 가지 점에서 반대한다. 내 생각에는 학생의 가장 흔한 일차적 악덕은 무반성적인 전통적 신봉이 아니라, 그보다는 뭐랄까, 확신의 결핍에 대한 과도한 자신감이다. '부정적 입장에 대한 과신'과 '긍정적인 규범적 입장을 옹호하려는 의지의 결핍'의 결합물이다. 내 추정에 따르면, 표준적인 처방은 이 문제를 완화시키기보다는 악화시킬 가능성이 크다. 그리고 자율성의 표준적인 전망은 개념적으로 혼란스러운 것이라고 생각한다.

그럼에도 나는 다음을 인정한다. 자율적 인간의 육성이 목적이 되어야 한다는 주장에는 중요한 진리가 들어 있고, 이 진리는 너그러움과 겸허함이라는 지적 미덕에 의해서 가장 잘 포착된다. 이 미덕은 또 다른 미덕, 즉 집념에 의해 보완될 필요가 있다. 이런 미덕을 모두 적절하게 발휘하는 일은 말로 표현하기 힘든 어떤 판단의 기술을 요구한다. 어느 미덕이건 간에 그것이 적용되는 견해의 내용과 분리된다면 그것은 결코 제대로 이해될 수 없다.

내가 마침내 도달한 처방을 다음과 같이 제안한다. 교수는 학생들에게 가르쳐야 할 미덕을 모범적으로 보여 주어야 한다. 여기에는 합리적 논변의 힘과 한계에 대한 좋은 태도를 모범적으로 보여 주는 것도 포함된다. 교수가 학생들에게 반드시 전달해 주어야 할 것은 질문의 진정한 난해함 그리고 해답에 대한 교수의 신봉이다. 그리고 교수가 학생들에게 제시하는 텍스트는 부정적 의미에서 분석하고 비판할 대상으로서만이 아니라, 적절하게 긍정적으로 대해야 할 대상으로서 제시되어야 한다.

어쩌면 교수가 할 수 있는 최선의 일은 자신이 중시하는 아이디어를 밝혀 주고, 그 아이디어를 중시하는 이유가 학생들에게 전달되도록 노력하는 것이다. 내가 보기에 이것이야말로 다음과 같은 학생들의 감각을 깨뜨릴 가장 좋은 기회일 것이다. 강의실에서 벌어지는 일은 '사실의 단순한 전수'를 제외하고는 세계에 대한 학생들의 현실적 생각과 아무런 관계가 없고, 기껏해야 흥미를 끄는 것이요, 최악의 경우에는 아주 어리석을 뿐이다. 만일 우리가 학생들로 하여금 강의실 안의 토론을 강의실 밖의 것과 연결시키도록 하는 일에 성공할 수 없다면 **자유교양교육**은 정당화되기가 어려울 것이다.

미주

1) 여기서 '전형적인' 대학생이란 나의 한정된 경험에 따른 표현이다. 이런 경험은 입시경쟁이 심한 대학에서 특히 인문학 계열에서, 그중에서도 철학 분야에서 가르친다는 것이 어떤 일인가를 대변해 줄 것으로 믿는다. 이 맥락에 가장 적합한 것을 나는 말해야겠지만 더 폭넓게 공감을 얻을 수 있을 것으로 희망한다.

2) 그러나 애커먼(Ackerman, 1980, 제5장)과 누스바움(Nussbaum, 1997, 제1장과 제2장)을 참조. 이 견해의 어떤 측면은 브릭하우스(Brighouse, 2006, 제1장)와 캘런(Callan, 1997, 제3장과 제6장)에도 나타난다.

3) 파월(Powell, 2011). 여기 인용된 교수는 앨리슨 시몬스(Alison Simmons)다.

4) 거트먼(Gutmann, 1987, p. 69)을 참조. "도덕교육에 대한 민주적 전제 및 학부모 전제의 위험성은 도덕교육에 대한, 실질적으로 분리된, 두 가지 통제 영역을 제공함으로써 (결코 완전히 제거될 수는 없으나) 감소된다." 더 일반적으로는 거트먼(1987, 제2장)을 참조. 그리고 마세도(Macedo)와 비교해 보자. 마세도에 의하면, "자유주의적 관점에서 중요한 것은 어느 하나의 교육적 권위가 전적으로 지배해서는 안 된다는 점 그리고 아동은 모든 진리 주장으로부터 일정한 거리를 유지해야 비로소 우리의 포괄적인 정치적 이상에 대해 비판적으로 사고할 수 있으며, 또 그런 포괄적인 이상들 간의 갈등이나 그보다 더 구체적인 도덕적, 종교적 확신들 간의 갈등을 간파할 수 있게 된다는 점이다(Macedo, 2000, p. 238)." 또한 브릭하우스(Brighouse)와 비교해 보자. 브릭하우스에 의하면, "자율성을 촉진시키려면 아동의 가정 경험과 그의 학교 경험 사이에 일정한 단절이 필요하다. 그래야 가정(과 공적 문화)이 제공하는 기회가 학교에서 그대로 반복되지 않고 보완된다(Brighouse, 2006, p. 22)."

5) '왜 이럴 수 있을까?' 하고 생각해 볼 만한 가치가 있다. 나는 몇 가지 제안을 가지고 있다. 첫째, 종교적 관념은 비종교적 관념에 비해 더 명확하고, 더 잘 정의된 것 같다. 일신교의 주요 종교에는 중심 텍스트가 있고, 이에 대한 수 세기에 걸친 귀중한 주석도 있고, 수많은 종파마다 각각의 신조와 그 밖의 교리적 진술을 갖고 있다. 물론, 이런 전통은 어느 것이나 할 것 없이 굉장히 많은 내적 긴장과 갈등을 지니고 있음에도 불구하고 대다수의 세속적 선관보다 더 제대로 정의되어 있다. 세속적 선관은 그 기원이 대체로 더 최근의 것이며, 제도적 구조를 갖추지 못하는 것이다. 종교관의 더 큰 발전은 개인의 자율성에 대한 장애로 간주될 수 있고, 종교관에 집착하는 사람들은 난해한 질문을 하나씩 고찰하는 것을 가로막는다. (물론 나중의 주에서 나는 그 반대가 진실이 될 수 있음을 제시할 것이다.) 둘째, 종교적 선관은 우리의 시대와 문화에 비교적 널리 퍼져 있다. 특수한 종교적 견해를 신봉한다고 스스로 생각하는 사람들은, 예를 들어 자칭 공리주의자라고 말하는 사람들보다 더 많다. 이것은 사실이며, 더 많은 사람이 스스로를 가리켜 무-종교적, 혹은 반-종교적이라고 말할지라도 관계가 없다. 셋째, 종교적인 부모는 자신의 견해를 자녀에게 전수하는 일에 특별한 관심을 가질 것이다. 학생들 사이에서, 예

를 들면 마르크스주의나 종합적인 자유지상주의와 같은 세속적 전통에 따라 의도적으로 자녀를 길러내는 경우를 엿볼 수 있다. 그러나 자신의 종교적 전통을 전수하는 데 관심을 갖는 가정의 학생들이 훨씬 더 많고, 이것은 자율성에 대한 위협으로 지각될 것이다. 넷째, 내 생각으로는 수많은 학자들이, 그중 일부는 자신의 공식적 견해와 정반대로, 실제로는 내용에 관한 관심에 따라서 움직이며, 그중에는 종교적 견해를 거부하는 사람들이 많다고 생각한다. 다섯째, 초·중등교육 단계에서 특히 공립학교에서, 교육실천에 대한 법적 도전을 제기할 가능성이 가장 높은 것은 종교적 집단이다. 철학자와 정치이론가 사이에서 교육에 관한 토의는 종교와 관련된 법정 사건, 가장 유명한 것으로는 위스콘신 대 요더 사건(*Wisconsin v. Yoder*)과 모제르 대 호킨스 사건(*Mozert v. Hawkins*)에 의해 거의 대부분 발생했다.

6) 누스바움(Nussbaum, 1997, pp. 34-35).

7) 누스바움(Nussbaum, 1997, p. 53, p. 68).

8) 맥뮬렌(MacMullen, 2007)은 많은 사람들보다 더 발전된 견해를 갖고 있다. 그는 자율성을 자신의 믿음에 대한 비판적 성찰의 능력과 신봉이라고 잠정적으로 특성화하기 시작했다(p. 23). 그리고 그는 비합리적 요인에 의해 영향을 받지 않는 합리적 선택이라는 자율성관을 희화라고 언급하면서 거부한다(p. 78). 그러나 그의 견해의 다른 측면은 표준적인 견해와 더 일치하는 것으로 보인다. "모든 아동은 좋은 삶에 관한 자기 자신의 합리적 결정을 내리도록 가르치고 장려하는 방식으로 교육받아야 하며(p. 68), 우리 모두는 특수한 전통 속에서 태어나서 성장하기 때문에, 그리고 다른 삶의 방식들의 비합리적 매력에 대해서 면역력을 갖춘 사람은 없기 때문에 우리는 깊이 생각할 필요가 있고, 자기 집안의 교리에 그저 묵종하지 않고 자기 자신의 윤리적 가치를 형성하고 또 적극 옹호하려고 한다면 교육을 받는 것이 그런 면에서 도움을 준다(p. 73)."

9) '실행가능한 선택지'는 브릭하우스(Brighouse, 2006, p. 14)가 쓰는 용어이다. 또한 마세도(Macedo, 2000, p. 237)는 "아동이 대안적 삶의 방식들에 관한 정보를 제시받는" 것이 중요하다고 주장한다. 그럼에도 불구하고 그는 모든 선관이 아동에게 중립적으로 제시되어야 한다는 아이디어를 거부한다. "좋은 인격에 대한 자신의 비전을 주입시키려는 부모 및 공적 노력에 아동이 종속될 수 있다는 것은 옳을 수도 있고", "부모와 정치 공동체는 좋은 인격에 대한 합당한 비전을 증진시킬 권리를 갖는다." 여기서 마세도는 선관을 주입시키려는 노력은 '억압적'이거나 혹은 '교화를 추구'하거나 해서는 안 될 것이라는 경고를 단서로 달고 있다. 그는 '증진'과 '교화'를 구별하는 특성을 구체적으로 밝히지 못한다. 애커먼(Ackerman, 1980, pp. 155-156)에 따르면, 적절한 교육의 목표는 "아동이 자기 자신의 도덕적 이상과 삶의 양식을 발전시키는 데 유용하다고 볼 수 있는 넓은 범위의 문화적 재료에 대한 접속을 아동에게 제공하는" 것이어야 한다. 그리고 캘런(Callan, 1997, 제6장)의 '거대한 영역들'과 파인버그(Feinberg, 1980, 특히 p. 133, p. 139)의 아동의 '열린 미래에 대한 권리'를 비교하시오.

10) 예를 들어, 거트먼(Gutmann, 1987)과 마세도(Macedo, 2000), 또 브릭하우스 (Brighouse, 2006, p. 92)를 참조. 그리고 맥뮬렌(MacMullen, 2007)의 제7장과 제8 장을 비교하시오. 맥뮬렌에 따르면(2007, p. 75), "아동을 자율적 성찰의 실천으로 입문시키는 것을 목적으로 삼는 학교는 아동을 다양한, 도발적인 관점들에 의도적으로 노출시킬 필요가 있을 것이다."

11) 누스바움(Nussbaum, 1997, p. 32). 로티(Rorty)는 가장 반대하는 목소리를 낸다. 브랜덤(Brandom, 2000, pp. 21–22)을 참조. 그러나 로티는 표준적인 견해의 옹호자가 아니다. 그가 내용 중립성을 주장하지 않기 때문이다. 오히려 그는 곧바로, 그가 최선이라고 생각하는 견해를 학생들이 받아들이도록 합리적 수단과 비합리적 수단을 모두 사용하여 납득시키는 것을 목적으로 삼는다.

12) 복(Bok, 2007, p. 109).

13) 스미스(Smith, 2011).

14) 위 책(p. 60).

15) 위 책(p. 21).

16) 위 책(p. 22).

17) 브릭하우스(Brighouse, 2006, p. 23, p. 50). 또 브릭하우스는 물질주의적 선관의 옹호론에 들어 있는 다음과 같은 독특하고도 골치 아픈 특성에 주목한다. 이런 식으로 아동의 가치를 형성하려는 의도를 갖고 있는 사람들은 자신이 주입시키려고 하는 견해를 옹호하지 않는 것이 일반적이다. 그들은 거짓이라고 간주되는 견해를 퍼뜨릴 수 있는 강력한 재정적 인센티브를 갖고 있다. 이에 대해 브릭하우스(2006, p. 50)를 참조. 이런 문제에 대한 통찰에도 불구하고 브릭하우스는 그 토의에 참여하는 다른 사람들과 마찬가지로, 잠정적으로 타율적인 학생들에 대한 그의 대표적 사례를 고립된 전통적 종교 공동체에서 찾아낸다. 그의 논의는, 여러 사람들과 비슷하게 아미쉬인(Brighouse, 2006, p. 13)으로부터 시작한다. 공정하게 말하려면, 아미쉬인 사건을 패러다임으로 간주해야 한다는 아이디어로부터 그가 거리를 두고 있음(p. 23)을 지적해야 한다.

18) 그런 다음에 그것은 말한다. 스미스 연구는 물질주의적 가치에 관해서 학생들이 놀라울 정도로 만족하고 있다는 점도 알아냈다. 브릭하우스가 우려하는 세력이 효과적으로 작동한 것으로 나타났다.

19) 학생들은 주관주의적 견해에 대한 또 다른 압박도 받고 있다. 가족 모임에서 종교와 정치 이야기를 타부시하는 것은, 특히 사랑하는 사람들과 차이가 나타나는 중요한 규범적 견해를 다루기가 쉽지 않다는 점을 입증해 준다. 중요한 가치문제에 대한 견해 차이와 불손한 태도를 구별하기란 정말 어렵다. 내 생각에는 불손한 태도를 피하기 위해서 견해 차이를 억누르는 쪽으로 도피하는 학생들이 많고, 대학에 오기 전에 여러 해 동안 그런 습관을 실천한다. 이런 칭찬받을 만한 동기는 신입생의 상대주의로 기울어지기 쉽다. 문제를 더 복잡하게 만드는 것은, 결국 여기에 어떤 차이가 있는지를 나도 확신하지 못한다는 점이다. 가치에 관한 온갖 확신은 만인에 대한 존중과 부합될 수 있는 것이 아니다. 그리고 문제

를 더욱더 복잡하게 만드는 것은, 우리가 어디쯤에다 선을 그을 것인가, 그 선을 넘어가는 것은 어느 때인가에 대한 합의를 기대하기가 불가능하다는 점이다.

20) 합리주의자의 이런 이야기 사례는 누스바움(Nussbaum, 1997, p. 9, p. 33, p. 35)을 참조. 누스바움이 의미하는 합리주의가 결국 얼마나 강한 의미를 가진 것인지를 나도 확신할 수 없지만, 여기서 그가 말하는 것으로 미루어 보건대 자신이 합리적 정당화를 제시할 수 있는 입장만 옹호해야 한다는 뜻으로 보인다. 철학적 사고 와 대화의 대안적 모델은 월터스토프(Wolterstorff, 2008, p. xi)에서 찾아보시오.

21) 풋(Foot, 1997)과 비교하시오.

22) 그런 학생들은 대안에 대한 노출이 아무래도 부족할 것이라고 우려하는 사람이 있을 수 있다. 온갖 견해 차이로부터 완전히 차단된 학생들에게는 자율성 옹호 자가 관심을 갖는 어떤 선이 정말 결핍될 가능성이 있다. 그러나 낯선 견해에 대 한 노출 그 자체가 학생들에게 그대로 미덕이 되는 것은 아니다. 그것은 오히려 미덕을 고취시킬 수 있는 기술이다. 따라서 이것은 앞서 내가 지적한 질문으로 우리를 되돌려 놓는다. 우리는 어떤 미덕을 고취시키려고 하는가? 곧바로 너그 러움과 겸허함이라는 생각이 다시 떠오른다. 낯선 견해에 대한 노출은 이런 미 덕이 발달하는 데 필요할 것이다. 겸허함의 개념에는 자신의 확신이 틀릴 수 있 다는 인식이 들어 있는데, 과연 아무런 대안이 전혀 없는 경우에도 이런 확신에 도달할 수 있는지는 불분명하다. 그리고 너그러움은 낯선 것을 대할 때 작동하 는 미덕이다. 만일, 보통 생각하는 것처럼 미덕이 오직 실천을 통해서만 발달하 는 것이라면, 너그러움을 발달시킬 기회를 찾기 위해서 학생들은 낯선 것들과의 만남을 실천할 필요가 있다.

23) 어떤 전통적 선관을 신봉하는 학생들은 어느 점에선가 유리한 지점에서 출발할 가능성이 크다고 생각할 만한 근거가 있다. 내가 말했듯이, 그들은 자신의 견해 를 고민해 볼 가능성이 일반적으로 더 높을 것으로 보인다. 최소한 그런 학생들 중에서 일부는 고대의 텍스트를 다루는 데 익숙하고, 그런 텍스트를 지혜의 원 천이 될 수 있는 것으로 진지하게 받아들이는 데 익숙하다. 게다가 전통의 가치 에 대한 이해 속에는, 전통의 자원은 개인의 사적인 지적 자원을 거의 확실히 능 가한다는 점에 대한 인식이 들어 있다. 따라서 거기에는, 가장 난해한 문제와 의 문에 대한 완전한 통찰은 한 개인에게서 찾을 수 없다는 생각이 들어 있다. 전통 적 선관을 신봉하는 일부 학생들은 역겹기도 하고 허풍도 떨지만 그럼에도 불구 하고 그들의 견해 속에 겸허함의 그런 측면이 끼어 있을 경우도 있다.

24) 따라서 우리가 제시한 견해에 대해서 너그러움을 실천하라고 학생들에게 부탁 할 때에, 우리가 부탁하는 것은 고려할 만한 가치가 있는 견해를 우리가 골라냈 음을 믿어달라는 것이다. 그들에게 이렇게 부탁하는 것이 적절하게 보이는 경우 는 우리가 그에 따른 책임을 진지하게 이행할 때뿐일 것이다.

25) 대학의 이상적인 사회적 기능에 대해서는 로티(Rorty, 1999)와 비교하시오.

참고문헌

Ackerman Bruce (1980). *Social Justice in the Liberal State*. New Haven, CT: Yale University press.

Bok Derek (2007). *Our Underachieving Colleges*. Princeton, NJ: Princeton University Press.

Brandom Robert (2000). *Rorty and His Critics*. Malden, MA: Blackwell.

Brighouse Harry (2006). *On Education* (Thinking in Action). New York: Routledge.

Callan Eamonn (1997). *Creating Citizens*. New York: Oxford University Press.

Feinberg Joel (1980). "The Child's Right to an Open Future." In *Whose Child?*, edited by William Aiken and Hugh LaFollette. Totawa, NJ: Littlefield, Adams.

Foot Philippa (1997). "Virtues and Vices." In *Virtue Ethics*, edited by Roger Crisp and Michael Slote. New York: Oxford University Press.

Gutmann Amy (1987). *Democratic Education*. Princeton, NJ: Princeton University Press.

Macedo Stephen (2000). *Diversity and Distrust*. Cambridge, MA: Harvard University Press.

MacMullen Ian (2007). *Faith in Schools?* Princeton, NJ: Princeton University Press.

Nussbaum Martha (1997). *Cultivating Humanity*. Cambridge, MA: Harvard University Press. 정영목 역(2015). 인간성 수업. 서울: 문학동네.

Powell Alvin (2011). "Harvard College Professorships for Five." *Harvard Gazette*, May 12.

Rorty Richard (1999). "Education as Socialization and as Individuation." In *Philosophy and Social Hope*, edited by Richard Rorty. New York: Penguin Books.

Smith Christian (2011). *Lost in Transition*. New York: Oxford University Press.

Wolterstorff Nicolas (2008). *Justice: Rights and Wrongs*. Princeton, NJ: Princeton University Press.

제6장

교육과 사회적 · 도덕적 인식론

앨런 뷰캐넌(Allen Buchanan)

새로운 종류의 두 가지 지식

우리는 지식인(knower)으로서 우리 자신에 관해 더 많은 것을 알아가는 중이다. 특별한 진척이 이루어진 중요한 영역으로 두 가지가 있다. 하나는, 인지적으로 정의적으로 정상적 인간이 추론하고 판단하는 능력의 한계에 관한 경험적 연구다. 또다른 하나는, 우리가 사회적 지식인으로서 얻는 통찰을 경험적 정보를 기반으로 삼아 발전시킨 철학적 연구다. 먼저 경험적 연구는 사회심리학, 인지과학, 신경과학, 진화심리학 등의 영역에서 나타나고 있다. 철학적 연구는 사회적 인식론(social epistemology)이라는 새로운 영역에서 나타나고 있다. 우리의 교육 이해도 이와 같은 지식의 발전에 힘입어 근본적으로 달라져야 한다.

첫째, 인간의 마음의 한계에 관한 경험연구는 두 가지 주제로 나뉜다. '정상적인 능력 부족'에 대한 연구 그리고 '정상적인 오류와 편향성'에 대한 연구다. 여기서 '정상적인'은 그런 한계가 보편적이라는 뜻, 즉 인지적으로 정의적으로 혼란을 겪는 사람들뿐만 아니라 보통 사람 사이에도 상당히 널리 퍼져 있다는 뜻의 형용사다. '정상적인 능력 부족'에 관한 연구는, ① 거대한 양의 정보를 처리하고 저장하고 접속하는 능력, ② 여러 가지 인지적 과제를 동시에 추구하는 능력, ③ 긴 시간 동안 주의를 지속시키는 능력에 대해 가해지는 심리학적, 신경학적 제약을 탐구한다. 다음으로 '정상적인 오류와 편향성'에 대한 연구는 추론과 판단에서 나타나는 오류에 초점을 둔다. 정상적 인간의 마음의 한계에 관한 연구에 포함되는 것은 올바른 정보에도 불구하고 지속되는 인지적 오류에 대한 탐구다.[1]

둘째, 지식인으로서 우리 자신에 대한 지식이 증가하고 있는 두 번째 영역은 사회적 인식론이다. 사회적 인식론은 참인(true) 혹은 정당화된(justified) 믿음의 형성, 전수, 보존을 촉진시키는 경향이 있는 여러 가지 사회적 실천(social practices)의 효과성과 효율성에 대한 경험적 비교연구라고 정의를 내릴 수 있다. 사회적 인식론이 연구하는 사회적 실천에는 현대과학과 같이 고도로 제도화된 것이 있고, 또 '어떤 정당을 신뢰할 것인가' 혹은 '어떤 차를 살 것인가'를 놓고 타인의 증언에 의존하는 보통 사람들의 경우처럼 상당히 비공식적인 것이 있다.

사회적 인식론은 '사회적 실천에 참여함으로써 인간은 지식을 얻는다.'는 사실에 근거를 둔다. 사회적 인식론의 관점에서 볼 때 좋은 점은 인간은 사회적 지식인이며, 그렇기 때문에 고립된 개인으로서 알 수 있는 것보다 훨씬 더 많은 것을 알게 된다는 것이다. 나쁜 점은 인식론적인 사회적 실천(epistemic social practices)에 결함이 있을 경우, 인간의 인식론적 의존성은 체계적으로 그릇된 정보에 취약하다는 것이다. '인식론적인 사회적 실천'이란 참인 혹은 정당화된 믿음을 성공적으로 형성하고 견지하는 데 영향을 미치는 규범-지배적 상호작용의 패턴을 가리킨다.

두 가지 지식의 통합 필요성

대부분의 경우에서 정상적인 능력 부족 및 정상적인 인지적 오류에 대한 경험적 연구 그리고 사회적 인식론 연구는 각각 별도로 추진되었다. 이는 세 가지 측면에서 안타깝다.

첫째, 어떤 '인식론적인 사회적 실천'은 정상적인 개인의 마음의 한계를 극복하려는 방법으로 보인다(과학이라든가 인지적 측면의 사회적 분업이 그런 사례임). 그런데 그런 사회적 실천의 기능을 이해하려면 그리고 그런 실천이 얼마나 효과적이며 또 어떻게 개선될 수 있는가를 알려면, 먼저 인지적 한계를 이해할 필요가 있다. 따라서 사회적 인식론은 인지적 한계에 대한 경험연구에 의존할 필요가 있다.

둘째, 인지적 한계를 밝혀낸 연구결과의 의의는 그 한계 때문에 생기는 결과의 심각성 정도 그리고 그 한계나 결과가 완화될 수 있는가의 여부와 정도에 따라서 달라질 것이다. 인간의 현재 한계의 정도나 결과가 고정된 것이라고 생각할 이유는 없다. 두 가지는 인간의 인식론적인 사회적 실천에 따라 달라질 것이다. 따라서 사회적 인식론의 연구는 정상적인 인지적 한계에 대한 경험적 연구의 의의에 대해서 중요한 함의를 가질 수 있다.

셋째, 인간의 인지를 향상시킬 효과적 전략은 인지적 한계에 대한 경험연구와 사회적 인식론의 통합을 요구할 것이다. 그래야 비로소 개인의 마음의 한계를 극복하기 위한 직접적인 개입 그리고 새로운 혹은 수정된 '인식론적인 사회적 실천'을 상호 결합시킨 복합적 전략을 추구할 수 있다. (직접적 개입에 속하는 것은, 착오를 일으키는 인지적 편향성을 개인이 자발적으로 극복하게 하는 테크닉의 학습 그리고 약물에 의한 인지적 개선이나 뇌-컴퓨터 연결 테크놀로지와 같은 생의학적 개입이다.) 이 모든 이유 때문에 인지적 한계에 대한 경험연구와 사회적 인식론 연구는 상호 간에 정보를 교환해야 한다.

교육과의 관련성

인지적 한계에 대한 연구는 교육적으로 중요하다. 이런 점을 부정할 사람은 거의 없다. 교육의 직접적 목표는 개인이 지식인으로서 성공할 수 있게 만드는 것이며, 이를 위해 개인이 범하기 쉬운 오류의 종류 그리고 개인의 인지능력의 한계를 알 필요가 있다. 예측 가능한 인지적 오류를 안다면, 그런 오류를 피하거나 줄일 전략도 알 수 있다. 예를 들어, 만일 대표성 휴리스틱(representativeness heuristic)의 사용이 사람들로 하여금 확률적 판단을 내릴 때 기저율(기초비율)을 무시하는 결과를 낳게 된다면, 그때에는 기저율에 주의하게끔 만들기 위해서 특별한 노력을 기울여야 한다.[2] 이와 마찬가지로 작동기억 속에 다량의 항목을 집어넣는 인간의 능력 한계를 안다면, 언제 컴퓨터 메모리처럼 확장된—마음 전략에 의존할 것인 가를 지시하는 쪽으로 말하게 된다. 또 다른 사례로, 인지적으로 정 상적인 사람들에게 나타나는 두 가지 유형의 의사결정과정을 생각 해 보자. 〈시스템1 과정〉은 직관적이고 신속하며, 〈시스템2 과정〉 은 더 느리고 방법적이고 규칙—지배적이다. 만일 흔히 그렇듯, 많 은 사람이 의사결정에서 〈시스템2 과정〉을 적게 활용한다면, 〈시스 템2 과정〉의 활성화가 자발적 통제에 맡겨져 있는 경우, 〈시스템1 과정〉에 대한 과도한 의존에서 벗어날 테크닉을 사람들에게 가르쳐 주어야 한다.

교육실천을 위한 사회적 인식론의 함의는 덜 분명하고, 주목을 덜 받았다. 그러나 그것이 더 중요하다고는 말할 수 없어도 똑같이 중 요하다고 나는 주장할 것이다. 앞으로 이 장에서 나의 주된 목적은 그런 함의를 몇 가지 밝혀 보고, 사회적 인식론의 관점에서 특별히 중요한 측면—도덕적 수행을 위해서 핵심이 되는 '사회적으로 전수 된 믿음'에 대한 비판적 초점—을 교육활동에 끌어들이는 데 장애 가 되는 것들을 확인하는 일이다. 사회적 인식론의 이런 하위영역 을 가리켜서 나는 사회적 · 도덕적 인식론(social moral epistemology) 이라고 부른다.

사회적 인식론

사회적 인식론의 주요 관심사는 초심자—전문가(novice-expert) 문제다. 이것은 교육과 분명하게 연관된다. 수많은 소재 앞에서 우리는 초심자일 뿐이지만, 만일 전문가가 있다면 그리고 이런 사람을 제대로 찾을 수 있다면 전문적인 도움을 받을 수 있다. 그런데 어느 영역에서 지식이 부족한 사람들이 그 영역의 지식을 소유한 사람을 어떻게 확실하게 찾을 수 있는가? 이것이 여기서 문제다. 앨빈 골드먼(Alvin Goldman)의 개척적인 연구 그리고 그가 촉발시킨 수많은 연구는 초심자-전문가 문제에 초점을 맞추었고, 초심자가 다양한 상황에서 진정한 전문가를 찾을 때 활용할 수 있는 다양한 발견법을 제안하였다.[3]

초심자-전문가 문제가 굉장히 복잡한 것은 전문가의 사회적 역할에 (명성과 잠재소득을 포함한) 다양한 이득과 (대리인 이론이 말하는) 부당 이용의 기회가 들어 있다는 사실 때문이다.[4] 이득과 부당 이용의 기회가 발생할 수 있다는 점 때문에 전문가들은 일반인들에게 없는 전문성을 자신들이 가지고 있다는 시그널에 인센티브를 줄 수 있다. 게다가 전문성 개발의 비용과 위험을 감당할 수 있게 만드는 동기는 때때로 전문가로 하여금 자기 전문성의 범위를 과장하게 만들고, 이에 따라 진지하지만 틀린 신호를 보낼 수 있다. ("망치를 가진 사람에게는 모든 것이 못으로 보인다."는 말이 있다.) 초심자에게 필요한 것은 틀린 신호의 위험성을 고려할 줄 아는 전문가를 찾아내는 전략이다.

사회적 인식론은 초심자-전문가 문제를 해결할 일반적인 전략을 찾아내기 위해서 현행의 실천을 반성할 수 있다. 아마 가장 널리 적용할 수 있는 전략은 **전문성의 프록시**(proxies)를 찾는 것이다. 예를 들어, 만일 당신의 차를 고치는 기술자, 혹은 당신을 치료하는 의

사가 다른 기술자나 다른 의사의 소견을 들어 보면 좋겠다는 당신의 제안을 계속 거부한다면 이는 그들의 무능력의 직접적 증거를 대신할 프록시가 될 것이다. 마찬가지로 중고차 판매인으로부터 차를 사려고 할 때, 그 차를 다른 기술자에게 점검을 받아보자는 당신의 제안을 거부한다면 이것은 그 판매인의 부정직성의 직접적 증거를 대신할 프록시가 될 수 있다. 또한 자격증, 공식 인증서는 개인의 전문성에 관한 직접적 지식을 대신해 줄 프록시가 될 수 있다.

사회적 인식론은 우리가 어디서나 또 어쩔 수 없이 타인의 증언에 의존하게 된다는 보다 일반적인 문제를 밝혀냈다. 사회적 인식론은 게임이론의 테크닉을 활용함으로써 어떤 '수용 전략(acceptance strategies)'이 상이한 증언 환경에 적합한 것인가를 구체적으로 밝힌 이론을 개발했다. 사회적 인식론은 도덕심리학이나 인지과학의 대안이 아니다. 오히려 사회적 인식론은 연관된 다른 학문을 끌어들이면서도, 믿음과 앎에 있어서 사회적 실천과 제도가 수행하는 역할을 강조한다.

교육에서 초심자-전문가 문제

교육에서 초심자-전문가 문제는 두 가지 수준에서 핵심적이다.[5]

첫째, 교사는 학생에게 어떤 정보를 전달해야 하는가를 결정할 때 참된 전문가를 식별하는 법을 알아야 한다. 예를 들어, 교사가 과학 교육과정을 설계할 때 과학적으로 신뢰할 만한 교과서가 어느 것인지를 결정해야 한다.

둘째, 교사가 교실 안팎에서 학생들의 인지적 성공의 기회를 높이려면 그들이 초심자-전문가 문제를 스스로 해결할 수 있는 타당한 전략을 가르쳐 주어야 한다. 사회적 인식론이 초심자-전문가 문제를 해결할 더 나은 방법을 찾게 된다면 교육은 두 가지 수준에서 그만큼 더 효과적일 수 있다.

여기서 기존의 교육이 겉으로 표현하지는 않지만 초심자-전문가 문제에 대응하는 법을 이미 가르치고 있다고 반박할 수 있다. 어쨌든 학생들은 적절한 연구방법을 특히 고등교육에서 배우고 있기 때문이다. 이런 반박은 적절하지 못하다. 학술 논문을 쓰기 위해 전문가를 확인하는 법을 배우는 것만으로는 충분하지 못하다. 대다수 학생들은 학자가 될 것이 아니고, 학자가 될 학생조차도 다양한 경로에서 초심자-전문가 문제에 부딪히는데, 이 경우 학술적 연구 기능의 적용가능성은 제한적이다.

인식론적 평등주의와 인식론적 경의: 적절한 균형

흔히 초심자-전문가 문제에서 가정되는 사항은 이것이다. 초심자는 전문가의 지식을 찾는다. 초심자는 어떤 지식영역에서 자신을 인식론적으로 부족한 사람으로 간주한다. 그러나 마땅히 전문가를 찾아야 할 사람임에도 불구하고 자신의 인지적 자원에만 너무 의존하느라 그렇게 하지 않는 경우도 있다. 적절한 교육은 초심자-전문가 문제를 다룰 전략뿐만 아니라 전문가를 찾을 필요가 있는 시점을 파악하는 능력도 길러 주어야 한다.

인식론적 관점에서 볼 때 정상적인 사회에서는 **인식론적 평등주의**와 **인식론적 경의**(epistemic deference)가 서로 적절하게 균형을 이룬다. 이를 더 분명히 밝히는 데 상상이 도움을 줄 것이다. 한편으로 철저한 인식론적 평등주의자들의 사회를 상상해 보자. 개인은 인식론적 경의를 표하지 않는다. 어떤 소재에 대해서건 오직 자기 자신의 견해에만 의존한다. 이런 사회는 인식론적으로 또 물질적으로 빈곤할 것이다. 다른 한편으로 지나친 인식론적 경의 때문에 모두가 고통받는 사회를 상상해 보자. 전문성을 의심하지 않고 모두가 전문가라는 사람들에게 자동적으로 경의를 표한다. 이런 사회는 개선할 능력 혹은 새로운 도전에 대응할 능력이 심각하게 위축되어서 현상 유지에 그치고 만다. 기존의 인식론적 경의의 패턴에 어떠한 결함이 있을지라도 아무런 도전이 없이 그냥 넘어간다.

인식론적 경의: 두 가지 형태

지위(status)에 기반을 둔 인식론적 경의가 있다. 여기서 개인이 타인에게 복종하는 이유는 그를 의사나 성직자처럼 어떤 역할을 맡은 사람으로 인정하기 때문이다. 이와 달리 업적(merit)에 기반을 둔 인식론적 경의가 있다. 여기서 개인이 타인에게 복종하는 이유는 그의 인식론적 수행이 실제로 우수하다는 별도의 증거가 있다고 믿기 때문이다. 정상적인 사회적 실천에서 어떤 사람이 어떤 지위를 갖고 있음이 확인됨은 그가 실제로 '인식론적 수행을 잘함'을 대리해 줄 수 있는 좋은 프록시가 된다. 그러나 지위는 '인식론적 수행을 잘함'을 대리하기에는 형편없는 프록시가 될 경우도 있다. 예를 들어, 어느 자격증을 소지하는 사람에게 지위가 부여되는데 그 자격증이 부여되는 과정에 결함이 있다면 그렇게 되고 만다. 보통 사람들이 일반적으로, 특정 영역에서 전문가로 간주되는 사람의 인식론적 수행을 직접 평가할 수가 없을 때, 지위에 기반을 둔 경의가 불가피할 것이고, 어쩌면 지위가 부여되는 방식에 따라서 위험이 따를 수도 있다. 학생들은 두 가지 형태의 인식론적 경의를 구별하는 법뿐만 아니라, 지위에 기반을 둔 경의가 합당한 것으로 인정받게 해 주는 요인까지 확인하는 법을 배워야 한다. 후자에는 다양한 유형의 자격증 제도의 장단점에 대한 이해가 포함된다.

인식론적 경의의 소멸?

앞서 지적했듯이, 제도를 설계하는 관점에서는 인식론적 평등주의와 인식론적 경의 사이에 적절한 균형이 잡히도록 하는 것이 중요하다. 오늘날 최소한 일부 지식영역에서 과도한 인식론적 평등주의 때문에 미국 사회가 고통을 겪는다고 믿는 사람들이 꽤 많다. 특히 지구상의 기후변화에 관한 전문가들의 적절한 주장이 제대로 인정을 받지 못한다고 그들은 믿는다.[6] 이들의 생각에 따르면, 지구상의 기후변화가 인류에 의해 발생하는 것임을 믿지 않는 미국인들이 많다는 사실은 과학적 전문성에 대한 인식론적 신뢰가 위험한 수준까지 떨어지고 있음을 의미한다.

인류에 의해 발생된 지구상의 기후변화를 부정하는 일부 사람들은 주류 과학자들의 인식론적 능력에 대해서 의심하지 않는다. 그 대신 그들은, 대다수의 과학자가 신봉하는 **자유주의**라는 이데올로기 때문에 과학자들의 인식론적 능력이 제대로 발휘되지 못했다고 말한다. 그들의 생각에 의하면, 주류 과학자들은 자유주의에 경도

되어 있고, 자유주의자는 반기업적이고, 특히 정부의 기업 통제 역할이 아주 크게 확대되기를 바란다. 이를 '자유주의 타락설'이라 부른다.

그렇지만 이런 현상을 가리켜서 인식론적 경의에 대한 인식론적 평등주의의 승리라고 규정하는 것이 가장 좋은지는 아직 불분명하다. 이와 달리 더 설득력 있게 정의할 수 있다. 기후변화라는 주제에 관해서 주류 과학자들을 믿을 수 없다는 믿음이 퍼진 이유는 부분적으로 인식론적 경의 때문이다. 다시 말해서, 그것은 '자유주의 타락론'을 내놓고 떠드는 러시 림보(Rush Limbaugh)와 같은 영향력 있는 보수주의자의 견해에 대한 경의 때문이다. 수천의 미국인들이 제각기 독자적으로 '자유주의 타락설'을 거의 동시에 떠올릴 것 같지는 않다. 오히려 인식론적 경의의 패턴들이 그런 믿음을 확산시키는 데 중요한 역할을 수행한 것 같다. 물론 그런 믿음은 여러 부류의 보수주의적 정신에서 생겨난 것이다.

만일 학생들이 과학 전문가들의 (기후변화 혹은 진화에 관한) 주장을 거부한다면 그들에게 진정한 과학 전문가들을 식별하는 법을 가르치려고 했던 인습적인 노력은 실천적 목표 차원에서 실패일 것이다. 전문가를 불신하는 사람들의 경우, 전문가를 식별하는 것만으로는 초심자−전문가 문제를 해결하지 못할 것이다. 과학자에 대한 오도된 불신을 막기 위해서 교육자들이 자체적으로 할 수 있는 일이 많을지는─특히 '자유주의 타락설' 때문에 과학자가 신뢰받지 못할 사람으로 간주된다면─불분명하다. 이와 달리 만일 과학자에 대한 불신 문제가 해결되려면 과학교육을 후원하고 지원하는 언론이나 정부기관의 협력을 얻어서 과학 공동체가 과학자의 자격인증 과정, 연구수행 과정, 신청논문에 대한 동료 평가 등을 일반 대중에게 더욱 투명하게 밝힐 필요가 있다. 그래야 과학적 기준이 파당적 정치 행태에 의해 붕괴되지 않는 것임을 설득력 있게 보여 줄 수 있다.[7] 여기서 핵심은 과학자가 자신의 정치적 입장에서 생기는 편향성에 사로잡혀 있지 않음을 보여 주려는 노력이 아니라, 과학의 인식론적 실천이 그런 편향성에 어떻게 대응할 수 있는가를 설명하려는 노력이다.

나의 목적은, 내가 '적절한 인식론적 경의'의 '위험한 소멸'이라고 믿는 현상의 해결책을 제시하는 것이 아니고, 다만 다음 두 가지 사항을 지적하는 데 있다.

첫째, 만일 교육이 적절한 인식론적 경의를 학생들에게 고취시키는 중대한 역할을 제대로 수행하려면, 교육자가 참된 전문가를 잘 식별해서 그들에게 추천해 주는 것만으로는 불충분하다. 만일 지위 신뢰(status trust)의 사회적 생산이 붕괴된다면 그것은 작동하지 못할 것이다.

둘째, 교육이 적절한 인식론적 경의를 학생들에게 성공적으로 고취시킬 수 있는가의 여부는 교육자의 활동뿐만 아니라—다른 행위 주체 특히 과학 공동체 자체와 정부의 행위를 포함하여—더 넓은 사회적 환경에 따라 달라질 것이다.

더 일반적 문제: 사회인식론적 의존성의 위험을 축소하기

정보의 원천으로서 전문가를 제대로 식별하는 학생들의 능력을 향상시키는 것은 인지적 분업의 이점을 최대화하고 그 위험을 최소화시킬 가능성을 높이는 한 가지 방식이다. 다른 방식들도 있으며, 이 중에서 어떤 것들은 교육을 위해서 더 중요한 것이다. 왜냐하면 그런 방식으로 축소시켜야 할 위험성이 더 심각하기 때문이다. 이제 나는 사회적 인식론의 교육적 역할 중 하나를 고찰하려고 한다. 이것은 초심자−전문가 문제, 혹은 증언의 신뢰성이라는 일반적 문제에 관심을 쏟았던 사람들도 그동안 논의하지 못했던 것이다. 이 역할이 특히 중요한 이유는 위험성이 크기 때문이다. 나는 앞서 간단히 언급했던, '사회적 · 도덕적 인식론(social moral epistemology)'이라는 아이디어를 확대시킬 것이다. 나의 목적은, 사회적 인식론의 연구자들이 초심자−전문가 문제 그리고 증언의 신뢰성이라는 일반적 문제에 관심을 집중하느라 '사회적 인식론의 교육적 적용'이라는 어쩌면 가장 긴급한 과제를 소홀히 했다는 점을 논증하는 것이다.

사회적 · 도덕적 인식론

도덕적으로 중요한 사실적 믿음

사회적 · 도덕적 인식론은 사회적 인식론의 일부로서, 인간의 도덕적 역량의 정상적 기능을 위해 아주 중요한 참된 혹은 정당화된 믿음의 집합이 형성되고 보존되고 전수되는 것을 도와주는 사회적 실천의 역할에 초점을 둔다. 여기서 도덕적 역량이란 도덕적 추론을 하고, 도덕적 판단을 내리고, (불의 앞에서 분노의 감정 혹은 동정심

과 같은) 도덕적 정서를 경험하는 능력이다.[8]

맥락에 따라 다르겠지만, 거의 모든 **사실적 믿음**(factual belief)은 우리의 도덕적 역량의 정상적 기능을 가능하게 하거나 방해하거나 할 수 있다. 도덕적으로 선한 의도와 타당한 도덕원칙을 갖고 있는 사람이라 할지라도, 때때로 **틀린 믿음**(false belief) 하나 때문에 심각한 도덕적 잘못을 저지르는 결과가 생길 수 있다. 예를 들어, 무고한 사람을 보호한다는 원칙에 따라 행동하려고 진지하게 노력하는 경찰관이라 할지라도, 거리에서 영화 촬영 중인 배우를 엉뚱하게도 무고한 사람을 죽이려는 실제 범인으로 오인함으로써 권총을 쏠 수 있다. 그러나 사실적 믿음의 어떤 부류는 도덕적 수행을 위해 특히 중요한 것이다. 이 사항은 부정적인 사례, 즉 다양한 종류의 **틀린-사실적 믿음**(false-factual beliefs)이 도덕적 수행을 치명적으로 좌절시키는 사례를 통해 아주 분명히 밝혀진다. 다음과 같은 네 가지 종류의 틀린 믿음은 그릇된 대중폭력을 유발하고 지속시키는 데 핵심 역할을 수행하는 것으로 보인다.

① 서로 다른 계급의 인간들에게 마치 있는 것처럼 가정되는 자연적 혹은 본질적 차이점에 관한 틀린 믿음(예: 유대인과 '아리아인', 남자와 여자, 흑인과 백인).

② 민족 혹은 종족집단의 역사에 관한 틀린 믿음(예: 독일의 경우, 독일은 유대인-볼셰비키의 국제적 음모의 희생자라는 믿음, 제1차 세계대전에서 독일이 패배한 것은 전쟁터의 패배 때문이 아니라 정치가들이 '등에 비수를 꽂아서' 무너졌기 때문이라는 믿음, 러시아의

경우, 체첸의 분리주의 운동에 대한 설명으로서 체첸족은 강도요, 무슬림의 급진적 테러리스트라는 믿음. 이런 믿음은 체첸에 대한 러시아의 억압 그리고 체첸 독립에 대한 합의를 자주 깨뜨린 러시아에 관해 잘 알려진 역사를 전혀 언급하지 않는다).

③ 민족 혹은 종족집단의 최근 피해에 관한 틀린-사실적 믿음(예: 보도에 의하면, 독일이 1992년 크로아티아의 독립선언의 정당성을 인정했을 때 수많은 세르비아인은 독일과 새로운 크로아티아 국가가 이윽고 세르비아인에 대한 인종살해에 협력할 것으로 믿었는데, 그 근거는 독일인과 크로아티아인이 제2차 세계대전 때에도 그랬다는 것이다. 이런 믿음은 제3공화국 시대의 독일과 1992년의 독일 간의 차이점에 대한 놀라운 무지를 드러낸다. 미국과 유럽의 다른 나라는 독일이 저지르는 또 다른 인종살해를 용인할 것이라는 엉뚱한 가정도 마찬가지다).

④ 틀린-사실적 믿음은, 첫째, 주요 사회적 질병의 인과관계(즉, 그것은 나쁜 유전인자 때문에 생긴다)에 관한 것, 둘째, 인간의 유전인자 풀(pool)의 변화(즉, 그것이 급속도로 악화되고 있다)에 관한 것이다. 두 가지가 모아져서 틀린 예측, 즉 인간의 출산 패턴에 급속한 심각한 변화가 없다면 인간의 삶의 질이 극도로 악화되고 문명이 붕괴할 것이라는 틀린 예측으로 이어졌다(예: 이런 틀린-사실적 믿음의 결합은, 강제 불임에 의한 단종 프로그램을 촉발시키거나 혹은 최소한 그런 프로그램의 존속을 조장한 것으로 보인다. 독일의 나치만 그런 것이 아니고, 우생학의 절정기에 스웨덴, 덴마크, 노르웨이, 캐나다, 미국 등 자유입헌 민주주의 사회도 그랬다).

사회적 · 도덕적 인식론은 흥미로운 지적 추구에 그치는 것이 결코 아니다. 그것은 우리의 도덕적 수행을 개선시킬 잠재력을 갖는다. 잘못된 대중폭력의 예방이 도덕적으로 최우선 과제라고 한다면, 대중폭력의 인과관계에서 중요한 역할을 수행하는 믿음을 조장시키는 인식론적 경의의 패턴이 어떤 것인가를 이해하려고 노력하는 일에 특별히 관심을 집중시켜야 할 이유가 있다.

앞에서 예시한 각각의 사례에서 공교육은, 대규모의 대중폭력을 유발하는 데 일조한 것처럼 보이는 틀린-사실적 믿음을 전파하고 지속시키는 일에서 중대한 역할을 수행하였다. 이와 동시에 정치적 엘리트들은 기존 사회에서 통용되는 (교회, 의료 전문직과 같은) 또 다른 인식론적 경의의 기제를 활용하려고 노력하였다.

그러나 잘못된 대중폭력은 인종살해에서 멈추지 않는다. 잘못된 대중폭력의 또 다른 사례는 정의롭지 못한 전쟁이다. 자기 나라의 옳음에 관한 대중의 틀린 믿음 그리고 다른 민족의 행동과 의도에 관한 대중의 틀린 믿음은 정치지도자들로 하여금 정의롭지 못한 전쟁을 더 쉽게 감행하도록 만들어 버릴 수 있다.

정지된 도덕인가, 전도된 도덕인가

반사회적 인간도 아니고 악한도 아닌 보통 사람들이 잘못된 대중폭력에 참여하게 되는 과정을 이해하려면 두 가지 모형을 구분할 필요가 있다. 첫째 모형에 따르면, 보통 사람들이 전형적으로 갖고 있는 도덕적 제약은 강력한 정서, 자기이익, 혹은 지도자에 대한 맹종에 의해서 풀어져 버리거나 무너지고 만다. 이 견해에 따르면, 사람들의 도덕적 가치와 그들의 행동이 서로 단절될 때 잘못된 대중폭력이 발생한다.

둘째 모형에 따르면, **도덕적 가치의 무력화(impotence)**보다는 오히려 **도덕적 가치의 전도(subversion)**가 잘못된 대중폭력에서 핵심 역할을 수행한다. '전도' 모형은 잘못된 대중폭력의 인과관계에 관한 복잡한 사실을 두 가지로 파악한다. 첫째, 그 폭력의 발생이 폭넓은 참여를 일으키기 위해서 인습적인 도덕적 반응을 밀어내거나 무력화시킬 필요가 없다는 사실이다. 둘째, 그것은 무도덕적 혹은 비도덕적 동기에 의해 촉발되지 않고 실제로 도덕적 동기에 의해서도 촉발될 수 있다는 사실이다.[9] 간단히 말해서 '전도' 모형에 따르면, 잘못된 대중폭력을 일으키는 사람들은 대중의 도덕적 동기를 무력화시키는 것이 아니라, 그것이 비도덕적 목적을 지향하도록 방향을 바꾸어 버린다. 이렇게 하는 전형적인 방법은 도덕적으로 중대한 '틀린-사실적 믿음'이, 흔히 앞서 예시한 부류의 믿음이 확산되도록 촉진시키는 것이다. 그들이 이런 일에 성공할 때가 있다. 이것은 핵심적인 사회적 실천과 제도에 스며들어 있는 인식론적 경의의 기존 패턴을 잘 활용하는 경우다.

또한 그들은 정상적인 인지적 편향성을 활용하기도 한다. 예를 들면, 자연적인 차이를 가정함으로써 인간을 몇 가지 종류로 구분하려는 경향성을 활용하기도 한다. 여기서 인간의 종류는 인간행동을 엄밀하게 결정하는 불변의 본질에 따라 구분된다. 어떤 설명에 따르면, 인종차별적 사고 혹은 종족-국가적 정형화는 본질주의적 사고로 나아가는 경향의 구체적인 사례다.[10]

사회적으로 전파되는 '틀린—사실적 믿음'의 사례에 널려 있는 암울한 매력은, 그런 믿음이 기본적 도덕원칙을 거의 그대로 유지하면서도 도덕성을 전도시켜 버릴 수 있다는 점이다. 앞서 제시한 목록의 첫째 사례를 살펴보자. 나치 선전은 유대인과 '아리아인'의 구분을 자연적 차이에 관한 틀린 믿음의 망에 포함시켰고, 유대인—볼셰비키 음모를 주요 요인으로 끼워 넣는 틀린 역사관을 덧씌웠다. 유대인은 인간 이하의, 교활한, 지독한 해충이므로 만일 멸종되지 않으면 독일 민족을 노예화하고 서구문명을 파괴할 수 있는 것처럼 제시되었다. 이를 모두 사실로 믿는 사람들은 근본적인 인습적 도덕원칙을 버리지 않아도 유대인의 멸종을 옳은 일로 보게 될 것이다. 결국 인습적 도덕성은 치명적으로 해로운 위협에 대한 자기방어의 권리를 인정하고 만다. 이와 비슷하게 황금률이 인간에게만 적용되는 것이고, 유대인(흑인, 크로아티아인)은 인간됨의 필수 특징의 일부가 본성적으로 결핍된 존재이므로 인간에 끼지 못한다고 생각하는 사람들은 황금률에 대한 개인적 신봉을 여전히 유지할 수 있다.[11]

또 다른 사례에서는, 인간의 여러 계급 간의 '자연적' 차이에 관한 틀린—사실적 믿음이, 인종살해의 수준까지는 아닐지라도 어처구니없는 불의가 지속되도록 만드는데, 어떻게 개입되는가를 잘 보여 준다. 이슬람교 교리가 법체계의 형태에 큰 영향을 미치고 있는 국가에서 여성은 법정에서 어떤 유형의 사건에 대한 증거를 제시하는 것도 허용되지 못하고, 설령 허용될지라도 여성의 증언은 남성의 증언만큼 인정받지 못할 때가 있다. 이런 차별적 실천에 대한 명시적 정당화는 이러하다. 여성은 너무 정서적이고 또 세상을 제대로 모르기 때문에 본성상 남성만큼 신뢰받을 수 있는 증언자가 되지 못한다.[12] 이 사례는 피부색이나 성별에 따라 행해지는 차별을 포함해서 정의롭지 못한 사회적 실천의 다음과 같은 특성을 일반적으로 보여준다. 그런 차별에 대한 정당화는 인간의 본성이라고 가정되는 차이에 관한 '틀린-사실적 주장'에 의존한다. 이런 '틀린-사실적 주장'은 경험적 증거에 의해 지지받지 못함에도 불구하고, 인식론적 경의의 패턴에 의해 효과적으로 전수되고 유지된다.

핵심을 요약하면, 오늘날 우리가 보기에 도덕성이 정상적으로 발달된 인간의 도덕적 능력조차도, 인식론적 경의의 패턴을 포함한 사회적 실천의 작동을 통해 사회적으로 주입되는 틀린-사실적 믿음 때문에 쉽게 전도된다는 것이다. 게다가 우리는 불행하게도 도덕성의 전도를 이미 충분히 경험했기 때문에, 특히 위험한 것이 어떤 부류의 틀린-사실적 믿음인지를 파악할 수 있다. 이런 믿음에는 도덕적 지위 혹은 시민적 권리의 판단과 연관되는 것처럼 생각되는 '본성적' 차이에 관한 믿음, 자기 민족이나 종족집단이 과거에 희생양이었다거나 현재도 그럴 위험에 처해 있다는 믿음, 사회적 질병의 생물학적 원인 및 재앙적인 생물학적 퇴화의 예측에 관한 믿음이 들어 있다. 마지막으로 이처럼 도덕적으로 위험한 틀린-사실적 믿음들의 집합이 전파되는 일은 전형적으로, 다양한 사회적 실천과 역할에 구현되어 있는 인식론적 경의의 현행 메커니즘을 통해서 행해지며 그리고 교육기관은 그런 전파에서 일정한 역할을 자주 수행한다는 점을 우리는 알고 있다. 이런 이유 때문에 우리가 사회적 인식론의 통찰을 교육실천에 끌어들이려고 노력할 경우에는, 흔히 말하는 예방적인 혹은 소극적인 사회적 · 도덕적 인식론을 일단 중시하면서도, 무엇보다 먼저 잘못된 대중폭력에 기여하기 쉬운 유형의 믿음에 대해 관심을 집중시켜야 한다.

이제까지 나는 두 가지 요인 때문에 우리가 결과적으로 당면하는 도덕적 위험에 대해서만 주목했다. 한 요인은 사회적 인식론적 의존성이며, 다른 요인은 틀린 믿음이 우리의 도덕적 역량을 전도시킬 수 있다는 사실이다. 두 가지 요인은 심각한 타산적 위험을 일으킬 수 있다. 우리는 잘못된 인식론적 경의를 통해서 **틀린-사실적 믿음**을 믿을 수 있고, 이것은 우리 자신의 이익을 심각하게 손상시키는 방향으로 우리가 행동하게 만들어 버린다. 이것의 분명한 사례는 독일인이 나치의 멸종과 정복 프로그램을 지지함으로써 겪게 되었던 엄청난 물적 인적 손실인데, 그 밖에도 많다.

사회적 · 도덕적 인식론의 관심사는 잘못된 대중폭력을 일으키는 믿음뿐만 아니라 도덕적 수행을 뒤흔들 수 있는 믿음의 사회적 전파다. 조나단 글로버(Jonathan Glover)의 주장처럼 20세기 역사는 우리가 최악의 도덕적 잘못을 피하는 데 특별한 노력을 기울여야 할 이유를 제시해 준다.[13] 나의 핵심 주장은, 교육실천이 잘못된 대중폭력을 불러일으키는 믿음에 대해서 중점을 두어야 할 뿐만 아니라, 그런 믿음을 특별히 검토해야 한다는 것이다.

위험한 사실적 믿음을 조장할 수 있는 사회적 실천의 두 가지 방식

때때로 사회적 실천은 명시적 가르침을 통해서 도덕적으로 혹은 타산적으로 손해를 입히는 틀린-사실적 믿음을 주입시킨다. 그러나 다른 경우에서, 사회적 실천은 틀린 믿음의 형성을 촉진시키는 왜곡된 사회적 경험을 만듦으로써 그런 믿음이 형성되도록 장려한다. 예를 들어, 교육, 기업, 정치에서 여성의 광범한 기회를 체계적으로 배제하는 뿌리 깊은 성차별적 실천이 특이하게 남아 있는 사회를 살펴보자. 그런 사회의 모든 구성원의 경험은 여자건 남자건 간에 체계적으로 왜곡될 것이다. 특히, 여성들이 자신의 능력을 발달시키고 자유롭게 발휘할 수 있는 기회가 성차별로 인하여 체계적으로 가로막히면 여성의 '자연적' 능력에 대한 믿을 만한 증거를 수집할 기회를 누구도 못 가질 것이다. 여성이 기업, 정치 분야에서 교육을 받거나 활약할 기회가 전혀 없는 사회에서 성장한 사람들은 여성이 남성에 비해 그런 측면에서 능력이 뒤떨어진다는 틀린 믿음을 갖게 될 것이다.

여성의 증언을 경시하는 이슬람 법률가의 이유를 다시 떠올려 보자. 여성은 세상사에 대한 경험이 너무 없다. 그리고 여성의 법적 증언을 허용하지 않는 것이 여성의 활발한 세상 참여를 체계적으로 금지하는 차별구조의 한 요소로 작용하는 사회에서 여성이 세상일에 너무 미숙하다는 인식은 또한 여성이 나면서부터 이해를 못한다는 믿음을 갖게 한다. 만일 교육이 사회적·도덕적 인식론을 진지하게 받아들인다면, 학생들이 반드시 알도록 해야 할 사항은, ① 명시적으로 주입되는 믿음의 경우에 나타날 수 있는 잘못된 인식론적 경의의 위험성, ② 학생들의 도덕적으로 중요한 믿음이 사회적 실천에 의해 체계적으로 왜곡되고, 이런 사회적 실천이 바로 그런 믿음을 끌어들여 정당화되며, 이것은 틀린 도덕적 믿음을 명시적으로 가르치는 일과 전혀 별도로 이루어진다는 사실이다.

공교육, 애국심의 편향성 그리고 전쟁

공교육이 그저 교육적 기능만 하는 것은 아니다. 역사적으로 공교육은 시민 육성과 '국가 건설'에서 중요한 역할을 수행했다. 여기에 흔히 포함되는 것이 국가의 역사적 기록의 날조다.[14] 겨우 지난 수십 년 동안, 그것도 오직 일부 국가의 공교육 종사자들만 국가의 역사 및 과거 역할에 관한 정확하고 공평한 이해를 교과서 안에 포함시키고 또 전달하려고 엄청나게 고생했다.[15] 만일 편향되게 서술된 역사가 학생들에게 전해진다면, 이로 인해 그들은 도덕적으로 또 타산적으로 위험하고 그릇된 판단에 빠지고 만다. 예를 들어, 지난 175년 동안 미국 군사개입의 동기와 결과에 대한 왜곡된 견해는 다른 조건이 같을 경우에 미국의 시민들이 나중에 벌어질 수 있는 새로운 개입의 도덕적, 타산적 위험성을 진지하게 고려하는 일을 더욱 어렵게 만들 것이다. 어느 개인이 미군의 이라크 개입에서 얻을 수 있는 선(좋은 것)에 대해 얼마나 낙관적인가 하는 점은, 그가 고등학교에서 읽었던 역사 교과서에 존슨 행정부가 통킹만(the Gulf of Tonkin) 사건에 대해 퍼뜨린 거짓말이 제대로 설명되어 있었는가 그리고 미라이(My Lai) 학살이 베트남 전쟁에서 미군의 최악의 전쟁 범죄로 밝혀졌지만 그 밖에 미군이 저지른 일들이 얼마나 제대로 밝혀지고 있는가에 따라서 달라질 것이다.

이와 비슷하게, 나치 독일을 물리친 미국의 역할을 과장하는 (그리고 소련의 훨씬 더 큰 역할을 엄청 축소시킨) 교과서나 (다큐/픽션) 영화는 근거가 희박한 '미군 불패'라는 감정 그리고 세계인, 특히 '유럽인'이 나치를 궤멸시킨 미국의 은혜를 망각한다는 믿음에 일조할 수 있다.[16] 미군 불패라는 환상 그리고 은혜 망각에 대한 잘못된 분노감은 또다시 미국의 군사력 사용을 지지할 것인가, 혹은 소위 은혜를 모르는 유럽의 반대에도 불구하고 일방적인 군사력 동원을 지지할 것인가 등을 결정해야 할 미국 시민들을 편향시킬 수 있다. 교과서가 아직도 심각하게 편향되어 있는 국가에서, 만일 사회적·도덕적 인식론의 관점을 택한다면 이것은 편향성을 줄이기 위한 노력에 동기를 부여해 주고 또 이끌어 줄 수 있다. 개혁이 이미 진행 중인 국가에서는 정부, 주류 언론, 소셜 미디어 등을 비롯한 여러 기관에서 전달하는 왜곡된 믿음을 학생들이 받아들이지 않도록 교육시키는 데 사회적·도덕적 인식론의 관점이 도움을 줄 수 있다. 사회적·도덕적 인식론에 따르는 교육의 두 번째 기능이 특히 중요한 이유는, 믿음의 형성에서 전자 미디어의 역할이 교육의 역할을 압도할 수 있는 시대가 되었기 때문이다.

이제까지의 논변을 다음과 같이 정리할 수 있다. 먼저 교육정책이 사회적 인식론을 진지하게 받아들여야 할 이유는 이것이다. 교육이 성공하려면 사회적 인식론의 두 가지 핵심 문제, 즉 초심자-전문가 문제 그리고 신뢰할 수 있는 증언의 식별이라는 일반적 문제에 대해서 효과적으로 대응해야 되기 때문이다. 게다가 사회적·도덕적 인식론이 교육과 특별히 연관되는 것은 또 다른 두 가지 이유 때문이다. 첫째, 만일 교육이 사회적·도덕적 인식론을 따른다면—잘못된 대중폭력을 지지하는 쪽으로 민중을 동원시키려고 안달하는 정치 지도자나 타인이 학생들의 믿음을 조작할 위험을 축소시킬 수 있도록—비판적 기능과 타당한 역사적 정보를 학생들에게 제공함으로써 보호하고 예방하는 역할을 수행해야 한다. 둘째, 사회적·도덕적 인식론의 비판적 도구—대중폭력을 지지하는 경향이 있는 '틀린 믿음'의 생산에 교육이 기여하는 것을 막기 위해서—는 교육활동을 설계하고 감독하는 사람들을 도와줄 수 있다.

인간의 인식론적 의존성의 도덕적, 타산적 위험으로부터 학생들이 벗어나도록 도와주려면, 먼저 교육부터 훨씬 더 자기-비판적이어야 하고, 사회적·도덕적 인식론의 핵심 통찰에 유념해야 할 것이다. 교육자는 사회적·도덕적 인식론의 비판적 도구를 자기 자신에게 그리고 자신이 만들어 낸 인식론적 실천에 적용해야 할 것이다.

왜 비판적 사고의 수업으로 충분하지 못한가

일부 교육자들은 지금까지의 분석에 대해 분개할 수 있다. 그들은 교육이 최소한 민주국가에서는 더욱더 자기-비판적이 되었고, 이에 따라 학생들에게 필요한 기능이 어떤 것인가에 대한 이해가 확대되었다고 지적할 것이다. 특히 그들은 비판적 사고의 수업을 교육과정에 도입하려고 노력했던 점을 언급할 것이다.

이런 반응에는 난점이 있다. 흔히 생각하는 비판적 사고는 사회적 인식론의 통찰을 진지하게 고려하지 못한다. 비판적 사고를 다루는 텍스트는 전형적으로 학생들에게 비판적 논증을, 다시 말해서 일련의 가정된 전제로부터 추론하는 것이 타당한가의 여부만 이해하도록 가르치는 데 초점을 둔다. 어떤 경우, 그런 텍스트는 기초적인 확률적 추론을 가르치기도 하지만, 논증의 전제가 참인지 혹은 정당한 것인지를 결정하는 문제에 대해서는 충분한 관심을 쏟지 못하는 편이다. 또한 그런 텍스트는 (넓은 의미에서) 타인의 증언에 대한 의존이 불가피한 점 그리고 이것으로 야기되는 위험한 점을 강조하지 못한다. 마지막으로 비판적 사고의 텍스트는 초심자-전문가 문제를 완전히 누락시키는 경향이 있다. 말하자면, 그런 텍스트에서는 마치 지식인이 고립된 개인으로서 움직이는 것처럼 다룬다. 따라서 올바른 정보를 식별하는 것을 문제로 삼아야 함에도 불구하고, 올바른 것으로 가정되는 정보를 기반으로 올바른 추론을 하는 것만을 문제로 삼는다.[17]

사회적 · 도덕적 인식론에 비추어 비판적 사고 수업의 소재를 다시 생각하는 것이 보다 만족스러운 접근이 될 것이다. 그리고 만일 잘못된 대중폭력의 방지를 사회적 관심사의 초점으로 삼는다면, 비판적 사고에 대한 새로운 접근에서 특별히 더 강조해야 할 점은, 가장 심각한 도덕적 손실을 일으킬 수 있는 믿음의 집합에 대해서 학생들이 더 비판적으로 인식하게 하는 것이다. 요약하면, 사회적 · 도덕적 인식론—특히 소극적 혹은 예방적 형태의 그것—은 비판적 사고의 텍스트 및 교육과정을 설계하는 데 주된 요인이 되어야 한다.

밀 방식의 대응의 부적절성

내가 다른 곳에서 주장했듯이 다른 조건이 동일하다면 자유 입헌민주주의 사회에서 인식론적으로 더 나은 사회적 실천이 나타날 가능성이 더 클 것이다. 그 이유의 일부는 잘못된 인식론적 경의가 들어 있는 실천을 발견하거나 교정할 기회가 더 많기 때문이다.[18] 그러나 그로부터 다음과 같은 결론을 내리는 것은 잘못이다. 밀(J. S. Mill) 방식의 대응이 사회적·인식론적 의존성의 도덕적, 타산적 위험성에 대한 적절한 반응이다. 밀 방식의 대응은 자유 입헌 민주주의의 틀 안에서 '이념의 자유 시장'을 지지하는 것이다. 이것은 결국에 가서는 참인 혹은 정당화된 믿음이 최소한 지배하게 될 것이라는, 또는 가장 위험한 믿음은 적어도 간파되고 교정될 것이라는 기대하에서 표현의 자유를 촉진시키기 위한 것이다.

밀 방식의 대응이 안고 있는 주된 문제는 그것이 의존하는 개별적 지식인상에 있다. 거기서는 '인간의 사고의 한계'에 대한 경험 연구의 발견 내용 그리고 '사회적 인식론'의 통찰이 모두 무시된다. 앞서 살펴본 것처럼 개별적 지식인은 정상적인 인지적 한계를 여러 차례 고통스럽게 겪게 되며, 갖가지 인지적 오류도 범하기 쉽다. 물론 사회적 인식론의 실천이 때때로 이 한계를 완화시키거나 이 오류를 바로잡을 수 있겠지만, 그런 실천은 자체적으로 왜곡을 일으킬 수 있고 또 자주 일으킨다. 단순히 정보의 최대 산출이나 자유 확산만을 허용하는 것만으로는 어떤 문제도 해결하지 못할 것이다. 심지어 훌륭한 정보가 있을지라도 개인은 자기 자신이 인식론적으로 경의를 표하는 어떤 사람들이 그런 정보를 무시할 경우에 그것을 인식하지 못할 수가 있거나, 혹은 그런 정보가 자신이 이미 신봉하는 믿음이나 행동 패턴과 충돌할 경우에 그것을 평가절하(확증 편향성을 보이거나 혹은 인식론적으로 결함 있는 방식으로 인지적 부조화를 해소)해

버릴 수 있다. 표현의 자유가 권장할 만한 수준에 놓여 있는 자유민주주의 사회에서도 도덕적 손상을 가하는 우생학적(euqenic) 사고에 오염되는 일이 발생했다. 이런 사실은 기억해 둘 만한 가치가 있다.[19]

지식인은 완전한 합리적 존재의 상황에 놓이지 못한다. 완전한 합리적 존재는 모든 범위의 관련 정보를 직접 접촉할 것이고, 타당한 증거 규준을 신중하게 따르기 때문에 각 정보에 대한 개연성을 합리적으로 부여하기 전까지 모든 정보의 중요성이 똑같을 것이다. 지식인의 상황이란 결함과 한계가 있는 인지적 기능을 갖고, 사용 가능한 정보 중에서 극히 일부만 인식하고, 인식되는 일부 정보조차도 불완전한 사회적 인식론의 실천에 의해 매개됨으로써 그 인식론적 중요성이 이미 부여되어 있고, 이런 불완전한 사회적 인식론의 실천에 의해서 자기도 거의 모르게 도덕적, 타산적 위험에 빠지는 상황이다. 지식인에 대한 이처럼 전혀 다른 두 가지 이미지 중에서 어느 것을 가정하느냐에 따라서 교육활동을 어떻게 생각해야 하는가도 크게 달라진다.

반론과 장애물

믿음은 얼마나 중요한 것인가

이제까지 나는 정상적 인간의 사고 한계에 관한 경험적 연구와 사회적 인식론의 통찰이 서로 통합될 것을 주장했으며, 교육기관은 이런 협력의 결실에 유념해야 한다고 제언했다. 또한 나는 교육기관이 초심자-전문가 문제의 심각성과 편재성을 학생들에게 알리고, 이 문제를 다룰 최선의 전략에 관한 정보를 그들에게 제공해야 할 뿐만 아니라, 사회적·도덕적 인식론을 우선시해야 한다고 주장했다. 예를 들면, (우생학 운동 및 노예제, 인종분리, 집단학살을 지지했던 인종차별적 이데올로기에 관해) 제대로 문서화된 역사적 사례연구를 활용함으로써 교육자가 학생들에게 가르쳐야 할 것은 이것이다. 어떤 부류의 믿음, 즉 잘못된 대중폭력이나 명백한 불의를 유발하거나 유지시키는 역할을 반복적으로 수행했던 믿음을 특별히 비판적으로 대하는 것이다.

사회적·도덕적 인식론을 교육에 포함시키자는 주장이 분명히 의존하고 있는 가정은 이것이다. 틀린 믿음은 잘못된 대중폭력의 인과관계에서 중요한 역할을 한다. 이 가정은 대다수 사람에게 상식적인 것으로 보일 것이지만, 도덕적 반응과 정서 간의 관계에 관한 최근의 어떤 심리학적 경험연구 그리고 경험연구에 기반을 둔 어떤 철학적 이론화에 의해 도전도 받고 있는 것처럼 보인다. 간단히 말해서, 이런 연구는 도덕적 반응은 믿음의 변화에 민감하다는 가정뿐만 아니라—인지적 한계에 관한 경험연구와 사회적 인식론의 연구는 서로 적대적이지 않고 상보적이다는—나의 주장을 뒤집는 것처럼 보일 수 있다.

도덕성과 정서에 관한 경험연구의 영역이 넓어져서 이에 대한 비판적 검토는 이 글의 범위를 넘어선다. 오히려 나는 영향력 있는 두 사람의 입장을 간단히 소개하고자 한다. 존 하이트(John Haidt)와 제시 프린츠(Jesse Prinz)는 사회적·도덕적 인식론의 근본 가정에 대해 심각한 의문을 던진 사람이라고 생각할 수 있다.

오늘날 하이트의 실험은 유명하다. 그는 수강생들에게 물었다. 아들과 딸 사이의 성관계가 잘못된 일인가? 곧바로 대다수가 잘못이라고 답했다. 왜냐고 되물었다.[20] 대답이 나올 때마다 하이트는 반박 사례를 상세히 밝혀 주었다. (예를 들어, 유전적으로 결함 있는 아이의 출생에 관한 우려를 없애기 위해, 임신의 확률은 없다고 구체적으로 말했다.) 하이트의 보고에 따르면, 이처럼 구체적인 사례에서 근친상간에 반대하는 온갖 이유가 무관한 것으로 밝혀졌을지라도 그런 행동이 잘못이라는 학생들의 판단은 지속되었다. 여기서 도출된 그의 결론은 이렇다. 도덕적 반응(혹은 판단)은 정서적인 것이지 추론에 대응하지 않는다.

하이트의 빈약한 자료에 대한 그의 과잉해석은 기막힐 정도다. 만약 흔히 가정하듯이 근친상간에 반대하는 도덕적 규범이 마음 깊이 새겨진 것이라고 한다면 그 실험에서 행해진 몇 가지 간단한 추론 연습을 통해서 그 도덕적 규범이 성공적으로 바뀔 것이라고 기대하면 안 된다. 실제로 기초적인 도덕규범이 그렇게 쉽게 포기될 수 있는 것이라면 어떻게 그것이 행동을 조정할 때 그런 것처럼 근본적인 역할을 수행할 수 있는지를 이해하기가 어렵다. 그뿐만 아니라 도전에 부딪힐 경우에도 기초적인 도덕규범을 끈질긴 것으로 만들어 주는 이유의 일부는 그것이 인식론적 경의라는 사회적 실천에 의해서 강력한 지지를 받기 때문이라고 사람들은 생각할 것이다. 만일 그렇다고 한다면, 강의실에서 몇 분의 토론으로 그런 규범이 뒤집힐 가능성은 더욱더 낮을 것이다. (우리 사회에서 교수에게 부여된 지위 신뢰에 대해서 엄청나게 부풀려진 견해를 갖고 있지 않다면 말이다.) 게다가 '어떤 도덕규범이 개인의 심리에 깊이 각인된 후에 도덕판단은 믿음의 변화에 반응하지 않는다.'는 하이트의 주장이 맞을지라도 이것은 '도덕적 반응이 형성되는 초기에 믿음은 중요한 역할을 한다.'는 생각과 충분히 일치한다.

프린츠의 도덕심리학은 철학적으로 훨씬 더 정교하고, 더 발전된 것이다.[21] 그는 과감한 주장을 내세운다. 도덕판단은 정서에 지나지 않는다. 실제로 그는 다음과 같은 견해를 신봉하는 것으로 보인다. 모든 도덕적 반응은 특수한 정서, 혹은 정서들의 아주 작은 집합, 혐오와 비슷한 어떤 것, 또는 어느 경우에는 혐오와 분노의 결합과 같은 어떤 것이다.

이런 견해에 대한 분명한 한 가지 반박은 도덕판단에는 많은 유형이 있으며, 그리고 프린츠는 '다양한 유형의 도덕판단들을 구별해 주는 것은 전적으로 그런 판단들의 외부에 있는 무엇이다.'라는 아주 반-직관적 주장을 신봉한다는 것이다. 프린츠에 따르면, 다양한 규칙들이 있고 이들의 인지적 작동이 정서적 반응을 일으킨다. 그러나 다음과 같은 주장의 반-직관성을 일단 한쪽으로 치워놓는다고 하자. 도덕판단들은—저것은 부당하다, 저것은 비열하다와 같이 서로 다른 것들은—실제로 동일한 정서의 표현들일 뿐이고, 이들은 그 외부에 있는 상이한 규칙들의 적용에 의해 촉발된다는 사실에 의해서만 서로 구별된다. 나의 핵심은 이것이다. 도덕판단인 정서를 촉발시키는 규칙들을 우리가 의식한다면, 우리는 그 규칙들을 평가할 위치에 있는 것이고, 우리가 그 규칙들을 어떻게 평가하는가—관용이나 정의가 무엇인가, 그 효과가 무엇인가 등등에 대해—는 우리가 어떤 믿음들을 갖는가에 의존할 수 있는 것으로 보인다. 그렇다면 '도덕판단은 정확히 정서다.'라는 프린츠의 주장을 우리가 수용할지라도, 이로부터 '도덕판단은 믿음의 변화에 민감하지 않다.'는 점이 도출되지 못한다.

도덕적으로 중대한 틀린—사실적 주장이 잘못된 대중폭력에서 중요한 역할을 전형적으로 수행한다는 사회적·도덕적 인식론의 가정을 지지하는 방식에는 두 가지가 있다. 첫째, 내가 행한 것처럼 이 가정을 부정하려고 하는 경험적 발견 사실, 혹은 경험적 기반을 가진 철학이론은 그렇게 하는 데 실패한다고 주장하는 것이다. 둘째, 경험적으로 접근하면서 다음과 같은 사실을 입증하는 것이다. 잘못된 대중폭력을 성공적으로 일으키는 사람들은 언제나 폭행의 근거를 마련하기 위해 틀린—사실적 믿음을 주입시키려고 노력하며, 이런 믿음은 거의 예외가 없는 도덕적 원칙과 결합함으로써 가공할 만한 행위를 정당화시킨다.

간단히 역사적 사례에 의거함으로써 우리는 다음과 같이 주장할 수 있다. 잘못된 대중폭력을 성공적으로 일으키는 사람들은 자신의 목적에 충분하리만큼 정확하게 통속 심리학을 이용한다. 겉보기와 다르게, 틀린 믿음이 그릇된 대중폭력에서 별로 중대한 역할을 수행하지 못한다(따라서 살인적인 선전 기술자라고 우리가 생각하는 이들이 실제로는 착각에 빠져있고 완전히 무력하다)는 점을 납득시킬 증거가 없다면, '겉으로 그런 것처럼 보이는 것은 실제로 그러하다.'라고 결론을 내리는 것이 설득적일 것 같다. 앞서 제시한 목록에 들어 있는 틀린-사실적 믿음은 잘못된 대중폭력을 유발하거나, 최소한 지속시키는 데 있어서 어떤 의미 있는 역할을 전형적으로 수행한다.

더 긍정적으로 설득력 있는 주장으로 다음과 같이 내놓을 수 있다. 잘못된 대중폭력은 때때로, 도덕적으로 중대한 틀린-사실적 믿음의 교정이 중요한 요인이었을 것으로 보이는 전략에 의해서 성공적으로 감소되었다. 이런 사례들 중에서 자료가 가장 잘 정리된 것이 영국의 노예폐지운동이다. 폐지론자들이 펼친 정교한 사회적, 정치적 동원 전략에서 중요한 역할을 수행한 것은 사람들의 믿음을 변화시키려는 노력이었다. 이런 믿음에는 여러 가지 종류가 있었다. 첫째, 아프리카인의 자연적 특성으로 간주했던 믿음, 특히 아프리카인은 합리적 존재가 아니라는 믿음이다. 둘째, 고통의 감정이나 잘삶(well-being)의 능력에 관한 믿음이다. 특히 노예가 된 사람들은 극심한 고통을 느끼지 않는다는 믿음 그리고 노예상태일지라도 비교적 행복한 사람이라는 믿음이다. 셋째, 노예무역이 타인에게 미치는 효과에 관한 믿음이다. 특히 폐지론자들은 노예무역이 노예를 실어 나르는 선원들의 잘삶에 해로운 영향을 미친다는 증거를 아주 상세하게 제시했다.[22]

이 모든 측면에서 놀라울 정도로 성공한 그들의 전략에서 전제가 되었던 것은 다음과 같은 가정이다. 틀린-사실적 믿음은 부도덕한 행위가 처음 촉발되는 시점에서 중대한 역할을 수행했거나 하지 않았거나와 관계없이 부도덕한 행위가 지속되도록 조장한다. 이와 비슷하게 동물이 사육되거나 식용으로 도살되는 끔찍한 상황에 관한 학습은 동물의 고통 감정에 관한 과학적 정보와 결합될 경우, 최소한 일부 사람들의 도덕판단과 도덕행동에 변화를 일으키는 것 같다.

장애물

내가 판단하기에, 사회적·도덕적 인식론의 가르침에 따른 교육 개혁에는 다음의 세 가지 주요 장애물이 있다.

첫째, 인간의 **인식론적 의존성**을 과소평가하는 경향이 보편적이지는 않아도 광범위하게 나타난다는 것이다. 인간은 자신의 믿음을 형성하거나 유지할 때 실제로 그렇게 하는 것보다 훨씬 더 독립적으로, 훨씬 더 합리적으로 한다고 자기 스스로 생각하는 경향이 있다.[23] 이런 착각이 없어지기 전까지는 사람들에게 '교육이 사회적·도덕적·인식론을 심각하게 고려해야 한다.'는 점을 납득시키기가 어려울 것이다.

둘째, 믿음의 윤리학이 도덕적 삶의 핵심이라는 점을 인습적 도덕과 철학적 윤리학이 제대로 깨닫지 못했다는 사실이다. 인간의 행동이 인간의 믿음에 얼마나 의존하는가를 놓고 볼 때, 개인의 인식론적 미덕이나 혹은 개인의 도덕적 수행이 그의 인식론적 수행에 크게 의존한다는 점은 놀랍게도 그다지 강조되지 못했다. 따라서 사회적·도덕적 인식론에 비추어 교육을 다시 생각하려면 먼저 도덕부터 다시 생각할 필요가 있다.

셋째, 너무 많은 사람이 애국심을 마치 **침묵의 음모**에 가담하는 일, 다시 말해서 자기 나라가 잘못을 저질렀음에도 불구하고 최소한 공적으로, 특히 정치적으로 인정하기를 거부하는 일이라고 착각한다. 이런 경향은, 미국 공립학교의 역사 교과서에서 아주 편파적인 부분을 덜 편파적인 방향으로 다시 쓰려는 아주 작은 시도에 대한 극렬한 정치적 저항에서 너무나 분명하게 나타났다. 내 생각에는 우리 중에서 대다수는, 자신이 저지른 잘못을 인정하지 않는 사람을 가리켜 덕이 없는 사람이라고 말하기보다는 사이코, 파렴치범, 얼간이, 겁쟁이라고 말하는 것에 동의할 것이다. 그럼에도 불구하고, 이런 점을 집단적 차원에서는 오히려 부정하는 편이 적절하다고 생각하는 사람들이 많은 것 같다.

내가 보기에, 자기 나라에 대한 비판을 비-애국적이라고 간주하는 사람들을 지배하는 것은 비겁(cowardice)이라는 악덕이다. 아마 이런 사람들은 자기 나라에 대한 자신의 신봉이, 혹은 자기 나라에 소속됨을 귀중하게 느끼는 감정이, 진실이라는 냉정한 빛에 비추고 나면 사라질 것이라고 상당히 두려워한다. 또한 어떤 사람들은 그것을 인정할 경우에 자기 나라에 대한 지지가 참담하게 사라질 것을 두려워하기 때문에 인정하기를 꺼려한다. 이와 같은 예측은 역설적으로 자기 나라의 장점과 단결력에 대한 과소평가를 오히려 드러내는 것 같다.

이런 현상의 심리적 뿌리에 대한 적합한 진단이 어떤 것인가에 관계없이, 자기 나라의 잘못을 인정하지 않는 것을 애국심이라는 미덕의 중요한 요소로 생각하는 것으로 보이는 사람들이 실제로 많다. 이런 사람들은 겉보기에 전혀 설득력이 없는 혹은 최소한 증거가 제대로 뒷받침되지 못하는 '사실적 믿음'에, 다시 말해서 사회가 자체의 성격에 대해 체계적으로 기만하지 않으면 번영할 수 없다는 '사실적 믿음'에 사로잡혀 있을지 모른다. 집단적 과오를 인정하는 사회가 붕괴한다는 증거가 있는지를 나는 모르지만, 집단적 과오의 인정이 치명적 사회혼란을 일으키는 것은 아니라는 증거가 있음을 나는 알고 있다. 독일이 제3공화국의 공포정치를 인정하고 또 밝히려고 계속해서 노력했다는 것은 칭찬받을 만한 사례다.[24] 남아프리카공화국과 같은 나라에서도 진실과 화해의 과정은 사회를 분열시키기보다는 위험한 상처의 치유를 위해서 오히려 도움을 준 것으로 보인다.

맺음말

나는 지식인으로서의 인간의 한계에 대해서 그간 축적된 지식에 비추어 교육이 혁신되어야 한다고 주장한다. 교육계는 그간 축적된 두 가지 종류의 지식, 즉 ① 정상적 인지의 한계에 대한 경험적 연구, ② 인간의 사회인식론적 의존성의 장점과 위험을 강조하는 사회적 인식론의 연구에 유념해야 한다.

끝으로 나는 다음과 같이 주장했다. 잘못된 대중폭력이라는 심각한 문제를 놓고 볼 때, 사회적 · 도덕적 인식론의 기본적 통찰에 비추어 교육을 혁신해야 할 근거는 확실하다. 엄청난 도덕적, 타산적 위험을 수반하는 '틀린−사실적 믿음'의 부류를 고취시키고 유포하고 유지하는 역할을 하는 사회적 실천에 대해서 비판적 관심을 집중시켜야 한다.

1) 어떤 경우에 휴리스틱(heuristics)은 인지적 한계를 극복하려는 적용처럼 보인다.
2) 대표성 휴리스틱(representativeness heuristics)을 사용하는 것은 다음과 같이 개연성을 판단하는 것이다. 개인이 X임과 정상적으로 연관된 특성을 갖는다는 사실에 바탕을 두고—그러나 X(예: Y나 Z와 반대되는)의 발생이 전체 인구 속에서 얼마나 빈번한가를 무시해버린 채, 즉 기저율(base rates)을 무시해버린 채—어떤 개인이 X(예: 버스기사나 경찰에 반대되는 회계사)일 개연성을 판단하는 것이다.
3) 골드먼(Goldman, 1999).
4) 대리인(principal-agent) 이론이 사회적 인식론에서 유익하게 사용될 수 있는 정도에 대한 탐색으로는 뷰캐넌(Buchanan, 미출간 원고)을 참조.
5) 골드먼(Goldman, 1999)은 그의 책 마지막 장에서, 교육에 있어서 초심자-전문가 문제를 간략하게 논의한다. 또한 그는 거기서 포스트모더니스트 교육관에 대항하여 자신의 진리적(veristic), 사회적 인식론을 옹호한다.
6) 지구가 생겨난 것이 10만 년도 안 된다고 믿는 사람들이 미국인의 30%가 된다는 조사는 다윈을 추종하는 진화론적 생물학자들의 전문성을 제대로 이해하지 못한 사람이 엄청나게 많다는 점을 시사한다.
7) 키처(Kitcher, 2011)에 따르면, 일반 대중의 대표자가 '과학이 어떻게 움직이는가'에 대해서—과학 내부의 견해를 제공하는 과학자로부터—가르침을 받을 수 있는 새로운 사회적 실천이 필요하다. 주류 과학이 불신을 받고 있는 환경에서 바로 이 불신하는 환경을 없애려는 방안이 과연 얼마나 효과적일까에 대해 나는 회의적이다. 주류 과학에 대해 회의적인 사람들은 그런 가르침의 과정을 신뢰할 것 같지도 않고, 일반 시민의 대표자를 포함시키려는 시도는 일부 개인들로 하여금 그런 과정을 중단시키거나 그것을 정치적 무대로 악용하기 위해서 그 과정에 참여하게 하는 결과를 낳을 것이다.
8) 사회적 · 도덕적 인식론이라는 아이디어의 발전에 대해서는 뷰캐넌(Buchanan, 2004, 2010)을 참조.
9) 예를 들어, 역사학자 쿤즈(Koonz, 2003, pp. 26-130)가 강력한 근거를 바탕으로 주장했듯이, 나치의 만행에 대한 참여는 도덕적 동기에서 행해진 경우가 적지 않았고, 나치 특히 친위대의 교화는 아주 심각하게 전도된 도덕성을 고취시켰다.
10) 허슈펠드(Hirschfeld, 1996)와 스미스(Smith, 2011).
11) 스미스(Smith, 2011, p. 119) 그리고 특히 허슈펠드(Hirschfeld, 1996).
12) 루카스(Lucas, 2009, pp. 237-258).
13) 글로버(Glover, 2000).
14) 베버(Weber, 1976). 미국 공립학교의 대중적 역사 교과서가 어떻게 역사를 거짓으로 만들었는가에 대한 매력적 연구는 뢰벤(Loewen, 2007)을 참조.
15) 미국에서 공립학교 역사 교과서의 수정 작업에 관한, 소위 문화전쟁 논란의 역사에 대해서는 내시, 크랩트리, 던(Nash, Crabtree, & Dunn, 1997)을 참조. 미국의

공립학교 역사 교과서가 정치적, 문화적 맥락의 변화에 따라 어떻게 수정되었는 가에 관한 매력적 연구는 피츠제럴드(Fitzgerald, 1979)를 참조. 피츠제럴드는 뢰벤과 비슷하게, 어떻게 역사 교과서가 공통적으로 '시민성'과 '애국심'과 같은 가치를 고취시키고, 진리를 희생시키면서까지 미국의 예외주의에 대한 모호한 믿음을 고취시켰는가를 자료를 통해서 밝혀 준다.

16) 데이비스(Davies, 2007)는 독일 제3공화국을 패퇴시킨 것에 대한 서구 연합군과 소련의 상대적 기여도에 대해서 미국과 영국의 일반 국민이 얼마나 오해하는가를 자료를 통해서 밝혀 준다.

17) 예외적으로 사회적 인식론의 접근에 더 가까운 비판적 사고의 텍스트가 있다. 예를 들어, 펠드먼(Feldman, 1999)과 고비어(Govier, 1997)가 있다.

18) 뷰캐넌(Buchanan, 2004).

19) 자유민주주의 국가에서 우생학 운동에 사회적 · 도덕적 인식론이라는 아이디어를 적용한 것은 뷰캐넌(Buchanan, 2007, pp. 22-45)이다.

20) 하이트(Haidt, 2001, pp. 814-834).

21) 프린츠(Prinz, 2007, 2004a, 2004b).

22) 호흐실드(Hochschild, 2005).

23) 뷰캐넌(Buchanan, 2002, pp. 126-152).

24) 공적 정직성의 여건 속에서 국가가 살아남을 수 없다는 교조적 믿음은, 보수주의자들의 사고에서 흔히 나타나는 보다 일반적인 신조의 한 가지 적용 사례에 불과하다. 꾸준히 지속되지만 놀라우리만큼 증거가 없는 믿음은 다음과 같은 것이다. 사회는, 대다수 사람이 아무런 생각이 없이 그저 사회적 규범에 복종하고, 권위를 별로 의문시하지 않고, 사회질서의 현실적 기능을 의식적으로 탐색하는 사람들이 많지 않아야 제대로 살아남을 수 있는 허약하고 엉성한 망이다.

참고문헌

Buchanan Allen. "Principal-Agent Theory and Social Epistemology" unpublished paper.

Buchanan Allen (2002). "Social Moral Epistemology." *Social Philosophy and Policy* 19, no. 2: 126-152.

Buchanan Allen (2004). "Political Leberalism and Social Epistemology." *Philosophy and Public Affairs* 32, no. 2: 95-130.

Buchanan Allen (2007). "Institutions, Beliefs, and Ethics: Eugenics, as a Case Study." *Journal of Political Philosophy* 15, no. 1: 22-45.

Buchanan Allen (2010). "Social Moral Epistemology and the Tasks of Ethics" in *Ethics and Humanity: Themes from the Philosophy of Jonathan*

Glover, ed. N. Ann Davis, Richard Keshen, and Jeff McMahan (Oxford: Oxford University Press).

Davies Norman (2007). *No Simple Victory: World War II in Europe*, 1939–1945 (New York: Viking Press).

Feldman Richard (1999). *Reason and Argument*, 2nd ed. (Upper Saddle River, NJ: Prentice Hall).

Fitzgerald Frances (1979). *America Revised: History Schoolbooks in the Twentieth Century* (Boston Little, Brown).

Glover Jonathan (2000). *Humanity: A Moral History of the Twentieth Century* (New Heaven, CT: Yale University Press). 김선욱, 이양수 역 (2008). 휴머니티: 20세기의 폭력과 새로운 도덕. 서울: 문예출판사.

Goldman Alvin I. (1999). *Knowledge in a Social World* (Oxford: Oxford University Press).

Govier Trudy (1997). *A Practical Study of Argument*, 4th ed. (Belmont, CA: Wadsworth).

Haidt John (2001). "The Emotional Dog, and Its Rational Trail: A Social Institutionist Approach to Moral Judgment." *Psychological Review* 108, no 4: 814–834.

Hirschfeld Lawrence A. (1996). *Race in the Making: Cognition, Culture and the Child's Construction of Human Kinds* (Cambridge, MA: MIT Press).

Hochschild Adam (2005). *Bury the Chains: Prophets and Rebels in the Fight to Free an Empire's Slaves*, (New York: Houghton Mifflin).

Kitcher Philip (2011). *Science in a Democratic Society* (Amherst, NY: Prometheus Books).

Koonz Claudia (2003). *The Nazi Conscience* (Cambridge, MA: Belknap Press of the Harvard University Press, especially 26–130).

Loewen James W. (2007). *Lies My Teacher Told Me: Everything Your American History Textbook Got Wrong* (New York: Simon & Schuster).

Lucas Scott C. (2009). "Justifying Gender Inequality in the Shafi'i Law School: Two Case Studies of Muslim Legal Reasoning." *Journal of the American Oriental Society* 129, no. 2: 237–258.

Nash Gary, Crabtree Charlotte, & Dunn Ross (1997). *History On Trial:*

Culture, Wars and the Teaching of the Past (New York: Knopf).

Prinz Jesse (2004a). *Reaction: A Perceptual Theory of Emotion* (New York: New York University Press).

Prinz Jesse (2004b). *Furnishing the Mind: Concepts and Their Perceptual Basis* (Cambridge, MA: MIT Press).

Prinz Jesse (2007). *The Emotional Construction of Morals* (Oxford: Oxford University Press).

Smith David Livingston (2011). *Less than Human: Why We Demean, Enslave, and Exterminate Others* (New York: St. Martin's Press).

Weber Eugen (1976). *Peasants into Frenchmen* (Stanford, CA: Stanford University Press).

제7장

고등교육에서 정의롭지 못한 역사 바로 세우기

라이어널 K. 맥퍼슨(Lionel K. McPherson)

대학, 자유, 정의

미국의 주요 고등교육기관은 주로 백인 중심이고 세속적인데, 흔히 '자유주의'의 보루로 간주된다. 자유주의의 이상은 성별, 피부색, 신앙, 국적을 초월한 인간의 도덕적, 정치적 평등에 대한 믿음, 이성에 기반을 둔 탐구와 논변의 방법에 대한 신봉, 종교적, 정치적 권위로부터 지적, 창조적 독립, 맹목적 자기이익이 아닌 공정과 사회경제적 불평등에 대한 관심 등이라고 할 수 있다. 1960년대의 사회적 격변 이후 주요 고등교육기관은 진보적 변화의 터전으로 간주되었다. 물론 지난 25년 간 대학 캠퍼스에 살았던 사람들은 대학이 결코 급진주의의 온상이 아님을 확언할 수 있다. 그럼에도 불구하고 교수와 학생은 미국인 전체에 비해서 더 자유주의적이라고 말할지라도 무리는 아닐 것이다.[1)]

이와 동시에 주요 고등교육기관은 인종적 정의(racial justice)로 나아가는 길을 거의 선도하지 못했다. 이런 주장은 대중의 지각과 상반된다. 미국 흑인을 위한 소수집단 우대 조치(affirmative action)가 끊임없이 감시를 받고 있는 상황에서 미국 대학은 좋건 나쁘건 간에 인종적 진보를 우선시하려고 노력하는 곳처럼 보인다. 이런 생각은 착각이다. 주요 고등교육기관은 흑인차별적인 실천을 가능하게 만들었고, 그 결과 인종적 불평등은 미국 사회에 지속적으로 형성되고 있다. 역사적으로 백인 중심 대학은 인종적 불의(racial injustice)에 연루되었던 점을 시정하기는커녕, 이런 점을 인정하는 데에서도 대체로 실패했다. 탈-인종주의적 상태에 근접했다고 칭송받는 시기에, 백인 중심 대학이 미국 흑인에 대해 시정의 책임을 진다는 것은 그 어느 때보다 긴급한 일이다. 여기서 책임을 이야기하는 이유는 과거-지향적 비난을 퍼붓기 위해서가 아니며, 인종적 불평등을 축소시켜야 할 모든 짐을 흑인과 무관한 것처럼 만들어 버리기 위해서도 아니다. 오히려 나는 일반적으로는, 인종적으로 정의로운 사회를 그리고 특수하게는, 인종적으로 정의로운 고등교육을 도모하기 위한 미래지향적 조치를 옹호하는 논변—고등교육의 영역을 포함해서 반-흑인적인 인종적 불의의 유산에 기초한 논변—을 제시할 것이다.

정의의 이론, 불평등의 현실

정치철학에서는 이상적 이론과 비-이상적 이론(non-ideal theory)을 구분한다. 이상적 이론의 가정은 사회구성원들이 사회적, 정치적 제도의 정의를 위한 원칙에 도달할 수 있고 지킬 수 있다는 것이다. 따라서 이상적 이론이 제공하는 모델에서 정의의 원칙은 평범한 정도의 불합리, 이기심, 무관심 등에 의해서 영향을 받지 않는다. 물론, 이런 요인들은 정의의 원칙의 시행 혹은 효과를 저해할 것이다.[2] 이와 대조적으로 비-이상적 이론은 정의에 대한 실천적 장애물, 예를 들어 준수의 미흡, 정치적 의지의 부족, 부적절한 자원, 과거 불의의 유산 등에 대응하려는 것이다. 따라서 비-이상적 이론에서는 이상적 이론의 원칙이 요청하는 바에서 벗어나는 것도 허용될수 있다. 예를 들어, 이상적 이론에서는 개인의 인종적 정체성 때문에 이득을 보거나 부담(burden)을 지거나 하면 안 된다고 주장할 것이다. 그러나 비-이상적 이론에서는 사회집단이 인종적 정체성 때문에 부당한 부담을 지거나 부당한 이득을 보거나 했을 때, 부담과 이득의 불공평한 분배를 바로잡는 데 도움을 줄 수 있는 인종-의식적 정책의 시행을 허용할 것이다.

내가 이상적 이론의 가치를 부정하지 않는 이유는 이상적 이론이 정의의 목표에 관한 근본적인 지침을 제공할 수 있기 때문이다. 기회균등이 그런 목표 중 하나다. 존 롤스(John Rawls)의 정교한 **정치적 자유주의**(political liberalism)는 **형식적 기회균등**뿐만 아니라 **실질적 기회균등**을 지지한다. 그럼에도 롤스의 이상적 이론의 전통에서는 이상하게도 인종차별적인 사회현실에 대해 침묵으로 일관했다.[3] 따라서 미국에서 인종과 교육의 관계를 생각할 때 나는 이상적 이론을 버릴 것이다. 물론 나는 정의에 대한 정치적 자유주의의 접근이 대체로 자원과 기회의 평등주의적 분배를 강조하는 것이어서 더 좋아하기는 하지만, 여기에서 나의 논변은 정치적 자유주의와 특별히 연결되지 않는다. 또한 나는 분배적 정의에 대한 시정적인 (인종적) 정의의 우선성을 직접적으로 옹호하지 않는다. 정의에 대한 이런 여러 가지 접근은 각기 상이한 수준, 즉 비－이상적 수준과 이상적 수준에서 도입될 것이다.

만일 모든 사람이 **분배적 정의**(distributive justice)가 각자에게 부여하는 것을 갑자기 갖게 된다면 **시정적인 정의**(corrective justice)는 무의미한 문제가 되고 말 것이다. 이상적 원칙이 제대로 실현되었을 것이다. 그런데 이를 인정한다는 것은, 다음과 같은 생각을 수용하는 것과 별개다. 인종적으로 정의롭지 못했던 과거를 가지고 고민하는 것을 멈추고, 그 대신 현재의 분배적 정의를 목적으로 삼는 것이 더 좋을 것이다. 이상적 이론과 현실적 실천에서 분배적 정의가 논란이 될 수 있으며, 이것은 부당한 일이 아니다. 아무튼 가까운 장래에 미국에서 분배적 정의가 효력을 제대로 발휘하게 될 것 같지는 않다. 그 이전에 시정적인 정의가 수행해야 할 중요한 역할이 남아 있다.

시정적인 인종적 정의(corrective racial justice)에 집중하는 나의 관심은 비교적 자유롭다. 정의롭지 못한 역사 때문에 실질적인 부담을 계속해서 지고 살아가는 사회집단의 불리한 상황을 바로잡기 위해 시정적인 조치가 있어야 한다. 이런 점을 인식하기 위해서 분배적 정의에 대한 신봉이 구태여 필요한 것은 아니다. 게다가 **분배적 정의**—이 정의관을 대체로 거부하는 사회에서 그 의미가 무엇이건 관계없이—를 목표로 삼는 것과 시정적인 정의를 추구하는 것이 어떤 식으론가 서로 어긋난, 혹은 서로 관계없는 일이라는 생각도 나에게는 이상하게 느껴진다.[4] 수많은 사람이 인종적 불의의 유산 그리고 가능한 시정적인 조치에 관한 논의를 지겹게 생각하는 것처럼 보일지라도 이런 사실은, 그런 논의를 종결시켜야 할 마땅한 이유가 되지 못한다. 간단히 말해서, '시정적인 인종적 정의'에 대한 관심은 비-이상적 이론의 수준에서 생기는 것이며, 이상적 이론의 수준에서 나타나는 더 일반적 정의관과 부합될 수 있는 것이다.

내가 제기할 문제는 이중적으로 비-이상적이다. 미국은 여전히 실제로 극히 인종차별적인 사회임에도 불구하고, 이런 현실을 다루려는 일반인과 정치인의 욕구가 미약한 시대에 우리는 살고 있다. 여기서 쓸모 있는 질문은, '우리가 시정적인 정책의 가능한 형태를 상상할 수 있는가?'가 아니고, '우리가 일반인과 정치인의 지지에 의존하지 않아도 될 시정적인 실천을 개발할 수 있는가?'이다. 따라서 나는 주로 사립 고등교육기관을 염두에 둘 것이다. 왜냐하면 여기는 인종적 정의를 증진시키는 데 있어서 공적 후원이 필수조건이어야 할 필요가 없는 곳이기 때문이다. 예를 들어, 미시간 대학교—그루터 대 볼린저 사건(2003)과 그라츠 대 볼린저 사건(2003)을 통해서—는 '협소하게 다듬어진' 소수집단우대정책 프로그램을 허용한 연방대법원의 판결이, 미시간주의 유권자가 2006년도 투표에서 공공기관의 소수집단우대정책을 전면 금지하는 「의안 2호」를 통과시킴으로써 무의미하게 되었다. 물론 여러 주에서, 예를 들어 캘리포니아주에서는 유권자가 소수집단우대정책에 반대하는 「의안 209호 (1996)」를 통과시킴으로써 금지되어 버린 인종-의식적 정책의 효과가 외면적으로 인종-중립적 수단을 통해 일부 회복될 수 있었지만, 이것이 나의 논변의 핵심은 아니다. 사립 고등교육기관을 살펴보려는 나의 목적은 민주적 과정을 뒤집으려는 것이 아니다. 그것은 시정적인 정의의 실천을 가혹하게 가로막는 다수결의 혹은 합법적인 장벽을 비켜가기 위한 것이다.

미국은 법적으로 탈-인종적 방향으로 나아가고 있다. 물론 증거로 본다면, 흑인에게 이롭다고 알려진 인종-의식적 정책과 비교해 볼 때, 외면적으로 인종-중립적인 방책은 훨씬 효과가 더 적을 때가 있을 것으로 보인다.[5] '법적으로 탈-인종적'이라는 말은 인종차별이 공공 영역에서 금지될 뿐만 아니라 공공 영역에서 인종적 정체성이 법적으로 관련이 없는 것으로 간주된다는 뜻이다. 법적으로 탈-인종적인 사회일지라도 사회적으로 탈-인종적이지 않을 수 있다. 법적 탈-인종주의의 일부 옹호자들은 그런 가능성에 대해서 무심하다. 그 이유는, 그들이 헌법적 원칙으로 혹은 도덕적 원칙으로 인용하는 것은 역사적으로 현 시점에서 법의 영역을 압도하고 있는 피부색 중립성(color blindness)이기 때문이다.

법적 탈-인종주의의 또 다른 옹호자들에 따르면, 오늘날 혹은 앞으로 인종적 진보(racial progress)로 나아갈 수 있는 최선의 길은 공적인 **피부색 중립성**(public color blindness)일 수밖에 없다고 한다. 이처럼 보다 실용적인 제안에서 허용할 수 있는 점은, 법률은 피부색 중립성의 방향으로 강력하게 가야 하지만, 제한된 기간에는 인종-의식적 정책의 극히 제한된 역할이 적절할 수 있다는 것이다. 연방대법원의 오코너(Sandra Day O'Connor) 판사는 그루터(Grutter) 사건의 다수 의견에서 "우리가 기대하는 바, 25년 후에는 오늘날 긍정되고 있는 이익(즉, 인종적 다양성의 교육적 이득)을 증진시키기 위해 사용하는 인종적 선호가 불필요하게 될 것이다."라고 말한다.[6] 그렇지만 법적 탈-인종주의를 지향하는 이런 유형의 태도는 시정적인 인종-의식적 정책을 시간상으로 혹은 공간상으로 제한시키는 기반이 될 원칙에 관한 토론을 비켜가 버린다. 결국에는 다른 조건이 동일한 경우 법률상 탈-인종적인 사회가 더 정의로운 사회라는 점을 부정할 사람은 거의 없어질 것이다. 분명한 것은 불평등하고 정의롭지 못한 상황에 대한 한 가지 반응은 인종-의식적 정책이어야 한다는 점이다.

인종을 자신의 삶의 한 요인으로, 혹은 최소한 사회적 불평등의 패턴을 가리키는 유용한 프록시(proxy)로 더 이상 취급하지 않는 사람들과 더불어 미국이 탈-인종적 사회로 변하고 있다는 생각은 어떤 열망을 대변할 뿐이고, 현실은 결코 그렇지 않다. 오코너 판사는 대법관에서 물러난 후 그 점을 인정했다. 초·중등교육에서 지속적으로 나타나는 인종 간의 성취격차를 고민했던 그녀는 "25년 후에 대한 기대는 2028년의 소수집단우대정책 프로그램에 대한 도전을 전담하는 책임을 갖게 될 법관을 결코 구속하지 못한다."고 밝히고 있다. 왜냐하면 그녀가 보기에, 법적 과제에 포함되는 일은 "추상적인 헌법적 원칙을 구체적인 교육적 노력에 적용시키는 것"이기 때문이다.[7] 더 폭넓게 살펴보면, 인종적 정체성(racial identity)에는 여전히 소득, 가족재산, 보건, 교육 측면에서 심각한 격차가 따라다니고, 흑인은 여전히 평균적으로 백인에 비해 훨씬 뒤떨어지고, 미국 흑인은 현저하게 분리된 거주 공간에 살면서 이를 계속해서 경험한다.[8] 법적 과정의 형식성 그리고 인종에 관한 공적 담론의 복잡성은 인종차별적 사회를 그대로 방치해 왔다. 어떻게 설명할지라도, 미국에서 인종적 정체성이 여전히 중요한 것임은 부정할 수 없다.

'법적으로 탈-인종적인 사회'와 '사회적으로 탈-인종적인 사회'의 구별은 긍정적 변화를 향한 도전을 밝히는 데 도움이 된다. 만일 인종적 정체성이 공적 영역에서 외형적인 차별단속 이상의 차원에서 여전히 중요한 것이라면, 우리가 진지하게 고려하기를 원하게 될 것은, 교육에서의 인종적 불평등은 법적 지원을 요구하는 조치를 통해서는 바로잡힐 수 없다는 점이다. 현재의 공적 분위기는 연방대법원의 로버츠(John Roberts) 판사가 주장한 것과 유사하다. "인종에 기초한 차별을 정지시키는 길은 인종에 기초한 차별을 멈추는 것이다."[9] 로버츠 판사는 공립학교에서 추진하는 인종 간 통합에 '납득할 만한 국가(주)의 이익'이 담겨 있다는 생각을 부정한 대법원의 다수 의견 편에서 그런 주장을 하면서도, 그것을 뒷받침해 줄 증거나 논변을 전혀 인용하지 않았다. 이런 점에서 그의 주장은 이데올로기에 기대는 것일 뿐, 경험적 사실이나 가설에 기댄 말이 아니다. 로버츠 법정은 그루터(Grutter) 사건을 재심하는 과정에 있고, 피셔 대 텍사스 대학(오스틴)(Fisher v. University of Texas at Austin) 사건에서 계류 중인 판결에 따라서 고등교육의 소수집단우대정책을 더 약화시킬 것으로 예상된다.

나는 사법적 과정이나 입법적 과정을 통해 인종적 정의를 증진시키는 길에는 얻을 것이 별로 없을 것이라는 가정에서 출발한다. 나

제7장 · 고등교육에서 정의롭지 못한 역사 바로 세우기

의 접근은, 합법적 전술과 대중의 도덕적 감성을 강조하는 시민권 운동의 표준을 따르기보다는 의미 있는 차이를 낳을 것으로 기대되는 경우 차라리 도덕적 양심과 선한 믿음에 호소한다.[10] 기회균등의 강력한 실천이야말로 특정 사회집단에 계속해서 과도한 짐을 지우는 역사적 불의에 대한 반응으로서 특별히 보장받는 길이다. 나의 사례연구가 미국 흑인이지만, 다른 사회집단이 겪은 역사적 불의는 오늘날 관계가 없거나 중요하지 않다는 암시는 없다.

계속되는 논의에서 나의 주장은 다음과 같다. 미국의 주요 고등교육기관은 흑인의 인종적 정의를 증진시켜야 할 특별한 도덕적 책임을 갖는다. 이 주장은 미국의 주요 고등교육기관 전체에 다양한 방식으로 적용되겠지만, 시정적인 인종-의식적 조치를 위한 주요 기관은 사립대학교가 될 것이다. 나의 작업가설에 따르면, 인종적 불의의 유산은 흑인의 사회경제적 불이익의 중대한 근본 원인이다. 아프리카계 인간들이 타고난 열등함 때문에 불이익을 쉽게 겪는 것은 '자연적인' 일이라고 보는 사변(speculation), 혹은 미국 흑인의 사회경제적 불이익의 독립된 근원은 그들의 문화적 역기능에 있다고 보는 사변은 여기서 다루지 않겠다. 나는 흑인들의 교육적 진보가 대학의 개입을 통해 진전될 수 있는 방안을 암암리에 '엘리트' 대학교에 집중해서 제안할 것이다. 이렇게 하는 이유는 그런 대학에 가용자원이 더 많고 또 사회경제적 소득을 위해 더 안정된 통로를 제공할 가능성이 더 크기 때문이다.[11] 그럼에도 불구하고 이런 제안에서 적절한 자원을 갖고 있고, 인종-의식적 조치를 금지하는 주 법률과 같은 지역별 법적 장애를 해소할 수 있는 비-엘리트 대학은 제외되지 않는다.

대학의 역사와 차별정책

고등교육은 단순히 반-흑인 인종적 불의가 발생한 여러 기관 중 하나였던 것만은 아니다. 오히려 주요 고등교육기관은 인종차별 사태가 발생하게 만드는 데 주된 역할을 수행했다. 20세기에 들어와서도 역사적으로 백인 중심 대학은 인종차별주의 규범을 적용하였고, 소수의 자격 있는 흑인들의 대학등록을 늘 절대적으로 방해하지는 않았어도 좌절시켰다. 이것은 논란의 여지가 없는 주장으로 보아야 한다. 만일 주요 고등교육기관에서 인종차별주의 규범이 시행되지 않았다면 역사적으로 흑인 중심 대학(historically black colleges and universities: HBCUs)은 아예 필요하지 않았을 것이다. 인종적 카스트 제도가 필연적으로 자원이 부족하고 불평등한 흑인 기관으로 이어졌음을 인정한다고 할지라도, 대부분의 자격 있는 미국 흑인들에게 접근조차 불가능했던 고등교육의 기회를 제공해 주었던 역사적으로 흑인 중심 대학의 가치를 폄하하는 것은 아니다.

민권법이 통과된 1964년 이전까지 대다수 흑인은 분명한 이유 때문에 고등교육을 받을 수 없었다. 대다수 흑인의 기본교육은 질적으로 열악했다. [이런 상황은 브라운 대 교육위원회(Brown v. Board of Education, 1954) 판결에 따라 공립학교에서 인종분리가 법적으로 금지된 지 50년이 더 지난 지금도 여전하다.[12]] 대체로 흑인을 위한 기회는 인종 때문에 제한되어 있다. 장기적 전망에서 바라보는 고등교육은 사회경제적 상황이 늘 불안정한 일반 흑인 가정에게는 모험이거나 접근이 불가능한 것으로 보였다. 따라서 주요 고등교육기관이 인종적으로 배타적이지 않았을지라도, 미국 흑인들이 대학에 가는 비율은 현저하게 낮을 수밖에 없었을 것이다. 그렇다고 해서 역사적으로 백인 중심 대학이 흑인들의 불이익의 존속에 동조하는 도구적 역할을 하지 않았다는 뜻은 아니다.

「제대군인원호법(GI Bill)」을 살펴보자. 웹에서 미국재향군인국(U.S. Department of Veterans Affairs: VA)은 그 법을 가리켜서 다음과 같이 칭송한다. "이제까지 연방정부의 입법 중에서 가장 중요한 의미를 갖는 법으로 미국의 사회, 경제, 정치에 영향을 미쳤다."[13] 더 자세한 이야기가 이어진다. "[제2차 세계대전] 이전에 대학이나 주택은 대체로 일반 미국인에게 가망성 없는 꿈이었다. 노동시장으로 쏟아질 수백만의 미국인은 이 법의 덕택으로 교육을 선택했다. 절정기였던 1947년, 제대군인이 대학입학의 49%를 차지했다. 최초의 제대군인원호법이 종료된 1956년 7월 25일까지 1천 6백만 명의 제2차 세계대전 참전용사 중에서 7백 8십만 명이 교육 및 훈련 프로그램에 참여했고 …… 또 그 법의 가계대출보증을 이용한 사람은 수백만 명에 달했다."[14] 재향군인국은 그 법의 시행으로 나타난 인종적 변동사항을 언급조차 하지 않는다. 이를 알려면 학자들에게 눈을 돌려야 한다. "대학은 돈 많은 엘리트를 위한 훈련장에서 벗어나 백인 중산계급의 지속적 출현을 규정하고 보장하게 되었다. 그러나 흑인들은 이득이 있건 없건 대학학위 취득기회가 거의 없었기 때문에 흑인 중산계급은 뒤쫓아갈 수도 없었다. 그 법은 고등교육에서 계급 장벽은 무너뜨렸을지 몰라도 인종 간의 비형평성은 줄이지 못했다."[15] 재향군인국의 웹에 들어 있는 「제대군인원호법」에 관한 이야기는 남성 흑인의 생애를 '군인-대학졸업-의사'의 3단계로 묘사하고, 이것을 그 프로그램의 대표적 혜택이라고 내세운다. 참 어처구니없는 이야기다.

글렌 알트슐러(Glenn Altschuler)와 스튜어트 블루민(Stuart Blumin)은 「제대군인원호법」의 시행에 대한 "가장 포괄적인 조사를 우리에게 제공하는 균형된 역사"에서 그 법을, 당시의 인종적 편견에 의해 억눌린 인종적 변화의 긍정적 도구라고 둘러댄다.[16] 그들에 의하면, 그 법은 "흑인이 그동안 경험한 것 중에서 가장 평등주의적이고 관대한 사업이었다. ……그럼에도 불구하고 압도적으로 다수의 수혜자가 백인이었으므로 ……「제대군인지원보호법」은 미국에서 인종적 격차를 줄이지 못했다."[17] 다시 말해서, 인종적 평등을 위해 실질적으로 기여한 것이 없었다는 뜻이다. 제2차 세계대전 이후의 중요한 시기에 그 법이 인종에 따라 상이한 영향을 미쳤다는 점을 어떻게 하면 더 구체적으로 설명할 수 있을까? 물론, 「제대군인원호법」은 인종-중립적 기반에서 형식적으로 동일한 혜택을 참전용사들에게 부여했지만, 각 주와 각 지역에서 실제로 시행되었던 그 법은 인종적으로 중립적이지 못했다. 1946년 무렵을 지배했던 요인은 여러 가지다. 「제대군인원호법」 자체에 의해 시행된 인종분리적인 정책, 흑인 학생들이 다니던 취약한 공립학교가 그들의 대학입시 준비에 부실했던 점, 남부와 북부에서 역사적으로 백인 중심 대학의 인종차별적인 입학정책, 역사적으로 흑인 중심 대학에 너무 많은 학생이 몰려서 많은 흑인 제대군인들이 직업훈련과 상업학교를 선택할 여지가 줄어든 점(흑인들에게 더욱더 적은 견습생 인원이 배정되었던 점), 일반적으로 참전 군인들에게 제공되었던 저리 주택융자 대출이 그들에게는 거의 불가능했던 점.[18]

경제학자인 세라 터너(Sarah Turner)와 존 바운드(John Bound)의 주장에 따르면, 「제대군인원호법」은 총체적으로 흑인과 백인 간의 "경제적, 교육적 격차를 줄이기보다는 오히려 악화시켰다."[19] 다시 말하면, 그 법은 흑인들이 받는 혜택까지 삼켜 버린 백인들에게 불균형적으로 혜택이 돌아가게 만들었다. 터너와 바운드의 분석은 그 원인을 주로 미국 남부의 인종차별에서 찾는다. 제2차 세계대전이 끝날 무렵 미국 남부에는 전체 흑인 인구의 80% 정도가 살고 있었다. 종국적으로 대다수의 흑인 제대군인에게 "제2차 세계대전 참전과 연관된 교육적 이득 및 제대군인 혜택의 이용 가능성은 거의 제로였다."[20] 안정된 중산계급으로 수백만의 백인이 올라갈 때 흑인의 수는 훨씬 더 적었다. 경제발전이 정점에 이르렀을 때 교육 및 (연방정부가 지원했던) 주택 마련에서 흑인은 집단적으로 비교적 미미한 성과를 얻었다는 자료가 가리키는 결론은, 흑인이 백인보다 훨씬 더 뒤처지고 말았다는 것이다.[21] 「제대군인원호법」이 미국 흑인을 살려내지 못했다는 것은 놀라운 일도 아니다.

「제대군인원호법」의 역사에서 끌어내야 할 더 큰 교훈이 남아 있다. 터너와 바운드가 지적했듯이, 학교선택론의 옹호자들이 바우처의 동기를 말할 때 그 법의 성공사례를 자주 인용하는데 이들의 생각과는 다르게, 그 법은 '지역에서 시행된 연방정부 사업'이 어떻게 해서 불평등한 접근을 낳을 수 있는지를 보여 주는 한 가지 사례다.[22] 이것은 교육정책에 대해 제기할 수 있는 흥미롭고 중요한 사항이지만, 내가 지금 강조하고 싶은 점은 인종차별적 불평등이 끼친 해악에 관한 또 다른 교훈이다. 학자들은 그 법이 흑인에게 얼마나 나쁜 법이 되고 말았는지를 과소평가했다. 예컨대, 아이라 카츠넬슨(Ira Katznelson)은 다음과 같이 결론을 내린다.

「제대군인원호법」이 자격 있는 아프리카계 미국인에게 1940년대 초에 상상할 수 있었던 것보다 더 많은 혜택과 기회를 제공했다는 점에는 논란의 여지가 없을 것이다. 그러나 그 법과 그 프로그램이 조직되고 운영되었던 방식 그리고 그 법이 생겨나게 만들었던 더욱 거대한 차별의 맥락에 그것이 곧바로 적응했던 방식은, 뉴딜 시기의 그 어떤 프로그램보다 더 인종-분리적인, 어쩌면 더 잔인한 실천을 낳았다. 그 법의 실행은 공정한 대우라는 약속을 우롱했다. 아프리카계 미국인에 대한 차별적 대우는 헌법이 강력하게 약속한 평등주의를 단칼에 베어 버렸고, 이 나라의 거대한 인종 간 격차를 심각할 정도로 악화시켜 버렸다.[23]

인종 간 불평등 대우에 대한 이런 강조에서도 감추어진 더 중요한 사항이 있다. 「제대군인지원보호법」은 흑인집단을 백인집단에 비해 더 열등한 것으로 만들고 말았다.

그 법의 시행을 비판한 사람들 중에는 흑인의 밝은 미래를 암시한 사람이 있는데 카츠넬슨도 그중 하나였다. 알트슐러와 블루민은, 그 법이 '사실상 백인을 위한 우대정책'이었음을 인정하면서도 "유리잔에 물이 절반은 차 있다.”[24]고 주장한 점에서는 카츠넬슨과 똑같다. 터너와 바운드가 보기에, “흑인 참전용사에게 주어진 혜택은 미국 남부지역 이외의 대학에 들어갈 수 있었던 [소수의] 흑인의 교육적 성취에 실질적으로 긍정적 영향을 미쳤다.”[25] 힐러리 허볼드 (Hilary Herbold)는 더 큰 이득을 거기서 보았다. “GI Bill은 미국 대학체제를 감싸고 있는 인종차별주의의 벽에 균열을 일으켰다. 그 법은 백인 중심의 대학이 다수의 흑인을 받아들이도록 강제하였고, HBCUs의 교육과정의 다양화에 기여했으며, 흑인 중산계급의 점진적 성장을 위한 기반을 제공하는 데에도 기여했다.”[26] 나는 그 법이 흑인에게 다양한 이득을 주었음을 부정하지 않는다. 나는 다음과 같이 주장한다. 그런 이득은 실질적인 기회균등의 측면에서 백인과 비교한다면, 백인의 물질적인 특권이 민주화되고 또 확장됨으로써 흑인에게는 순손실이나 다름없는 것처럼 보인다.

불공정한 정책의 실천은 그 자체로서 정의롭지 못한 것이다. 그러나 「제대군인원호법」에 관한 문제는 더 심각하다. 인종 간의 거대한 사회경제적 격차는 실질적 기회균등을 위태롭게 만든다. 그 법은 이런 격차를 방조하고 또 악화시킴으로써 백인이 도시에서 그리고 통합 예정 지역에서 탈출하고, 경제적 효과를 통해서 혹은 그렇지 않은 경우에는 인종을 제한하는 ‘계약’을 통해서 인종 분리가 이루어진 교외로 빠져나가는 것을 지원하는 데 일조하고 말았다.[27] 물론, 그 법은 고등교육과 직업훈련에 대한 흑인의 접근을 지엽적으로 개선시킴으로써 종전의 기준에 비해 흑인이 경제적으로 향상하도록 이끌었지만, 흑인은 자원이 형편없는 초 · 중등학교에 남을 수 있었고 실제로 남고 말았다. 고등교육은 집단으로서 백인이 흑인에 비해 더 많은 기회를 갖게 만든 정책에서 부수적인 것이 결코 아니었다. 역사적으로 백인 중심 대학은 「제대군인원호법」의 실천과 그 파급효과의 한가운데에서 적극적으로 참여하였다.

시정적인 정의에 대한 요청

주요 고등교육기관은 인종적 정의에 대해서 대체로 안일한 처신을 보여 준다. 「제대군인원호법」의 사례처럼 이 안일한 처신은 법이 아닌 실천에서 인종차별적인 현상과 연루된 오랜 근원을 갖고 있다. 역사적으로 백인 중심 대학은 민권운동이 변화를 강제하기 전까지 인종차별적인 규범을 수용하였고, 또 인종적 불평등의 시류에 거의 편승함으로써 흑인에 대한 백인의 사회경제적 이익이 확대되고 공고화되는 과정에 동조하였다. 미국의 인종적 불평등이 견고해질 수 있었던 것은 대체로 부의 세습 그리고 일반교육과 고등교육으로 촉진된 기회 때문이었다. 주요 고등교육기관은 인종차별이 명시적으로 행해진 시대의 볼모라기보다는 오히려 그런 시대를 규정하고 또 백인 이익의 유산을 확보하는 데 공조했다고 봐야 한다.

이렇게 본다면 '안일한 처신'은 너무 관대한 표현일 것이다. 역사적으로 백인 중심 대학에서 인종-배타적 실천 때문에 입학이 가능한 몇 안 되는 흑인들의 인원도 축소되고 말았다. 이것은 고등교육을 사회진보의 수단으로 보는 자유주의와 명백히 상반된 일이었다. 다음과 같이 생각할 이유도 없다. 인종적으로 정의로운 사회가 어떤 것이고 또 어떻게 작동할 수 있는가를 모범적으로 보여 줌으로써 인종차별에 도전하는 뚜렷한 역할을 수행할 정도로 이런 고등교육기관—그의 지도자, 교수, 학생—이 좋은 상황에 있지 못했다. 놀랍게도 그들이 거의 그렇게 하지 않았다. 그렇다면 트루먼(Harry Truman) 대통령의 결정, 즉 1948년에 군대 통합이라는 행정명령을 내림으로써 자신의 재선 시도 자체까지 모험에 걸었던 결정과 비교해 보자. 그 이후 미국의 군대는 미국 내에서 인종적으로 가장 포용적인 주요 기관으로 계속 진화했다.[28] 그 이후에서야 엘리트 대학은 지위의 수준에서 격차를 좁혔고, 이것은 육군을 제외한 군대의 정체된 진보와 거의 상응한다. 『베론의 대학 안내서』의 입시경쟁이 '가장 심한'과 '심한' 범주에 속하는 146개의 미국 대학에서 흑인 학생은 (2007년에) 학부생의 5.5%를 차지했고, 미국 대학에서 흑인 교수는 (2009년에) 전임교수의 5.3%를 차지했는데, 이것은 (2010년에) 미국인의 12.6%가 흑인인 것과 비교된다.[29]

역사적으로 백인 중심 대학에서 인종적 배제가 지엽적 포용으로 바뀌었는데 이 또한 다음과 같은 메시지를 강화시켰다. 법적으로 통합된 사회에서 흑인은 현실적으로 환영받지 못했다. 대학의 외부건 내부건 간에 흑인을 미국인의 삶에 충실하게 통합시키려는 종합계획은 전무했다. 가장 나은, 가장 똑똑한, 가장 양심적인 흑인들이 관용되고, 또 안정된 중산층 생활이 유지될 것이라는 기대는 무디어졌다.[30] 지엽적 포용이라는 메시지의 한 가지 버전이 마치 입시경쟁이 심한 대학의 학부, 대학원, 전문대학원 과정에 특별히 남아 있는 것처럼 보이지만, 학생이나 교수나 마찬가지로 흑인이 차지하는 인구 대비 비율이 현저하게 낮음에도 불구하고, 소수집단우대정책에 대한 백인의 분노는 고조되었다. [31] 인종적 포용에 대한 관심의 기반—인종적 정의에 대한 신봉으로부터 '다양성'에 대한 더 분산된 관심으로—이 바뀌고 있는 때이지만 지엽적 포용의 그 메시지는 무디어지지 않았다고 나는 주장한다. 원칙적으로 다음과 같은 나의 견해는 못 믿을 정도로 논란거리는 아닐 것으로 보인다. 과거의 고등교육에서 행해진 인종적 불의라는 원인이 영향을 미침으로써 미래의 고등교육에서 정의의 요구는 무엇인가가 형성된다.

나는 다음과 같은 반론을 예상한다. 사람이 아닌 제도가 도덕적 책임을 질 수 없다. 인종차별의 잘못은 역사적으로 백인 중심 대학에서 주로 1964년 이전에 행해졌다. 그때의 인종 배타적 실천에 대해 책임을 져야 할 사람들은 현장에서 사라졌다. 따라서 오늘날 이런 기관에 그리고 이런 기관의 실천을 책임지고 있는 사람들에게 먼 과거의 잘못에 대해 도덕적 책임을 지도록 하는 것이 무슨 의미가 있는가?

이런 반론은 내 논변을 잘못 파악한 것이다. 내가 옹호하는 견해에서는, 예를 들어 시민연대 대 연방선거위원회 사건(*Citizens United v. Federal Election Commission*, 2010)에서 표현의 자유라는 권리를 기업에게 인정함으로써 기업의 선거운동을 허용한 대법원의 판결처럼, 제도를 사람처럼 글자 그대로 똑같이 대우하지 않는다. 오히려 나는 주요 고등교육기관을 통해서 흑인들에게 가해진 역사적 불의의 인과적 영향에 대해서만 호소하고 있다. 이런 대학의 과거가 현 상태의 인종적 불평등과 분명하게 서로 연관되는 점은 두 가지다.

- **일반적 역할**: 백인의 사회경제적 이익을 흑인의 그것에 비해 더 확대시킴으로써 그것을 교육의 모든 단계에서 백인 후속 세대가 활용할 수 있는 기회를 누리게 만들었다.
- **특수한 역할**: 상당히 많은 백인에게 이들의 가족이 졸업한 대학에서 지위상속에 따른 입학혜택이 주어졌다.[32]

　주요 고등교육기관은 어떤 기업, 예를 들어 부도가 나서 직원의 보수가 형편없고, 주주도 떠나고, 새 인수자가 사용할 물리적 설비와 회사 이름을 빼면 거의 영향력이 없는 기업에 견줄 것이 아니다. 내 주장은 다음과 같은 것이 아니다. 기독교의 원죄설처럼 정의롭지 못한 역사 그 자체에 대한 도덕적 책임이 대학에서 일하는 후속 세대에게 전수된다. 내 주장은 다음과 같은 것이다. 정의롭지 못한 이득과 부담의 유산을 시정해야 할 미래지향적인 **도덕적 책임**이 현재 대학에서 일하는 사람들에게 전해질 수 있다. 역사적으로 백인 중심 대학은 과거와의 연관성을 열심히 끌어들이면서도 인종적 파급효과를 무시하거나 폄하하는 것 같다. 어쩌면 위선이라는 비난은 과거 행적으로 받았던 찬사와 비난을 모두 포기해야 비로소 벗어나게 될 것이다. 그러나 이것은 급진적 제안을 가리킨다. 이는 실천적으로 말해서 입학 및 재원 확충 방식의 대폭적 정비를 촉발시키고, 이론적으로 말해서—대학에서 가정과 국가에 이르는—지속 가능한 실체가 과거와의 연관성을 도덕적으로 바라보는 방식을 대폭 수정할 것을 요구하는 제안이다. 가까운 장래에 그런 일이 벌어질 가능성은 전혀 없을 것이다. 과거로 인한 찬사와 비난을 포기하는 것도—'정의롭지 못한 과거'와 '이득과 부담이 불평등하게 배분되고 있는 현재'가 서로 인과적으로 연결되어 있을 때—도덕적으로 가능한 일이 아닐 것이다.

예상되는 또 다른 반론은 역사적 불의에 대한 보상적 접근의 한계에 관한 것이다. 일부 회의론자는 다음과 같이 주장한다. 보상을 받을 수 있는 개인이 피해를 구체적으로 입증해야 하고, 또 피해를 입혔거나 이로부터 직접적 이득을 보았던 당사자인 개인이나 기관으로부터 보상을 받아야 한다. 다른 회의론자들은 다음과 같이 말한다. 역사적 불의가 (노예제나 짐 크로처럼) 너무도 심각한 것이어서 광범한 집단의 희생자들에 대한 적절한 보상을 실행할 수 없는 경우들이 있다. 역사적 불의의 보상적 접근에 대한 이런 회의론에 나는 공감하지도 않고, 더 이상 거론할 필요도 느끼지 못한다. 고등교육에서 시정적인 실천을 지지하는 나의 논변은 보상에 관한 것이 아니다.

시정적인 정의(corrective justice)와 보상적 정의(compensatory justice)의 차이를 다음과 같이 요약할 수 있다. 시정적인 정의는 역사적 불의 때문에 중대한 수준에서 발생한 현재의 불평등을 바로잡기 위한 것이다. 만일 역사적 불의 때문에 피해를 입은 집단—해당 사회의 사회경제적 평등의 표준 지표로 측정할 때—이 그런 피해의 효과를 고통스럽게 겪고 있지 않다면 시정적인 정의에 대한 요구는 생기지 않을 것이다. 이와 대조적으로, 보상적 정의는 희생자들에게 가해진 손실을 보상해 주기 위한 것이다. 이것은 희생자들이 (그 후손을 포함해서) 어느 정도 시간이 흐른 다음에 얼마나 잘 살고 있는지 못 살고 있는지와 관계가 없다. 나의 현재 주장은 다음과 같다. 미국의 고등교육이라는 맥락에서 볼 때, 흑인들의 경우에는 시정적인 정의에 대한 요청이 발생한다. 그동안 흑인들이 고통스럽게 겪었던 역사적 불의에 대해 직접적 보상을 받는 것도 적절한 일인가의 여부는 더 큰 논란을 일으킬 문제이지만, 내 논변의 범위에서 벗어난다.

정의롭지 못한 역사와 도덕적 책임

주요 고등교육기관에서 그동안 인종적 상황이 개선되었음은 부정할 수 없다.[33] 역사적으로 백인 중심 대학에서 인종차별은 1964년 이전까지 규범으로 통용되었으나 요즈음의 규범은 다양성이라는 주문이다. 입시에서 요구되는 '자질이 우수한' 흑인 학생들은 오늘날 대학을 지원하도록 권장을 받는다. 입시경쟁이 심한 대다수 사립대학은 어떤 형태이건 인종-의식적인 소수집단우대정책을 실천한다. 여기서 문제는 이것이다. 외형적으로 인종 배타적 실천의 폐지 그리고 입시에서 포용적 조치의 추가, 이 두 가지는 주요 고등교육기관으로서 시정적인 인종적 정의를 증진시킬 책임을 이행하는 데 충분한 것인가?

그렇지 않다. 소수집단우대정책을 옹호하는 다양성의 원칙은 그런 정책, 인종적으로 정의롭지 못한 과거 그리고 지금도 계속되는 인종적 불평등, 이 세 가지를 적절하게 연결시키지 못한다. 미국의 흑인들을 가리켜서 단순하게, 고등교육에서 '역사적으로 과소하게 대표된(underrepresented)' 집단이라고 말하는 것은 미온적이고 오도된 표현이며, 이것은 주요 대학에 흑인 학생들이 거의 없었던 이유가 마치 그런 대학들이 전혀 통제할 수 없는 일이었던 것처럼 둘러대는 표현이다. 다양성 원칙의 강조는 역사적으로 백인 중심 대학으로 하여금, 인종적 불의의 지속에 기여하였던—백인의 이익과 흑인의 불이익을 지속시키는 데 도움을 주었던 개인 및 집단 차원의 효과에 직접 영향을 미쳤던—자신의 역할을 인정하고 받아들이는 것을 회피할 수 있게 만든다.

내 논변과 유사한 입장에 있는 연방대법원의 긴즈버그(Ruth Bader Ginsberg) 판사가 소수집단우대정책을 옹호하는 다양성의 원리에 대해서 표출했던 불만은 다음과 같다. "만일 우리가 보편적 인권선언이 약속하는 취업, 교육, 생존을 진지하게 고려한다면, 유엔 보고서(1995)가 지적한 바, 미국에서 인종 간 잘삶의 격차가 요청하는 것은 미국 정부의 소수집단우대정책이다."[34] 긴즈버그는 이 견해를 그루터(Grutter) 판결문에 담긴 그녀의 찬성 의견에서 그리고 그라츠(Gratz) 판결문에서 밝힌 그녀의 반대 의견에서 계속해서 표명했다. 그녀가 모든 형태의 인종차별의 제거에 관한 국제협약(CERD)과 모든 형태의 여성차별의 제거에 관한 협약(CEDAW)을 인용하면서 진술했던 그라츠(Gratz) 의견은 다음과 같다. " '헌법은 차별의 지속을 방지하기 위해 그리고 과거 차별의 효과를 무력화하기 위해 피부색을 의식한다.' …… 바로 이 문장을 현대의 인권문서는 인용한다. 이런 문서에서는 사실적 평등을 촉진시키기 위해 설계된 조치와 억압정책을 구별한다."[35] 국제법 및 미국헌법의 상식적 적용(즉, 여전히 중대한 영향을 미치는 부당한 피해는 실질적 해결책을 보장한다)은 긴즈

제7장 · 고등교육에서 정의롭지 못한 역사 바로 세우기

버그의 편이다.

다양성은 시정적인 정의와는 별도로 어떤 이득이 있건 간에 미국 흑인을 위한 소수집단우대정책과 같은 시정적인 정책을 위한 원칙으로서 불완전한 것이다. 이런 정책을 '시정적인 정의의 기반'으로부터 분리시키는 것은 그 정책이 형평성이라는 표준을 침해한다는 비판을 받게 만드는 것이다. 이와 대조적으로 인종-의식적 정책을 위한 '시정적인 정의의 기반'은 피부색 중립성과 개인적 능력주의와 같은 공적 이상에서 벗어난다는 도덕적 불평을 거의 받지 않을 수 있다. 내가 가정하는 바는 이렇다. 미국에서 백인-흑인 간의 거대한 사회경제적 격차는 의미 있는 수준에서 정의롭지 못했던 역사의 결과다. 그렇지 않다면 다음과 같이 설명해야 할 것이다. 흑인은 어쨌건 그 정도의 격차에 거의 상응할 만큼 생득적으로 불리하다. 비난받아야 될 사람은 주로 흑인들 자신이다. 이런 식의 설명은 내가 보기에는 납득할 수가 없는 것이다.

시정적인 인종적 정의의 실천을 옹호하는 원리로서 '정의롭지 못한 역사적 유산'에 초점을 둔다면 강행조치가 구체화되고 확대될 것이다. 『고등교육의 흑인 저널(Journal of Blacks in Higher Education)』에 따르면, "많은 흑인 대학생은 고등교육을 받은 사람이 전혀 없는 가정의 출신이다. 고등교육에서 성공하려는 흑인 대학생들의 노력을 격려하는 데 꼭 필요한 지원이나 이해가 부족할 수 있다."[36] 그러나 흑인 대학생들의 대학 졸업률(약 45%로)이 낮은 일차적 요인은 돈, 혹은 돈의 부족인 것 같다. 중도에 포기한 흑인 대학생들의 2/3 정도가 금전적 이유 때문에 그런 것으로 추정된다.[37] 흑인 대학생들의 돈 부족은 흑인 가정의 빈곤 때문일 것이고, 이것은—원래의 「제대군인원호법」처럼 강력하게 백인편향적인 정책을 비롯한—인종적 종속의 역사와 연결될 수 있다. 간단히 말하면, 미국의 주요 고등교육기관은 반-흑인적인 인종적 불의의 역사 및 유산과 깊이 연루되어 있다. 이것이 바로 그런 대학에서 흑인 대학생들의 실질적인 기회균등에 특별한 관심을 가져야 한다는 독특한 도덕적 책임의 근거이다.

소수집단우대정책의 원리로서 다양성이 도덕적으로 부적절하다는 점은, 고등교육에서 흑인의 비율이 상대적으로 낮은 상황에 대처하는 수단으로서 소수집단우대정책이 실천적으로 부적절한 것임을 설명하는 데 도움을 줄 것이다. 고등교육에서 성공적인 흑인 대학생들을 증대시키는 것이 목표가 될 때, 논의 사항은 다음과 같은 질문에서 멀어진다. 소수집단우대정책은 능력이 떨어진 흑인들에게 이득을 주려고 능력 있는 비-흑인 개인들에게 부담을 주기 때문에 불공정한가? 오히려 소수집단우대정책의 표준적인 실천이 불공정하게 보일 것이다. 왜냐하면 그것이 여러 세대를 거쳐서 고등교육에 의해 야기된 흑인들의 사회경제적 불이익을 개선하는 데 충분할 정도로 기여하지 못하기 때문일 것이다. 이런 주장을 옹호하는 기본 논리는 간단하다. 입시경쟁이 심한 대학은 자질 있는 흑인 학생들의 총원을 (직접적으로) 확대시키지 않은 채, 소수의 자질 있는 흑인 학생을 놓고 서로 차지하려고 경쟁하기만 한다. 예를 들어, 설령 하버드 대학교에서 소수집단우대정책에 대한 신봉이 크게 떨어질지라도, 하버드 대학교에 갈 수 있는 흑인 학생은 경쟁과 명성이 약간 떨어지지만 아주 우수한 대학에 소수집단우대정책의 이득이 없어도 충분히 입학할 것이다.

　나의 핵심 주장은 결코 다음과 같은 것이 아니다. 입시경쟁이 심한 대학에서 소수집단우대정책으로부터 이득을 보는 대다수 흑인 학생들은, 성취도가 높은 다른 미국 학생들과 마찬가지로 과도하게도 중산계급 가정의 출신이며, 별도의 혜택이 없어도 잘할 것이기 때문에 불필요한 이득은 받지 않아도 되는 것 같다. 다음과 같은 가정은 잘못이다. 일반적으로 혜택을 못 받은 편에 속하지 않은 가정 출신의 흑인 학생들은 인종적으로 낙인찍힌 집단 구성원이라는 부담이 없으며, 따라서 시정적인 정의의 정책으로부터 (직접적) 이득을 받을 자격이 전혀 없다. 그러나 만일 소수집단우대정책의 궁극적 목표가 정의롭지 못한 역사적 유산을 바로잡으려는 시도로서 흑인 불이익의 집단역학을 바꾸려는 것이라고 한다면, 그 표준적 실천은 충분할 정도로 포용적이지 못한 것으로 보인다.

　분명히 말해서, 나의 논변은 고등교육에서 소수집단우대정책에 반대하는 것이 아니다. 시정적인 정의의 목적은—예를 들어, 틀에 박힌 인습과 이런 인습의 위협에 맞섬으로써—더 많은 미국 흑인들이 도전적인, 명성 높은 대학 환경에서 성공할 때 비로소 진전되는 것이다. 소수집단우대정책이 없다면 그런 환경에서 성공할 흑인의 수는 더 적어질 것이다. 윌리엄 보웬(William Bowen)과 데릭 복(Derek Bok)의 유명한 연구가 밝혀낸 것처럼 인종-의식적 정책을 계급-의식적 정책으로 바꾼다고 해서 비슷한 결과가 나오지는 않을 것이다.[38] (이것은 다음의 상식을 긍정해 준다. 흑인이 전체 인구의 13%

를 차지하고 인종적 종속이 오래 지속된 사회에서 혜택을 받지 못한 가정 출신의 흑인 학생들이 성적과 시험점수라는 인습적 척도로 보아, 백인 학생들과 비슷한 자격을 갖출 경우는 극히 적을 것으로 예상할 수 있다.) 나는 미국의 흑인들에게 적용된 소수집단우대정책의 표준적인 실천은 **정의롭지 못한** 역사의 짐을 지고 살았던 사회집단에 전체적으로 이득이 되도록 충분한 일을 하지도 않은 채, 그 구성원들에게 이득을 제공하려 했던 손쉬운 방법이었음을 말하고 있다. 이런 실천 속에 들어 있는 양심의 가면을 쓴 나쁜 믿음의 요소는 이런 것이다. 인종–의식적 정책에 대한 대중들과 정치인의 저항에서 미루어 보건대, 도덕적으로 모호한 다양성이라는 포장 아래 소박하게 노력하는 것이 아마도 우리가 희망을 걸 수 있는 최대치일 것이다.

주요 고등교육기관이 미국 흑인에 대한 시정적인 정의의 책임을 이행하는 데 실패했다는 논변은 건설적 방안을 요구한다. 대학은 현실적 조치를 통해서 더 좋은 일을 의미 있게 행할 수 있다. 입학 시점에서 요청되는 것은 흑인 학생들이 대학에 입학할 수 있도록 학문적, 재정적 지원을 확대하는 일이다. 더 심층적인 차이가 입학 이전에 생기는 것이므로, 입학 시점에서 흑인 대학생들이 더 많아질 수 있도록 그 이전 단계가 총체적으로 개선될 것을 기다리고만 있을 수 없다. 마지막으로 이를 개선할 방안을 한 가지 찾아보겠다.

대학의 학교 지원: 아카데미 스쿨 방안

주요 고등교육기관은 표준적인 실천의 일부로서 혜택을 받지 못한 흑인 학생들을 초 · 중등교육 단계에서 도와주는 **아카데미 스쿨**(academy school)을 후원할 수 있다. 학교교육에서 흑인 학생들의 질적 향상을 도모하기 위하여 체계적으로 추진되는 사업은 아무것도 없다. 그저 입학 시기에만 자질 있는 소수의 흑인 학생을 놓고 서로 뽑아가려고 경쟁한다. 이런 전형적인 행태에서 벗어나, 고등교육을 받을 수 있는 자질을 갖춘 흑인 학생들을 길러내는 일을 위해 대학은 적극적 역할을 맡을 수 있다. 이런 아카데미 유형의 학교로서 유명한 사례는 캘리포니아 대학교(샌디에이고)의 **프로이스 스쿨**(Preuss School, 6~12학년), 시카고 대학교의 **차터 스쿨**(Charter School, 유아~12학년)이다.[39] 이들은 특정 인종/종족 집단을 대상으로 명시하지 않고(이는 피부색-중립적 정치에 따름), 소수집단이 많이 거주하는 지역에서 혜택을 받지 못한 아이들을 도와주는 학교다. 따라서 다음과 같이 믿을 만한 이유가 있다. 대학은 공립이건 사립이건, 초 · 중등교육 단계에서 도움이 필요한 아이들을 위해 미래-전망적 차원에서 개입할 수 있다. 대학의 실행가능성에 관한 이런 주장은, 내가 앞서 옹호했던, 시정적인 정의의 기반에서 흑인 학생들에게 집중하는 방안을 따른 것이 아니다. 그렇지만 시카고 대학교의 차터 스쿨이 입증하듯 그런 학교들이 흑인 주거지역에 있을 경우에는 외형적으로 인종-중립적인 원칙과 실천일지라도 흑인 학생들에게 별도의 영향을 미칠 수 있다.

내가 말하는 아카데미 스쿨의 접근방식은 유럽과 남아메리카의 유명 프로축구 구단(스페인의 바르셀로나, 잉글랜드의 맨체스터 유나이티드, 브라질의 산토스)에서 프로선수 육성을 후원하는 아카데미 프로그램과 거의 비슷하다. 이런 클럽은 17~18세의 유망 선수와 계약하기만을 바라지 않고, 12세부터 미리 계약과 육성이 시작된다. 물론 축구구단에서 미래 선수를 '자체적으로 길러내는' 일은 정의의 문제가 아니다. **축구 아카데미는 경쟁 속에서 자체의 경제적 이익을 위해 움직이는 모델이다.** 고등교육과 프로축구의 동기는 서로 다르지만 그렇다고 해서 그 효력이 전혀 다른 것은 아니다. 아카데미 스쿨의 접근방식이 교육을 위해 더 큰 효력을 낳을 수 있다. 왜냐하면 프로축구라는 험난한 세계보다는 대학(혹은 다른 종류의 고등 학습)을 대비해서 청소년을 발달시키는 일이 성공률 측면에서 훨씬 더 높을 것이기 때문이다. 고등교육기관은 학교 현장의 운영이나 수업 측면이 아닌—초·중등학교에서 찾기 힘든 전문성이 요구되는—재정적 자원 제공, 지속적 헌신, 총괄적 관리 등을 제공해 줄 것으로 기대할 수 있다.

나의 아카데미 스쿨 방안이 공립학교가 아닌 차터 스쿨에 대한 일반적 옹호론을 대표하는 것은 아니다. '학교개혁' 의제가 협치와 표준에 너무 치우쳐 있다는 다이앤 래비치(Diane Ravitch)의 비판에 나는 공감한다. 예컨대, 그는 할렘 아동 구역의 차터 스쿨에 대한 찬사에 신중하다. 이런 학교의 성공은 더 많은 자원, 즉 기업과 자선가가 크게 후원하는 학문적, 사회적, 의료적 자원 때문이지 인근 공립학교에 비해서 더 나은 수업 때문이 아니다.[40] 이런 평가는 적절할 것이다. 차이를 만드는 것으로 밝혀진 수단을 통해서 수업을 개선시킬 것을 래비치가 강조한 것도 적절할 것이다. 게다가 흑인 학생들의 교육적 불리함이라는 문제의 근원에 교원노조 혹은 나쁜 교사가

있다는 주장은 증거가 빈약하다.[41]

또한 나의 아카데미 스쿨 방안은 선발 차원을 수용한다. 이것은 기회균등의 원천으로서의 공립학교라는 이상에 대해 긴장을 불러일으키는 부분이다. 흔히 말하듯이 헌신형 학교는 차터 스쿨이다. 혜택받지 못한 지역에 도움이 되고, "학교에서 더 많은 시간을 보내고, 훈육 규범이 엄격하고, '기초적' 교과 교육과정을 철저히 가르치는" 것이 특징이다.[42] 이런 학교들의 학생 선발에서 드러나는 전형적인 특징은 두 가지다. ① 학부모가 지원해야 하는 추첨을 통해 학생을 선발하며, ② 학업상의 재능이 입증된 학생을 선발한다. 지원하지 않은 부모의 자녀는 추첨 과정에서 아예 배제된다. 이것은 이중으로 불이익이다. 무관심한 부모를 가진 것이 학생에게 부담이 된다. 또한 더 생산적인 학습 환경을 누릴 수 있는 후보자에 끼지 못하는 것도 부담이다. 나도 인정하는데 더 헌신적인 학교의 학습 환경이 인근 공립학교의 학습 환경보다 더 생산적이다. 그 주요 요인은 자원과 선발에 있는 것이지 더 나은 수업에 있는 것은 아닐 것이다. 이상적인 관점에서 본다면, 부모 참여 추첨제에서 무관심한 부모의 아이들에게 주어지는 불이익은 불공정한 일이다.

공식적 답변에 따르면, 헌신형 학교에서는 무관심한 학부모를 포함해서 지원자의 총원을 확대시킬 방안을 궁리할 것이라고 한다. 그러나 이것이 충분한 설명인지는 의문이다. 학생들은 혹은 학업 능력이 되는 학생들은 부모가 미리 추첨할 필요도 없이 자동적으로 지원자 추첨의 대상이 될 수 있는데 이렇게 할 수 없는 이유는 무엇인가? 이런 절차를 피하는 한 가지 이유는 이것이다. 헌신형 학교는 학업 및 훈육 측면에서 더 높은 기대를 갖고 이를 지원해 주는 학부모의 참여에 의존하는데, 추첨 선발의 효과는 그런 학교와 학생의 상대적 성공을 위해서 의미 있는 요인이다. 더 솔직히 말할 수 있다. 부모의 참여는 아동의 교육적 성공에 기여하는 예언요인이며, 무관심한 부모를 가진 아동이 자동적으로 탈락되는 것은 혜택을 못 받은 학생들 중에서 가망성이 더 높은 학생에게 이득을 주는 데 도움이 된다.[43] 이런 선발 효과는 신비한 것도 아니고, 예측할 수 없는 것도 아니며, 또 쉽게 피할 수 있는 것이기 때문에 우리는 다음과 같이 가정할 수 있다. 그것은 흔히 (명확하게 의도한 것은 아닐지라도) 바라는 결과다. 즉, 부족한 교육 관련 자원과 기회에 대한 접근을 제한시킴으로써 그것을 더 효율적으로 사용하려는 것이다.

적정한 정의가 허용하지 못하는 것은, 부유한 사회가 특히 혜택을 가장 못 받고 취약한 사람들에게 실질적인 기회균등을 제공하는 데 필요한 공적 자원을 없애 버리는 일이다. 그러나 내가 지금 다루려는 문제는 이것이다. 적정한 정의에서 훨씬 더 멀어질 것이 뻔한 현실 상황에서, 다시 말해서 사회경제적 위기와 정치적 무능력의 상황에 처해 있는 흑인들의 진보를 위해서 무슨 일을 해야 할 것인가? 혜택을 못 받는 흑인 지역사회를 괴롭히는 문제가 너무나 절박하고 복잡한 것이고, 또 총체적 변화라는 것도 너무 까마득한 약속이기에, 내가 공개적으로 옹호하려는 것은 교육에서 '더 심각한 것부터 먼저'라는 접근방식이다. 이 접근방식이 옹호하는 것은 혜택을 못 받는 흑인 학생들이 많지만 그중에서도 인근의 다른 학교에 비해 더 생산적인 학습 환경에 기여하거나 혹은 이를 활용하는 면에서 (부모

참여, 학업 재능, 삶의 야망 등이 어떤 식으로 조합됨으로써) 이미 더 나은 위치에 놓여 있는 학생들을 위해 대안이 되는 통로다. 아무래도 이런 학생들의 또래들 중에서 더 불행한 아이들은 '걸러지지 않은' 일반 학교에 남을 것이고, 여기서 더 나은 교육성과에 대한 희망은 실제로 더 멀어지고 말 것이다.

아카데미 스쿨은 부모의 참여 혹은 학업상의 재능을 기반으로 배타적일 필요가 없다. 대학은 이런 배타성이 없이 학교교육 단계에 개입하여 도움을 줄 수 있다. 초·중등 공교육 체제 외부로부터 자원의 투입은—대안적인 통로를 통해—혜택을 못 받는 학생들 중에서 어떤 학생을 선정하여 발달시킬 것인가라는 선발 차원과 분리시킬 수 있다. 그렇지만 긴급성과 효율성이라는 근거에서 나는 '더 심각한 것부터 먼저'라는 접근방식을, 지극히 비-이상적인 상황에서 도덕적으로 정당하고 설득력 있는 접근으로 제안하고 있다. 나는 '학교 선택'[44]에 사로잡혀 있는 개혁옹호자들과는 대조적으로, 아무 유형의 차터 스쿨이나 모두 교육적 불이익을 제거하는 열쇠가 될 것으로 기대하지 않는다. 헌신형 학교가 비교적 성공적인 까닭을 대체로 설명해 주는 것으로 보이는 자원과 선발이라는 이슈는 해결책의 주된 특징으로서 그런 학교를 확대시킬 수가 없는 이유도 설명해 줄 것이다.[45]

교육에서 '더 심각한 것부터 먼저'라는 접근방식은 정상적으로 법이 요청하는 바와 별도로 제한된 자원과 기회가 허용할 수 있는 한 더 많은 (혜택을 못 받은) 학생을 나쁜 학교환경으로부터 구해내겠다는 목표를 갖는다. 여기서 나타날 결과를 해리 브릭하우스(Harry

Brighouse)와 지나 샤우튼(Gina Schouten)은 다음과 같이 말한다.

부모가 추첨에 불참한 학생들—아주 극도로 단절되고 혜택을 못 받은 편에 속하기 쉬운 학생들—이 일반학교에 몰린다. 헌신형 학교가 어느 지역으로 몰릴수록 그 지역의 일반학교에는 극도로 혜택을 못 받는 학생들이 더 몰려들 것이다. 게다가 학생의 학습에 미치는 또래의 효과에 관한 증거가 있다. 더 열심히 노력하고, 성취가 높고, 덜 산만한 또래들과 함께 교실에서 학습하면 학생 본인의 학습이 증진된다. 거꾸로 덜 열심히 노력하고, 성취가 낮고, 더 산만한 또래들은 다른 학생의 학습에 해를 끼친다. ……그렇다면 헌신형 학교에서 교육적 불이익이 줄어든 것은 전부는 아니어도 그 일부는 선택의 여지가 없이 일반학교에 몰려든 학생들의 교육적 불이익이 늘어난 대가로 나타난 것일지도 모른다.[46]

이 점을 가볍게 다루면 안 된다. 그럼에도 불구하고 학업성취도가 낮은 학교의 흑인 학생들은 집단적으로 너무 뒤떨어지는 편이기 때문에 성취도가 낮은 학생들이 또래 학생들의 긍정적 효과를 상실하게 될지라도 이런 일은, 성취도가 낮은 하위집단에서 (나중에 대학입학에 필요한 학업능력을 측정할 때) 교육적 성과에 많은 차이가 생길 수 있는 시작점 이하에서 발생할 것으로 보인다. 현실을 보건대, 흑인 학생들의 교육적 불이익의 현 상태는 일반적으로 다음과 같다. 혜택을 받지 못했으나 성취 수준이 높은 학생들이 일반학교에 볼모가 되어 있다면 굉장히 힘들겠지만, 성취 수준이 낮은 학생들은 일반학교에 성취 수준이 더 높은 또래가 있을지라도 별로 결정적 이득을 얻지 못한다. 나의 아카데미 스쿨 방안은, 특히 '더 심각한 것부터 먼저'라는 버전은, 혜택을 못 받는 흑인 학생들 중에서 실질적으로 더 많은 학생에게 고등교육으로 나아갈 가능성이 더 높은 통로를 제공할 것이다. '더 심각한 것부터 먼저'는 위기의 해결책이 결코 아니다. 그 목표는 늘 그렇듯 위기를 덜 심각하게 만드는 것이다.

나의 주장은 다음과 같다. 주류 고등교육기관은 교육의 모든 단계에서 **흑인의 불이익**을 진지하게 다루어야 할 특유의 책임을 갖는다. 내 주장이 여러 측면에서 논란을 일으키겠지만 그 핵심 목적은 비-이상적인 여건 속에서 흑인의 진보에 관한 건전한 사고를 촉구하는 데 있다.

미주

1) 연구에 따라서 자유주의적 정향을 측정하는 방법은 다를 것이나 연구 자료가 밝혀 준 바, 미국의 대학공동체는 흔히 생각하는 것에 비해서는 훨씬 덜 그렇긴 하지만, 전체 인구에 비해서는 더 자유주의적인 편이다. 리우, 루이즈, 드안젤로, 프라이어(Liu, Ruiz, DeAngelo, & Pryor, 2009, pp. 29-30), 코언(Cohen, 2008)을 참조.

2) 롤스(Rawls, 1999)를 참조.

3) 밀스(Mills, 2013, pp. 1-27)를 참조.

4) 아네슨(Arneson)은 미간행 출판물에서 '평등주의적 복지론'의 '우선주의적 교설(prioritarian doctrine)'을 지지한다. 이것은 고등교육의 제공 및 분배에서 시정적인 정의를 위해 특별한 관심을 보이지 않는다. 공정성은 형편이 더 열악한 사람들을 위해 삶의 질을 향상시키는 일을 우선시할 것을 요구한다. 이는 불이익에 기여했을지도 모르는 정의의 상황과 무관한 것이다. 교육의 경우, 평등주의적 복지론자가 중점을 두는 것은 '대학교육을 받지 못하고 소득도 낮은 부모를 가진 자녀들의 유아, 초등, 중등의 학교학습을 향상시키는 정책'이다.

5) 보웬과 복(Bowen & Bok, 2000)을 참조.

6) *Grutter v. Bollinger*, 539 U.S. 306, 343(2003).

7) 슈미트(Schmidt, 2010).

8) 앤더슨(Anderson, 2010), 콘레이(Conley, 1999), 샤피로(Shapiro, 2004)를 참조.

9) *Parents Involved in Community Schools v. Seattle School District No.* 1, 551 U.S. 701(2007).

10) 비슷한 정신에서 터너(Turner, 2012)를 참조. 터너는 미국적 '개인주의'의 한 버전을 옹호한다. 이것은 포스트-인종적이지 않고, 인종적 불의에 맞서 싸우는 공적 헌신에 대한 참여를 통해서 표출된다.

11) 학사학위가 일반적으로 좋은 투자로 남아 있는가에 대한 관심은 맥퍼슨(McPherson, 2012)을 참조.

12) 예를 들어, 코졸(Kozol, 2005)을 참조.

13) 미국의 참전용사국, http://gibill.va.gov/benefits/history_timeline/index.html.

14) 위 자료.

15) 허볼드(Herbold, 1994-1995, p. 106).

16) 알트슐러와 블루민(Altschuler & Blumin, 2009, p. ix).

17) 위 책(p. 129).

18) 허볼드(Herbold, 1994-1995, pp. 106-107). 이와 거의 비슷한 요인이 알트슐러와 블루민(Altschuler & Blumin)에도 나옴.

19) 터너와 바운드(Turner & Bound, 2003).

20) 위 논문(p. 19). 내 해석은 터너와 바운드(Turner & Bound)의 발견사실, 즉 미국 남부 이외에서 출생한 흑인(훨씬 더 작은 비율임)은 남부 소속 주의 흑인에 비해 의미 있는 소득을 올렸다는 점과 일치한다.

21) 자택 소유와 '평균 가정의 순자산의 흑백 간 격차' 사이의 관계에 대해서는 샤피로(Shapiro, 2004, pp. 107-109) 및 올리버와 샤피로(Oliver & Shapiro, 1995)를 참조.

22) 터너와 바운드(Turner & Bound, 2003, p. 24).

23) 카츠넬슨(Katznelson, 2005, pp. 140-141).

24) 알트슐러와 블루민(Altschuler & Blumin, 2009, p. 136).

25) 터너와 바운드(Turner & Bound, 2003, p. 25).

26) 허볼드(Herbold, 1994-1995, p. 108).

27) 알트슐러와 블루민(Altschuler & Blumin, 2009, pp. 198-203)에서 논의하는 VA와 FHA(Federal Housing Administration)의 분리주의자 정책을 참조.

28) 인종 포용성을 비교하는 한 가지 척도는 흑인이 차지하는 신분 지위의 정도다. 모스코스(Moskos, 1993, pp. 20-26)와 로우치(Roach, 1997, pp. 18-19)를 참조.

29) 미국 군대에서 흑인 장교의 비율(2008년)은 육군은 11~12%인 반면, 해군, 공군, 해병대는 4~8%에 불과하다. 밀스(Mills, 2010, pp. 6-7, 2009), 미국 통계청 그리고 발도어(Baldor, 2008)를 참조.

30) 코우즈(Cose, 1993)를 참조.

31) 1990년대 초·중반 전국적 표본에서 나온 자료에 따르면, 유럽계 미국인의 70%는 유럽계 미국인이 아프리카계 미국인을 위한 소수집단우대정책 때문에 피해

를 입을 것이라고 주장하지만, 역차별을 실제로 경험했다고 주장한 사람은 7%에 불과하고, 가까운 사람들이 역차별을 경험한 것을 알고 있다는 사람은 16%에 지나지 않는다. 패터슨(Patterson, 1997, p. 148)과 보보(Bobo, 2000)를 참조.

32) 골든(Golden, 2006)을 참조. 골든에 의하면, 노트르담 대학교 졸업생의 자녀는 2003년 이후 입학우대를 가장 크게 받은 집단이다. 재학생 4명 중 1명이 졸업생의 자녀이며, 아프리카게 흑인은 4%, 히스패닉은 8%였다.

33) 대학등록생 전체에서 수집한 자료에 따르면, 1980년(19.7%)에서 2008년(32.1%)까지 18~24세의 흑인 학생의 등록률은 12%나 증가했다. 오드, 폭스, 케왈라마니(Aud, Fox, & KewalRamani, NCES, 2010-2015) 및 미국교육부교육통계국가센터(2010)를 참조.

34) 긴즈버그(Ginsburg, 2000).

35) *Gratz v. Bollinger*, 539 U. S. 244, 302 (2003).

36) 맥퍼슨(McPherson, 2009).

37) 위 논문.

38) 보웬과 복(Bowen & Bok, 2000)을 참조.

39) http://preuss.ucsd.edu/ 및 http://uei-schools.org/uccs/site/default.asp. 을 참조. UCSD 프로이스 학교에서 학생 구성은 "히스패닉 67%, 미국 흑인 11%, 아시아/인도-중국 19%, 코카서스 등 3%"이다. 이와 달리, 시카고 대학교의 차터 스쿨은 시카고 공립학교 학군에 기반을 두고 주로 흑인 인구를 위한 것이다.

40) 래비치(Ravitch, 2010a, 2010b)를 참조.

41) 나는 흑인의 교육적 불이익의 근본 원인에 대한 '학교-외부적' 설명에 기우는 편이다. 그것은 '학교-내부적' 개선을 추구하는 것과 부합될 수 있다. 로스스타인(Rothstein, 2004)을 참조.

42) 브릭하우스와 샤우텐(Brighouse & Schouten, 2011, p. 507).

43) 브릭하우스의 논평 덕분에 이 부분을 잘 수정할 수 있었다.

44) 예를 들어, 선스트롬과 선스트롬(Thernstrom & Thernstrom, 2003)을 참조.

45) 이 방향에서 상세한 논변은 브릭하우스와 샤우텐(Brighouse & Schouten, 2011, pp. 517-518)을 참조.

46) 위 논문(p. 519)을 참조. 이 결과는 헌신형 학교에만 적용되는 것이 아니라, 혜택을 받지 못한 이웃 자녀를 위해 선택적 탈출구를 제공하는 모든 프로그램에도 적용되는 것이다. 예컨대, 매사추세츠주의 메트코 프로그램(Metco Program)은 '어떤 도시의 [소수인종 집단의] 학생들이 다른 [주로 백인의, 교외의] 지역사회에 있는 공립학교에 들어가도록 [그 지역사회의 동의를 받아] 허용함으로써 교육기회를 확대시키고, 다양성을 증대시키고, 인종적 고립을 축소시키려는 자발적 프로그램'이다.

참고문헌

Grutter u. Bollinger, 539 U.S. 306, 343 (2003).

Parents Involved in Community Schools v. Seattle School District No. 1, 551 U.S. 701 (2007).

Altschuler Glenn C., & Blumin Stuart M. (2009). *The GI Bill: A New Deal for Veterans* (New York: Oxford University Press, ix).

Anderson Elizabeth (2010). *The Imperative of Integration* (Princeton. NJ: Princeton University Press).

Arneson Richard. "Justice in Access to Higher Education" unpublished manuscript, University of California, San Diego.

Aud Susan, Fox Mary Ann, & KewalRamani Angelina (2010). *Status and Trends in the Education of Racial and Ethnic Minorities* (NCES 2010–2015), U.S. Department of Education, National Center for Education Statistics (Washington, DC: Government Printing Office).

Baldor Lolita C. (2008). "After 60 Years, Black Officers Rare." Associated Press, July 23.

Bobo Lawrence Bobo (2000). "Race and Beliefs about Affirmative Action: Assessing the Effects of Interests, Group Threat, Ideology, and Racism" in *Racialized Politics: The Debate about Racism in America*, ed. Sears David O., Sidanius Jim, and Bobo Lawrence (Chicago: University of Chicago Press).

Bowen William G., & Bok Derek (2000). *The Shape of the River: Long term Consequences of Considering Race in College and University Administrations* (Prinston, NJ: Prinston University Press).

Brighouse Harry, & Schouten Gina (2011). "Understanding the Context for Existing Reform and Research Proposals" in *Whither Opportunity? Rising Inequality, Schools, and Children's Life Chances*, Ed. Duncan Greg J. and Murnane Richard J. Murnane (New York: Russell Sage Foundation), 507.

Cohen Patricia. (2008). "Professor's Liberalism Contagious? Maybe Not." *New York Times*, November 2.

Conley Dalton (1999). *Being Black, Living in the Red: Race, Wealth, and*

Social Policy in America (Berkeley and Los Angeles: University of California Press).

Cose Ellis (1993). *The Rage of Privileged Class: Why Are Middle-Class Blacks Angry? Why Shoud America Care?* (New York: HarperCollins).

Ginsburg Ruth Bader. (2000). "Affirmative Action as an International Human Rights Dialogue: Considered Opinion." Brookings Institution.

Golden Daniel (2006). *The Price of Admission: How America's Ruling Class Buys Its Way into Elite Colleges—And Who Gets Left Outside the Gates* (New York: Crown).

Herbold Hilary. "Never a Level Playing Field: Blacks and the GI Bill." *Journal of Blacks in Higher Education* 6(1994–1995): 106.

Katznelson Ira (2005). *When Affirmative Was White: An Untold History of Racial Inequality in Twentieth-Century America* (New York: Norton), 140–141.

Kozol Jonathan (2005). *The Shame of the Nation: The Restoration of Apartheid Schooling in America* (New York: Crown).

Liu Amy, Ruiz Sylvia, DeAngelo Linda, & Pryor John Pryor (2009). *Finding from the 2008 Administration of the College Senior Survey(CSS): National Aggregates* (Los Angeles: Higher Education Research Institute, UCLA.), 29–30.

McPherson Lionel K. (2012). "Not What It Used to Be: American Universities Represent Decling Value for Money to Their Students." *Economist*, December 1.

McPherson Lionel K. (2009). "College Graduation Rates: Where Black Students Do the Best and Where They Fare Poorly Compared to Their White Peers." *Journal of Blacks in Higher Education*.

Mills Charles W. (2013). "Retrieving Rawls for Racial Justice? A Critique of Tommie Shelby." *Critical Philosophy of Race* 1: 1–27.

Mills Mike (2010). "Five Years Post-Grutter, Little Progress in Black and Latino/a Enrollments at Selective Colleges and Universities" at *Journal of College Admission*.

Mills Mike, (2009). "Black Faculty at the Nation's Highest Ranked Universities." *Journal of Blacks in Higher Education Weekly Bulletin*, October 22.

Moskos Charles (1993). "Mandating Inclusion: The Military as a Social Lab."
Current 354: 20−26.

O'Connor Sandra Day and Schwab Stewart J. (2010). "The Next Twenty-
five Years: A Need for Study and Action" in *The Next Twenty-five
Years: Affirmative Action in Higher Education in The United States
and South Africa*, ed. Featherman David L., Hall Martin, and Krislov
Marvin (Ann Arbor: University of Michigan Press).

Oliver Melvin L., & Shapiro Thomas M. (1995). *Black Wealth/White Wealth:
A New Perspective on Racial Inequality* (New York: Routledge).

Patterson Orlando (1997). *The Ordeal of Integration: Progress and
Resentment in America's "Racial" Crisis*, (Washington, DC: Civitas
Counterpoint), 148.

Ravitch Diane (2010a). "The Myth of Chart Schools." *New York Review of
Books*, November 11.

Ravitch Diane (2010b). *The Death and Life of the Great American School
System: How Testing and Choice Are Undermining Education* (New
York: Basic Books).

Rawls John (1999). *A Theory of Justice*, rev. ed. (Cambridge, MA: Harvard
University Press).

Roach Ronald (1997). "Doing What Had to Be Done: The Integrated Military
Seen as Model for Society." *Black issues in Higher Education* 14.

Rothstein Richard (2004). *Class and Schools: Using Social, Economic, and
Educational Reform to Close the Black-White Achievement Gap*
(Washington, DC: Economic Policy Institute).

Schmidt Peter (2010). "Sandra Day O'Connor Revisits and Revives
Affirmative Action Controversy." *Chronicle of Higher Education*,
January 14.

Shapiro Thomas M. (2004). *The Hidden Cost of Being African American:
How Wealth Perpetrates Inequality* (New York: Oxford University
Press).

Thernstrom Abigail, & Thernstrom Stephan (2003). *No Excuses: Closing the
Racial Gap in Learning* (New York: Simon & Schuster).

Turner Jack (2012). *Awakening to Race: Individualism and Social
Consciousness in America* (Chicago: University of Chicago Press).

Turner Sarah E., & Bound John (2003). "Closing the Gap or Widening the Divide: The Effects of the G.I. Bill and World War II on the Educational Outcomes of Black Americans." *Journal of Economic History* 63: 145–177, cited from NBER Working Paper 9044, 24–25.

http://www.doe.mass.edu/metco/
http://gibill.va.gov/benefits/history_timeline/index.html.
http://nces.ed.gov/pubs2010/2010015.pdf.
http://www.brookings.edu/articles/2000/winter_politics_ginsburg.aspx.
http://www.jbhe.com/features/65_gradrates.html.
http://preuss.ucsd.edu/
http://uei-schools.org/uccs/site/default.asp.

고등교육에서 정의의 모델

에린 I. 켈리(Erin I. Kelly)

대학의 변화

일부 학자들은 주장한다: 자유교양교육(liberal arts education)은 비판적 사고를 길러 주고, 민주적 가치를 증진시킨다. 나는 주장한다: 자유교양교육에 그런 잠재력이 있지만 그것의 더 충실한 발전을 가로막는 것은 제도적 한계다. 공정한 기회균등을 포함해서 '정의의 제도적 요청'을 충족시키는 것—비판적 · 창의적 사고, 윤리적 추론, 민주적 이상 등을 지지하는 정의로운 제도로서—은 대학이 기능을 발휘하게 하는 데 핵심이다. 이것이 주장하는 바는 다음과 같다. 대학입시와 학문활동에서 가치와 실력(merit)에 대한 대중적 관념은 수정되어야 하고, 모든 대학생이 대학 안팎에서 비판적, 창의적, 윤리적 사고에 참여할 수 있는 캠퍼스 환경이 조성되어야 한다.

자유교양교육과 정의로운 공동체

　미국은 자유교양을 지향하는 강력한 역사를 가지고 있다. 그것은 소크라테스적 탐구, 성찰, 대화, 글쓰기 등이 특징인 학습 환경에서 인문학, 예술, 사회과학, 수학, 자연과학에 걸친 폭넓은 지적 경험을 강조했던 역사다. 자유교양교육의 이런 개념은 폭넓게 말하면, 개인과 사회가 모두 번영할 수 있게 만드는 교육이다. 자유교양교육은 각 개인이 개인적 차원에서는 자아실현의 삶을 사려 깊게 이끌어 가고, 사회적 차원에서는 정치, 경제 및 여타 영역에 걸쳐서 협력적으로 또 생산적으로 참여할 수 있도록 지식, 비판적 사고기능, 경험 및 성찰능력을 갖추게 하는 것을 목적으로 삼는다. 이것은 미국의 역사에서 호레이스 만(Horace Mann), 윌리엄 제임스(William James), 존 듀이(John Dewey), 듀 보이스(W.E.B. Du Bois) 및 다른 위대한 교육자들의 비전이었다. 이들은 플라톤과 루소뿐만 아니라 유럽, 특히 영국의 대학체제의 훌륭한 사례로부터 분명히 영향을 받았다. 그럼에도 자유교양 모델은 미국에서 더 폭넓은 형태로 진화하였고, 어느 정도는 중등학교로 스며들었고, 미국의 여러 대학에서 확고하게 자리 잡았으며, 유럽에 비해 더 참여적인 민주적 이상을 강조한 것으로 보인다.

　개인적, 집단적 번영의 수단으로서 자유교양교육을 강화할 때, 그 옹호자들은 그것의 가치를 민주시민을 위한 바람직한 준비로서 강조한다. 그들에 따르면, 자유교양교육은 학생들에게 다양한 관점, 경험, 가치를 고려하도록 도전의식을 북돋움으로써 상상력, 공감력,

이해력 그리고 가치 다원주의에 대한 반성적 인식을 발달시킨다.[1] 이와 같은 발달은 문학작품의 인물에 대한 상상적 몰입을 통해서, 철학자의 성찰과 회의적 질문을 고찰함으로써, 여러 역사적 시대와 문화를 비교학적으로 공부함으로써, 사회집단의 역동성을 파악함으로써, 사회변동의 경험적 원인을 규명함으로써 가능해진다. 다양한 학문적 접근이 모두 요구하는 점은, 학생들이 어떤 주제를 주관적인 것에서 벗어난 관점에서 고찰하고, 자신의 가치가 반영되지 않을지라도 일부 또는 많은 사람에게 의의 있는 변수들과의 관계 속에서 판단하는 것이다. 이런 기능이 발달하면 다양한 사회와 세계 속에서 상대방을 더 잘 이해하고, 더 잘 협력하는 데 도움을 준다는 주장은 합당하다고 생각한다.

옹호자들은 또 다른 주장을 내놓는다. 자유교양교육은 학습과 지식 축적을, 능동적 참여와 공동의 숙고에 의존하는 집단적 노력으로서 강조하기 때문에 그것은 포용이라는 민주적 문화를 발전시킨다. 다른 사람들이 평가할 수 있고 또 (권위에만 호소하지 않고) 합리적 논변에 의해 지지받을 수 있는 증거에 기반을 두면서 결론을 내려야 할 때, 지적 탐구에 참여하는 사람들은 상대방을 동등한 존재로 받아들일 수 있다.[2] 합리적 토의에서는 자신에게 질문을 던지는 사람들을 합리적 사고, 탐구, 판단이 가능한 사람으로서 진지하게 대우한다. 이와 같은 자질은 정치적 의미에서 동등한 존재─정치사회에 충실히 참여하고, 시민의 모든 권리와 이득을 누리는 데 적합한─의 특징이다. 합리적 대화를 통해서 참여자들의 지위를 정치적으로 동등한 존재로 인정하는 것은 민주제도를 지탱해 주는 중요한 원천이다. 게다가 자신에게 질문을 던지는 사람들과 대화할 때 동등한 지위를 갖는다면, 비록 상호 간에 견해 차이가 생길지라도 대화 참여자들에게 합당성과 상호존중이라는 미덕이 발달하도록 도움을 준다.[3] 이런 미덕은 민주적 과정에 귀중한 것이다.

자유교양교육 옹호자들은 강조한다. 자유교양교육을 통해서 이와 같이 증진되는 지적, 정서적, 사회적 발달의 여러 측면은 민주주의 정치체제의 건전한 기능을 위해 중요하다. 이것은 중요한 사항이며, 우리가 염려해야 할 점은 교육적 성과 평가가 몹시 편협하다는 것이다. 특히 우리가 경계해야 할 것은 혁신적, 성찰적, 창의적, 집단적 사고의 평가를 소홀히 다루는 양적, 시장-지향적, '지식과 기능' 모델이다.[4] **표준화 시험**이 지배하는 시대에, 그리고 학생들에게 다량의 정보를 암기하고 기억하도록 요구하는 시대에 살고 있는 우리는, 사회적 건강을 가리키는 폭넓고 균형 있는 지표들을 교육적 성과에 포함시켜야 한다. 고등교육은 표준화 검사가, 그리고 소득 잠재력의 통계적 측정이 놓치기 쉬운, 사회적으로 귀중한 성과를 위해 기여해야 한다.[5] 예를 들어, 자유교양교육이 창의성이나 비판적 사고를 위해 기여하는 일은 광범한 학습영역에 걸쳐 있는 연구와 혁신을 위해서 그리고 지도력, 협동심, 문제해결력의 발달을 위해서 핵심이 되어야 한다.

그럼에도 우리는 더 폭넓은 민주적, 평등주의적 **정치문화**의 실현에 자유교양교육이 기여하는 바를 과장하지 말아야 한다. 미국 사회에서 포용적이고 자유주의적이고 지적으로 풍부하고 식견 있는 정치문화를 만든다는 목표는, 대학의 능력만으로 성취할 수 있는 것이 결코 아니다.[6] 정의로운 민주사회를 이루는 데 장애가 되는 것들은 심각하고, 또 널리 퍼져 있다. 거기에는 심각한 사회경제적 불평등 그리고 제도적으로나 사회적으로 견고한 형태로 남아 있는 인종적, 성적 편향성이 들어 있다. 이를 변혁시키려면 광범한 **사회변동**이 요구된다.

우리는 현재 상태의 자유교양교육을 있는 그대로 무비판적으로 옹호하거나 방어해서는 안 된다. 동등한 존재들 사이의 합리적 대화에서 일차적 수혜자는 대화 참여자들이고, 이들이 경험하는 바는 **숙의**(deliberative) 공동체의 성격에 따라 달라진다. 여러 대학이 과거에 비해 더 포용적이긴 하지만, 시민사회의 다른 영역에 특징적으로 남아 있는 것처럼 정의롭지 못한 불평등의 많은 부분은 여전히 대학의 특징으로 남아 있다. 이것은 민주시민의 준비로서 자유교양교육의 가치를 제약한다.

대학은 이 문제를 다룰 수 있는 좋은 위치에 놓여 있다. 고등교육기관은 고등교육이나 학자공동체에 대한 접근을 제한하는 정의롭지 못한 불평등을 바로잡기 위해 더 효과적으로 움직일 수 있다. 이것은 입시경쟁이 심한 엘리트 대학에서 특히 긴급한 사항이다. 더 큰 **포용**(inclusion)이라는 목표의 추구는 대학 내부에서 정의를 증진시키는 데 도움이 될 것이다. 인종, 성별, 사회경제적 지위에 따른 대표성에서 더 큰 포용성을 발휘함으로써 고등교육기관 특히 자유교양교육기관은 다른 사회 기관에 대한 정의의 모델로 기여할 수 있다. 물론 이것만으로 대학 외부에 직접적인 변화를 일으킬 수 없겠지만 그것은 예를 들면 다른 사회 기관을 평가하는 기준을 공적으로 끌어올릴 수 있다.

윤리적으로 바람직한 방향에서 학생들이 경험을 쌓게 함으로써 포용적 학습공동체는 자기변혁적인 것으로 변모할 수 있다. 평등한 존재들의 포용적인 숙의 공동체의 집단적 구현이라는 교육 모델은 대학 차원에서 큰 규모로 제대로 실현된 적이 없다.[7] 그렇지만 그것은 우리에게 정의와 자아실현의 모델 중에서 최선의 것이다. 더 포용적인 대표성을 달성하는 것이 사회정의를 넓히는 데 긍정적으로 기여할 수 있도록 고등교육기관의 잠재력이 커지기를 바라는 우리의 최고 희망이다.

그러므로 미국 대학이 미국 사회를 참된 민주사회로 효과적으로 변혁시킬지는 의문스럽지만 더 소박한 일은 가능하다. 대학은 정의의 모델이 될 수 있다. 대학은 정의로운 공동체가 되려고 노력할 수 있다. 이 글이 탐구하려는 것은 바람직한 광범한 사회변동을 주도할 잠재력을 가진 포용적, 숙의적, 집단적 활동이라는 고등교육 모델의 장점이다.

대학의 모델: 정의로운 사회

고등교육기관이 인종, 성별, 사회경제적 지위의 차원에서 공정한 포용을 통해 정의의 모델이 되려면 먼저 대학의 가치와 기능에 관한 또 다른 친숙한 모델을 수정할 필요가 있다.

① 경제발전 모델: 대학을 사회의 경제성장을 위한 도구로 생각하

는 것이다. 이 모델에서 교육적 성과는 총체적 경제성장에 기여한 바에 따라 평가된다. 지역적으로, 국가적으로 경제성장에 대한 기여는 여러 대학의 친숙한 사명임은 두말할 필요가 없다. 예를 들어, 보스턴 지역의 8개 연구 중심 대학에서 발간한 2003년도 보고서에 따르면, 이들 대학은 "재정적으로 직접적 영향을 크게 미칠 뿐 아니라, 더 중요하게는 경제성장을 촉발시킬 인적자본과 기술혁신을 산출함으로써 지역경제의 지적 기반을 크게 조성하고 있다."[8]고 주장했다. 8개 대학의 총장은 명확한 자부심과 긍지를 갖고 보고서에 서명했다.

경제발전을 모델로 강조하는 견해는 이러하다. 고등교육의 일차적 정당성은 국가 경제의 성장에 대한 공헌이다. 대학들이 자체적으로 이런 모델을 공통적으로 선택한 것은 아니고, 최소한 그런 견해에 암묵적으로 의거하여 대학의 공적 재정을 정당화하라는 압력을 때때로 받는다. 경제발전 모델의 한 가지 문제는 총합적 접근 때문에 부의 분배라는 사회적 문제를 소홀히 한다는 것이다. 게다가 이 모델에 빠져 있는 것은 투자와 경비의 목표 및 효과에 대한 윤리적 평가다. 분배적 정의관 혹은 투자와 소비의 윤리가 없는 경제적 모델은 고등교육의 목적을 평가하기에는 빈약한 관점이다.[9]

② 기업 모델: 대학은 돈을 내는 고객이 요구하는 서비스를 제공하는 곳이다. 이에 따르면, 대학교육은 학생들에게 이득을 주어야 하며—진로개발, 경쟁 우위, 사회적 지위 향상과 같이—학생들이 표출하는 목적과 목표에 맞추어야 한다. 이 모델은 방

향이 틀린 것임에도 불구하고 쉽게 사라지지 않는다. 고등교육은 학생들의 중요한 이익에 기여해야 하지만 그 목적이 이 모델의 미션에 한정되어서는 안 된다. 고등교육의 기업 모델은 너무 개인주의적이고 무비판적이다. 거기에는 공유할 수 있는 평가준거와 공동목적을 표현하는 집단적, 공적 차원이 빠져 있다.[10] 사람들이 현재 갖고 있는 목적, 목표, 자기-확인된 필요에만 기여한다면 그것은 정의로운 기관이 아니다. 정의로운 기관은 전체 구성원, 더 넓게는 모든 이해당사자의 이익을 공정하게 고려하는 방향으로 가치 있는 목적을 수립하고 제한한다. 이것은 추상적이지만 다음과 같은 뜻이다. 대학은 대학 구성원―사회적 선에 관한 그리고 공적 삶에 있어서 대학의 역할에 관한, 더욱 폭넓은 관념에 부응하는 방향에서―이 각자의 목적과 이익을 구성하도록 지도해야 한다. 고등교육은 졸업생들에게 사회적 지위 및 취업상의 경쟁적 우위라는 선(the goods)을 부여하는 기관이기 때문에―이런 이점을 선택적으로 제공하는 것이 이런 이점을 누리지 못하는 사람들에게 정당화될 수 있는가에 대해서도 민감하면서―이와 같은 책임을 이행해야 한다.

③ 학문연구자 중심 모델: 대학은 학문의 자율성을 가지고 학문을 연구하는 플랫폼이다. 이것은 연구-중심 교수에게 매력적인 모델이다. 여기서 내가 가장 이의를 제기하는 점은 연구에서 수월성의 가치에 대해서가 아니라, 현재 재직 중인 교수들의 연구 의제와 학문적 헌신에 맞추어 학과를 설계하려고 하는 학

문적 자율성의 가치에 대해서다.[11] 그래서 나는 학문연구자 중심 모델을 부정하기보다는 오히려 제한할 것이다. 학문의 자율성이라는 패러다임은 지식 추구가 지식의 윤리적 가치를 진전시키는가에 대해 충분할 정도로 민감하지 못하다. 사회적 정의의 모델이 되려면 학자들이 추구하는 바의 윤리적 가치에 대해서 검토가 포함되어야 한다. 이 말의 의미는 학문연구자가 추구하는 것은 더 큰 포용성을 증진시켜야 할 책무를 가진 더 큰 대학공동체의 구성원—대학이사, 외부 평가자, 혹은 학문연구의 지도자—의 의미 있는 평가와 비판에 대해 열려 있어야 한다는 뜻이다.

학문연구자 중심의 대학 모델을 비판한다면 이것은 연구-중심 교수들 사이에 논란을 일으킬 것이고, 정년보장 교수제도를 옹호하는 어떤 원칙과 긴장도 일으킬 것이다. 긴장이 생기는 까닭은, 이런 비판에 따른 조치는 학문연구자의 탐구영역에서 가치 있는 것이 무엇인지를 스스로 정하는—정년보장 교수제도가 보호해 주는—자율성에 도전하기 때문이다. 여기서 나는 정년보장 교수제도의 폐지를 옹호하는 것이 아니라 그것을 다른 이유에서 중요하게 생각한다. 그러나 나는 학문의 자율성을 가진 학문연구자들의 플랫폼이라는 대학의 이상이 수정되어야 한다는 주장—이것이 정년보장 교수제도의 합리적 원칙에 대해 긴장을 일으킴에도 불구하고—을 정말 지지한다. 학문연구자 중심의 모델 그리고 대학의 사회적 기능에 관한 두 가지의 대표적인 대중적 관념이 수정될 필요가 있다. 왜냐하면 사회적 정의가 더 포용적인 대표성을 요청하기 때문이다.

대학에서 정의의 모델은 내가 앞서 말한 세 가지 역할을 모두 대체하지 못할 것이다. 그것은 세 가지 모델을 제한하고 균형을 갖추게 함으로써 대학의 사명을 왜곡시키지 않고 오히려 그것에 기여할 것이다. 정의는 대학 전체의 미덕이며, 대학의 다양한 차원을 조직화하고 우선순위를 조정해 준다.

대학의 사회적 목적: 공정한 기회와 포용

다음과 같은 우려가 생길 수 있다. 정의는 맥락에 따라서 다르게 보이는데 정의로운 사회를 대학의 모델로 삼는 것이 의미 있는가? 플라톤은 정의로운 도시를 이해하려고 정의로운 영혼을 이야기하고자 했지만 정의로운 영혼은 정의로운 도시와 비슷하지 않을 수 있다. 어쩌면 정의는 온갖 영역에서 비슷한 원칙들에 의해서 정리되는 획일적인 가치가 아니다.

정의로운 대학은 민주적 정치사회와 중요한 점에서 다르다. 예를 들면, 미국 대학의 총장은 캠퍼스에서 민주적 투표에 의해 선출되지 않고 대학이사회가 선출한다. 자발적 조직과 정치적 사회 사이에는 중요한 차이가 많다. 그럼에도 정의라는 개념이 대학에 적용될 수 없다고 결론을 내리면 안 된다. 게다가 정의의 모델로서 대학은 단순히 유추(analogy)에 그치는 것이 아니다.

공정한 교육기회는 정의로운 민주사회에서 하나의 권리다. 나는 이를 당연한 것으로 여기지만 그것이 무엇을 의미하는지, 그것이 고등교육에 어떻게 적용되는지는 결코 확실하지 않다. 예를 들어, 모든 사람이 대학교육의 기회를 가져야 하는가? 혹은 교육에 대한 정의로운 권리는 적절한 중등교육에 의해서 충족되는 것인가? 적절한 중등교육이라면 학생들이 시민 생활에 참여하고, 취업하고, 또 시민의 권리와 의무를 이해하도록 준비시켜 줄 것이다. 대학교육은 비용이 많이 들고, 또 그것을 집단적으로 분담해야 한다면 공적 정당화를 통해서 그 가치를 납득시킬 필요가 있다. 미국 정치문화의 민주화를 촉진시키는 고등교육의 가치를 희망적으로 공언하는 것만으로는 충분하지 못하다. 또한 보편적 대학교육의 합리적 이유로 개인의 자아실현을 내세우는 것도 다원주의 사회의 검토 과정에서 살아남을 것 같지 않다.

공정한 기회라는 요구를 뒷받침해 줄 납득할 만한 기반—부, 기회 그리고 (지식, 혁신, 문화와 같은) 사회적 재화의 생산과 분배를 규제하는—은 대학의 현실적, 사회적 기능이다. 고등교육기관은 숙련된 고용, 연구와 개발, (TV, 영화, 광고, 건축 등의) 창의적 설계, 사회적 논평, 여론형성 및 지도적 지위 등의 측면에서 성인을 준비시키는데 크게 기여한다. 실제로 대학 학위는 그런 영역에서 인정받는 사회적 기여를 약속하는 예비조건이다. 공정한 기회라는 요구가 고등교육기관으로 확대된다는 주장에는 이처럼 확실한 이유가 들어 있다.[12]

엘리트 대학은 이런 차원에서 아주 면밀하게 점검되어야 한다. 엘리트 대학은 부, 기회, 지식, 혁신, 문화 등의 생산과 분배에 더 큰 영향을 미치고 입시경쟁도 치열하다. 게다가 학비도 비싸다. 명문에 속하는 자유교양 대학에서 학생들은 전일제 학생으로서, 상호작용적이고 집중적인 학습 환경에서 생활하고 공부하는 가운데 4년을 함께 보낸다. 동료 학생들은 희소한 자원을 놓고 일단 경쟁하는 관계이지만 협력적 대학공동체의 동반자이기도 하다. 이는 자원-집중적인 일이다. 이런 기회를 공정하게 갖도록 만드는 것이 무엇인지를 이해하려면 신중한 사고가 필요하다.

실력(merit)은 오늘날 합격 여부의 결정에서 일정한 역할을 하는데, 다른 요인도 있지만 주로 재능(talent)에 좌우된다. 만일 실력이 적절한 기준이라면, 모든 가능한 지원자에게 각자의 실력에 따라 평가받을 기회가 공정하게 주어져야 한다. 만일 공정한 기회가 권리이고, 따라서 폭넓은 사회적 지지를 받아야 되는 것이라면, 실력 있는 학생들의 교육 경비를 분담할 사람들 중에는 그 선발기준을 충족시키지 못할 사람들이 있을 것이다. 이것이 불공정하지 않다면, 이는 선발되지 못한 사람들에게도 똑같이 적용되는 '실력에 따른 선발'이라는 원칙이 있기 때문이다.

이 원칙의 그런 성격은 실력 판단의 내용 자체와 함께 대학의 적절한 사회적 기능을 이해하는 데 함수가 될 것이다. 또한 그것은 더 넓은 의미에서 사회적 기관의 역할과 정당화에 관한 문제—정의론의 주제—와 연결된다. 만일 우리가 고등교육을, 예컨대 사회적 효용성을 총체적으로 극대화시킬 도구로 이해한다면 기여할 수 있는 잠재력이 가장 큰 사람이 가장 자질이 높을 것이다. 만일 사회적 공리의 극대화에 기여하도록 교육을 받아야 될 학생들에게 입학을 거부하는 것은 불공정하겠지만, 그렇지 않은 다른 사람에게 입학을 거부하는 것은 꼭 불공정한 일이 아닐 것이다. 만일 고등교육이 사회의 경제성장을 극대화시키는 도구라면, 경제성장에 최대한 기여할 전망이 가장 높은 학생들만 입학시키는 것은 불공정하지 않을 것이다. 만일 대학의 적절한 기능에 대한 우리의 이해—탁월성(excellence)의 산출이라는 완전주의자(perfectionists)의 목표에 의해서—가 영향을 받는다면, 탁월한 성취의 전망을 평가하는 기준에 따른 선발은 적절할 것이다. 만일 고등교육이 개인의 잠재력의 충실한 실현을 위한 준비라는 유토피아적 목표에 따른다면, 공정성은 모든 사람에게 입학 기회를 제공할 것을 요구한다. 각 패러다임에서 공정성은 적절한 자격을 갖춘 사람들에게 똑같은 기회를 줄 것을 요구한다.

고등교육의 사회적 기능에 관한 그리고 입학과 관련된 실력기준에 관한 근본 문제는 쉽게 해결될 수 있는 것이 아니다. 왜냐하면 대학은 특이하게도 복합적인 역할에 봉사하기 때문이다. 나는 이 문제의 해결을 시도하지 않고, 이 문제를 제한적으로만 다룰 것이다. 예컨대, 내가 다루지 않을 문제는 이것이다. 전반적으로 더 많은 사람들이 자유교양교육을 받을 권리를 가져야 하는가?[13] 그렇지만 나는 다음과 같이 가정할 것이다. 공정한 기회균등에 대한 합당한 관념은 인종, 성별, 사회경제적 계급에 따라 차별하지 않을 것이다. 대학의 사회적 목적—제아무리 정밀하게 그것을 구체화해도—은 인종, 성별, 계급에 따른 차별적 접근에 의존하지 않아야 한다.[14] 그리하여 실력의 판단은 공정성에 의해 제약되어야 한다. 그러나 발전과 기여를 위한 원래 재능과 잠재력이 인종, 성별, 사회경제적 지위에 따라 분배되어 있다고 추정할 타당한 이유가 없기 때문에 공정성에 의한 제약은 우리의 공통된 실력관을 왜곡하는 것이 아니다.[15] 우리는 자유롭고 합리적으로 다음과 같은 정의의 기본요건을 수용한다. 자격과 동기를 갖춘 개인들—성별, 인종, 사회경제적 출신계급과 관계없이—은 사회적으로 중요한 지위에 오를 수 있다는 전망을 동등하게 가져야 한다. 이것은 다음을 의미한다. 대학의 가치를 총합하고 극대화시키는 온갖 계산—예를 들어, 사회의 경제성장을 촉진시키는 대학의 역할에 대한 주목—이 인종, 성별, 사회경제적 지위에 따른 차별을 은폐하거나 이에 의존하는 만큼 그것에 대해 반대할 수 있다.

실력의 기준으로서 재능과 동기는 실력보다는 사회적 특권 때문에 엘리트 지위를 차지했던 역사적 차별 패턴을 시정하는 데 유용한 기준이라고 생각할 수 있다. 그러나 실력의 기준으로서 재능과 동기가 다른 요인으로부터 쉽게 분리되지 못하는데 그 까닭은 '관련된 재능과 동기가 무엇인가?'가 사회적으로 결정되기 때문이다. '개인과 기관을 위해서 가치 있는 열망이 어떤 것인가?'는 사회적으로 조건화되고 편향됨으로써 특권적인 엘리트의 경험과 문화가 반영된 재능과 특성을 요구할 수 있다.[16] 예를 들면, 선출 가능한 후보로 인지되는 정치가들, 혹은 권위를 풍기는 기업 지도자는 아무래도 남성, 백인이거나 혹은 경제적 특권층일 가능성이 더 높다. 또한 재능과 동기를 발달시키는 기회도 사회적이다. 그런 기회는 평등하게 혹은 심지어 무작위로 분배되지 않고, 다른 요인보다도 사회계급

제8장·고등교육에서 정의의 모델

에 따라 달라진다.[17] 예를 들면, 우리가 알고 있듯이 여학생은 수학과 거리가 먼 학습영역을 더 선호하도록 사회화되고 있다. 또 우리가 알듯이 미국의 수많은 도시학교는 학생들의 대학진학 준비에 불행하게도 실패하고 있다. 기회의 결핍은 발달되지 못한 재능 그리고 낮은 동기와 상관된다. 자연적 재능이 줄어들어 없어질 수 있다.

이와 같은 사항은 더 광범한 사회정의의 문제를 제기하지만, 이런 문제를 고등교육기관이 다룰 수 있는 수단은 제한되어 있다. 그 대신 앞서 밝혔듯이 나의 초점은 고등교육기관이 효과를 낳을 수 있는 몇 가지 변화에 둔다.[18] 따라서 내가 인정하면서도 충실하게 다루지 못하는 어려운 문제는 이것이다. 성별, 인종, 사회경제적 계급은 한편으로 재능과 동기를 발달시킬 기회와 그리고 다른 한편으로 관련된 재능의 척도와 어떤 관계에 있는가? 그 대신 내가 초점을 두려고 한 것은 (성적평점이나 시험점수를 포함한) 재능과 동기에 대한 현행 평가에 따라서―인종, 성별, 사회경제적 지위의 차원에서―더 큰 **포용**의 성취라는 윤리적 명령이다. 나는 신중하고 조심스럽게 접근한다. 나는 현행 기준 및 그에 대한 우리의 사고방식을 확대시킬 것을 촉구하면서도, **성적평점**과 **시험점수**에 대한 현행 관심을 강하게 배척하지는 않는다.

포용이라는 목적은 많은 대학이 스스로 의식하는 사명과 부합된다. 여기서 내가 말하는 대학은 소수집단우대정책을 옹호하는 대학뿐만 아니라 민주적 가치, 윤리적 추론, 비판적 사고, 다문화 교육 등을 목적으로 삼는 대학을 가리킨다. 전국에서 아무 자유교양 대학이나 골라서 살펴보면 그 점을 알 수 있다. '**다양성**' '**포용성**' '다문화주의'와 같은 용어는 여러 대학의 강령에 등장한다. 가령, 예일 대학교의 강령을 보자. "예일은 예외적인 재능을 가진 다양한 집단의 남녀 학생들을 미국 전역과 세계 전체에서 끌어들이려고 노력하며, 그들을 학계, 전문직, 일반사회의 지도자로서 교육시키려고 노력한다."[19] 콜비 대학교의 강령을 보자. 이 대학의 목표는 "다양한, 재능 있는, 지적으로 세련된 학생들을 선발하여 폭넓고 어려운 교육경험"[20]을 제공하는 것이다. 이런 것은 수많은 미국 대학에서 찾을 수 있다.

인종, 성별, 사회경제적 계급의 차원에서 포용을 증진시키는 일은 역사적으로 명백하게 발생한 정의롭지 못한 차원을 개선하려는 노력과 연관된다. 과소−대표성(underrepresentation)은 지극히 명백한 몇 가지 불의의 산물이며, 오늘날에도 우리에게 아직 많이 남아 있다. 이 문제는 불의의 다른 차원들을 언급한다고 해서 해결되지는 못할 것이다. 시정적인 정의와 분배적 정의라는 중요한 차원은, 아무튼 내가 말하는 이야기의 일부일 뿐이다. 또한 진정으로 **포용적**(inclusive) **숙의 공동체**는 참여적 의미에서 민주주의를 위한 모델이다. **자유교양 대학**과 일반 대학은 평등한 존재들의 포용적 숙의 공동체가 발달될 수 있는 장소다. 더 포용적인 대학교육이 대학생들의 경험과 가치를 의미 있게 형성시킬 수 있는 잠재력은, 더 큰 정의를 향하여 더 폭넓은 사회적 기여를 할 수 있는 가장 밝은 전망을 가리킨다. 고등교육은 모든 사람이 받는 것도 아니고 그럴 수도 없지만, 전체 인구의 실질적인 일부를 위한 고등교육—그 일부가 다양하고, 대표성을 갖는다면—은 정당화될 수 있다.

내가 지금 주장하는 바는 이것이다. 인종, 성별, 사회경제적 계급의 차원에서 포용적인 그리고 참여와 숙의를 지향하는 고등교육—대학을 뛰어넘어 시민사회를 위해 가치 있게 기여하기 위해서—은 학문공동체를 구성하는 연구자들의 가치와 목적을 형성시킬 수 있는 잠재력을 갖는다. 고등교육을 위한 이런 주장에도 한계가 있다. 그것은 모든 고등교육기관에 적용되지 않는다.[21] 숙의적인 자유교양교육을 받지 못하는 대학생들이 많다. 이들은 대단위 강의를 듣고, 규모가 크고 산만하고 이름도 없는 공적 교육기관에 다니며, 돈벌이 때문에 대학등록을 쉽게 중단하고(오랜 기간에 걸쳐 학점을 따고), 직업 분야를 공부한다. 이런 처지의 대학생들은 학문에 몰두하는 교수나 동료 학생들과 지속적으로 숙의하고 상호작용하면서 학습하지 못하고, 교수가 전해 주는 정보만을 일정한 거리에서 비교적 수동적으로 받아들이는 수용자로서 학습할 뿐이다. 이런 학습 모델에서 강조하는 것은 교수로부터 개별 학생으로 지식과 기능이 형식적으로 전이되는 것뿐이다. 그것은 규격화된 것일 뿐, 공동체 건설을 지향하는 것이 아니다. 자유교양교육의 어떤 요소는 나타날 수 있으나 참여와 숙의는 강조되지 못한다.

분배적 정의와 시정적인 정의의 고려사항들은 고등교육기관에 다닐 수 있는 공정한 기회를 옹호하는 논변—참여적, 숙의적인 것이거나 혹은 그렇지 못한 것이거나 간에—을 제공해 준다. 나는 주장했다. 사회적으로 불이익을 당하고 역사적으로 배제 당했던 집단 구성원들은 고등교육이 제공하는 중요한 선(좋은 것들)에 평등하게 접근할 수 있어야 한다. 정의의 이 같은 명령은, 직업기술훈련 대학이나 거대한 공립대학을 비롯한 다양한 대학기관에 의해서 실행될 수 있다. 그것은 꼭 자유교양교육만을 요구하지 않는다. 그러나 내가 언급한 참여적 정의의 논변은 특별히 자유교양 대학을 향한다. 만약 학생들이 접근하기가 더 쉬운 공립대학의 정원을 확충하기보다 우리가 가용 자원을 활용하여, 오히려 입학이 까다로운 자유교양 대학을 그대로 유지하려고 한다면 사립 자유교양 대학과 사립종합대학—선발되어 교육을 받는 학생들을 뛰어넘어 그 이득이 확대될 수 있는—은 독특한, 가치 있는 기여를 한다는 점을 밝혀야 할 도덕적 압력을 받게 된다. 바꾸어 말해서, 엘리트 자유교양 대학의 성취는 윤리적 평가를 받아야 한다.

나는 이제 정의의 모델로서 대학이 발전하도록 설계된 윤리적 평가의 기준을 살펴볼 것이다. 구체적으로 내가 논할 것은 **학생입학, 교수법, (대학생의 생활과 학문탐구를 위한) 캠퍼스 풍토** 세 가지다. 나의 논의는 다음과 같은 세 가지 기본사항을 중심으로 전개된다.

- 대학입학에서 업적이나 실력은 성공과 기여를 위한 잠재력의 문제로 이해하는 것이 가장 좋다는 점을 대학은 공개적으로 강조해야 한다.
- 학문활동은 내가 말하는 '사회적 지성'과의 관계 속에서 평가되어야 한다.
- 포용적이고 공정한 캠퍼스 풍토는 비판적 사고와 창의적 이해를 향한 전망의 토대다.

업적의 새로운 의미: 성공과 기여를 위한 잠재력

정의의 저울은 업적(desert) 개념의 친숙한 은유다. 이런 의미의 업적에는 다음과 같은 도덕적 생각이 들어 있다. 칭찬받을 만한 성취를 이루어 낸 사람은 보상을 받아야 한다. (그리고 비난받을 나쁜 일을 저지른 사람은 처벌을 받아야 한다.) 이런 방식의 사고에서 관련된 보상을 결정하는 것은 과거 행동에 대한 평가일 뿐이고, 과거 행동이 미래 수행을 위해 어떤 함의를 갖는가 그리고 보상을 해 줌으로써 나타나는 이로운 결과가 무엇인가는 관계가 없는 사항이다. 더 나아가 성취를 이루어 낸 사람은 자신의 정당한 업적에 대해 도덕적 권리를 갖는 것으로 간주된다. 적절한 보상을 못 받는 일은 도덕적 불만의 원인이 될 것이다. 이런 의미의 업적은 과거 지향적이다. 개인의 도덕적 업적은 그 결과를 고려하지 않은 채 결정된다.

업적은 입학 기준으로서 적절하지 못할 수 있다. 입학위원들의 책임은 학교의 자원으로부터 커다란 이득을 얻고, 학문적으로 성공하고, 대학의 학문적, 사회적 사명에 공헌할 수 있는 학생을 찾아내는 것이다. 입학사정관은 이처럼 복합적이고 미래지향적인 의미에서 입학할 만한 능력을 갖춘 응시자를 찾는다.[22] 학업평점과 표준화검사 점수는 성공의 예측을 위해 사용되어야 하는 것이지, 응분의 보상을 해 주기 위한 성취 지표로 사용되어야 하는 것은 아니다. 그런데 입시에서 내려지는 실력의 판단에 대한 일반 대중의 지각을 살펴보면 혼란이 보일 뿐만 아니라, 분노까지 나타난다. 법적 사태가 자꾸 벌어진 데에는 다음과 같은 견해가 깔려 있다. 학업평점과 검사점수에서 더 낮은 응시자를 합격시키는 것—대학에서 사용하는 입학 기준은 대학의 사명을 중요한 방식으로 증진시키는 데 사용된다는 점이 공지되었음에도 불구하고—은 고소한 쪽의 학생들의 우월한 성적을 감안할 때, 불공평한 대우의 증거다. 미국 연방대법원은 소수집단우대정책도 인종차별이라는 주장에 대해 공감하지 않은 것도 아니고, 그렇다고 해서 고소인들 쪽의 주장을 충실히 수용한 것도 아니었으므로 입학 기준을 설계할 때—집단적 교육활동에 성공적으로 참여할 수 있는 개인의 잠재력으로서—실력을 중심으로 만들 수 있는 여지를 남겨놓았다.[23] 대학입학에서 인종을 고려하는 사안에 대한 대법원의 애매한 입장이 대학입학정책에 대한 일반 대중의 의심에 불을 지폈던 것 같다.

진보적 입학정책을 가지고 있는 대학은 자체의 입장을 고수하고, 그것을 일반 대중에게 더 충실하게 전달해야 하며, 그럼으로써 집단적 학습 환경을 위해서 정말 중요한 것이 다양성임을 천명해야 한다. 인종, 성별, 사회경제적 지위에 따른 포용과 균형은 비판적 사고 활동을 촉진시켜 주는 것이다. 왜냐하면 사회적 경험이 서로 다른 사람들과의 사려 깊은 만남 속에서 비로소 가치, 편향성, 상정 등에 대한 비판적 탐구가 촉진되기 때문이다. 또한 그동안 미국의 역사, 정치, 문화, 사회계층, 사회적 역동성 등에 대해 인종이 심각한 영향을 미쳤기 때문에 인종적 다양성과 미국 소수집단의 포용이 특별히 중요하다는 점도 강조되어야 한다.[24] 이런 측면에서 역사적으로 배제 당하고 학대 받았던 소수집단의 불이익을 바로잡아야 한다는 시정적인 정의와 분배적 정의의 요청도 집단적, 개인적 학습의 진보를 증진시켜 준다.

또한 대학이 그동안 해왔던 것보다 더 강력하게 전달할 수 있는 사항은 이것이다. 학생집단의 다양화를 이룰 수 있는 최선의 길은 입학 결정에서 학업평점과 시험점수의 역할을 제한시키는 것이다. 학업평점과 시험점수—만일 특정 집단이 표준화 검사에서 기량을 발휘하지 못하는 경향이 있다는 증거를 감안하여 적절히 조정한다면—는 지원자의 입학 실력 여부를 평가할 때 유용한 기준 기능을 하게 된다.[25] 그러나 여기서 강조되어야 할 사항이 있다. 대학 지원자는 (장애극복능력, 동기의 강도, 헌신, 지구력 등과 같은) 실천적 지능 및 (개인적, 문화적 관점이 학습공동체에 도움을 줄 수 있는) 기여 가능성 등 다른 요인을 기반으로 입학할 수 있는 실력을 갖기도 한다. 이런 요인들은 입학 기준으로서의 실력과 경쟁하는 것이 아니다. 이런 요인들 자체는 (위와 관련된) 미래지향적 의미에서 실력의 척도가 되는데 그 까닭은 학습에 있어서 개인적, 집단적 성공의 전망을 파악할 때 그런 요인들이 감안되기 때문이다. 그 핵심은 이것이다. 여기서 관련된 업적의 개념은 잠재력을 포괄하는 것이며, 여기에는 개인적 차원과 집단적 차원이 있으며, 그리고 그것은 응분의 보상이라는 도덕적 척도가 아니다. 많은 입학사정관이 이런 접근방식을 긍정하겠지만, 그것의 윤리적 내용과 중요성이 공적으로 천명되고 강조되어야 한다.

자격의 척도로서 학업평점과 시험점수는 엘리트 대학에 다니는 학생집단 안에서 사회경제적 계급 출신에 따라 불균형을 보여 준다. 에이미 거트먼(Amy Gutmann)은 대학입학에서 그녀가 말하는

'거대한 압착(big squeeze)'을 강조한다. 그녀가 최근의 연구에서 찾아낸 바에 따르면, 고교 상급생을 살펴볼 때 엘리트 대학에 입학할 자격이 아주 우수한 (학업평점이 높고, 합산 SAT 점수가 1200 이상의) 고교 상급생의 35%가 상위 20%의 소득집단 출신이고, 입시경쟁이 심한 대학에 다니는 대학생의 57%가 상위 20%의 소득집단 출신이다. 그녀의 결론에 따르면, 그것은 "미국에서 상위 20%에 속하는 가정의 출신들이 엘리트 대학에서 차지하는 비율이 과대하게 대표되고 그 비율의 격차가 21%다."라는 뜻이다.[26] 거트먼이 지적하듯, 다른 소득집단들이 차지하는 비율은 최하위 소득계층으로 내려갈수록 더욱더 과소하게 대표되고 있다. 그녀에 의하면, 중위와 하위 소득계층의 자격 있는 학생들의 대학등록 비율이 상대적으로 낮은데, 그 이유는 재정 지원의 부족 때문만이 아니다. 엘리트 대학이 자신들을 환영하지 않는다는 지각도 중요한 요인이다. 자격 있는 학생들의 불균등한 사회경제적 대표성을 바로잡기 위해서 핵심적으로 필요한 것은 니드-블라인드(need-blind) 입학뿐만 아니라 접근의 확충 및 등록의 지속을 위한 프로그램이다.

학문활동, 사회적 지성, 포용성

이제 학문활동(scholarship)에 대한 평가를 살펴보자. 나는 다음과 같이 제안한다. 학문활동은 '사회적 지능'으로서 지식의 생산에 따라서 평가되어야 한다. 지식을 '사회적 지능'이라고 하는 것은 지식이 권한을 부여하는 지식인 공동체와의 관계 속에서 지식은 이해되고 평가될 수 있다는 뜻이다. 지식을 사회적 지능과의 관계 속에서 이해한다는 것은 지식이 어떻게 구축되는지 그리고 누구와 공유되는지를 생각한다는 뜻이다. 그것은 지식인들이 누구이며, 그 지식이 누구에 의해 생산되며, 지식 생산에서 의도하는 대상이 누구인지를 검토하는 것이다. 지적 능력을 가진 사회집단은 지식을 생성하고, 조작하고, 확산시키는 사람들을 포함한다. 이들은 정보를 유용하게 혹은 다른 방식에서 가치 있게 전환시키는 집단이다. 지적인 사회집단은 지식의 생성으로부터 이득을 보는 집단보다 상당히 더 작을 것이다. 교량과 비행기의 설계에 들어 있는 공학적 전문성으로부터 이득을 얻는 사람들은 많은 반면, 공학의 원리나 혹은 이 분야의 최근 혁신을 아는 사람은 적다. 여기서 문제는 연구의 진보가 낳을 광범한 사회적 가치가 아니라 지식인 공동체의 구성원이다. 지적 능력을 가진 사회집단은 지식에 접근하고, 지식의 소비·응용·개발에 영향을 미치고, 수동적 지식수혜자에게 없는 사회적 권력을 갖는다. 고등교육에서 공평한 기회에 대한 관심은 학문활동이 벌어지는 대학공동체를 다루어야 하고, 그 포용성도 평가해야 한다. 공평한 기회와 관련된 사항은 학문공동체의 구성원으로 확대되어야 한다.

교육기관은 다음 사항에 관심을 가져야 한다. 학문의 생산과 소비에 관여하는 사람들의 집단은 인종, 성별, 사회계급의 측면에서 사회적으로 대표적인가? 그리고 대학에서 학생들과 연구교수는 모두 학문공동체에 충실하게 참여할 수 있는 지위에 있는가? 이는 '사회적 지능'을 숙의 민주주의(deliberative democracy)를 모델로 삼고 이해하는 것이며, 대의를 강조하는 민주주의관과 반대되는 것이다.

정치적 평등에 대한 두 가지 아이디어는 서로 다르다. 하나는, 인간의 정치적 평등이란 집단적 결정에서 모든 사람의 이익에 대해서 동등한 비중을 두어야 한다는 아이디어이다. 이것은 대의 민주주의와 부합되는 생각이다. 다른 하나는, 정치적 평등이란 집단적 결정에 평등하게 참여할 수 있는 기회를 요구한다는 아이디어다.[27] 바로 여기에 숙의의 요건이 포함된다. 지식을, 사회적 지능과의 관계 속에서 평가한다는 것은, 사람들의 기본이익에 영향을 미치는 집단적 노력에 그들이 참여하는 기회의 가치를 표현한다. 그것은 자치(self-government)라는 민주주의의 깊은 의미를 표현한다. 이것은 사회적으로 유익한 지식의 생산 그 이상의 것을 요구한다.

내가 제안하는 점은 이것이다. 숙의 민주주의를 모델로 삼은 사회적 지능이라는 아이디어를 사용해서 학문활동을 평가해야 한다. 구체적으로 나는 지금 사회적 지능을 학문공동체에 적용하고 있으며 그리고 연구내용과 연구행위와 관련하여 학문의 사회적 지능을 확대시킬 것을 목적으로 삼고 있다. 만일 대학의 학과가 그리고 더 넓게는 대학의 학문영역이 인종과 성별에 따라 다양성을 갖추지 못한다면, 대학 지도자는 그런 학과나 학문영역으로 하여금—새로운 연구라인을 개방하거나 그리고/혹은 생산적 학자에 속하는 여성과 소수집단 출신을 고용하게 함으로써—학문연구의 내용을 확대하도록 요구해야 한다. 여기서 연구의 주제는 인종이나 성별에 초점을 둘 수도 있고, 그렇지 않을 수도 있다. 연구주제와 관련된 인종과 성별 그리고 연구자 자신의 인종과 성별이 서로 구별된다는 점을 나는 지금 인정하고 있다. 나는 두 가지 유형의 다양화, 즉 주제의 다양화 및 연구자의 다양화를 인종과 성별의 포용성이라는 측면에서 진보로 간주할 것이다. 주제의 포용성은 정의에 대한 관심의 성격과 원천에 주의를 기울일 것을 요청하고, 또 우리의 윤리적 감수성을 높여 준다. 이것은 간접적으로나마 변화를 촉진시킬 수 있다.

더 큰 포용의 중요성에 대한 강조는, 인종과 성별에 초점을 두지 않는 특수 학문에는 무엇인가 잘못된 점이 있다는 점을 반드시 의미하지 않는다. 대학의 학과에서 다양성을 더 확대하려면 어느 영역에 소수집단출신이나 여성을 임용하거나, 혹은 인종과 성별의 역동성을 연구하는 학문영역을 포함시킬 수 있다. 그러나 여성이나 소수집단출신에 싸늘한 분위기를 만드는 하위영역은, 특히 실천적 응용성도 없는 것이라면 철저히 검토되어야 한다. 지식 그 자체에 대한 고집—그 옹호자들이 희소 자원을 사용하면서도 그 지식의 전망에 대한 포괄적 평가가 없다면—은 문제가 된다.

더 큰 포용을 촉진시킬 또 다른 전략에서 강조하는 것이 있다. 더 저항적인 탐구영역들 간의 상호 교류를 염두에 두면서, 포용적인 학문연구 프로그램을 중심으로 설계된 **학제적 연구라인과 학문센터**의 가치다. 예를 들어, '클러스터 임용(cluster hires)' 교수들에게는 **학제적 탐구영역**의 교육과정 개발 및 연구 개발에 참여하는 데 동의하는 학과들을 선정할 수 있는 지위가 주어진다. 이런 지위에 합당한 교수 후보자들을 선정할 때 학제적 위원회가 참여한다.

학문공동체에 대한 접근—이상적으로는 학문공동체 구성원의 자격기준으로 재능과 동기를 특별 취급하는—은 공정한 기회균등의 관념에 따라 규제되어야 하며, 다른 식으로 차별되면 안 된다고 나는 주장했다. 이런 맥락에서 숙의 민주주의의 이상을 발전시키는 일—고등교육의 목적에 대한 우리의 사고에서 더욱 급진적인 변화를 암시하는—은 더 넓은, 사회 전반에 걸친 민주적 참여를 제안하는 것과 대비된다. 그럼에도 기회균등이 재능과 동기의 중요성에 의해서 구조화된다고 이해하면서, 숙의 민주주의의 아이디어를 더 좁게 적용한다는 것은 학문공동체 안에서 평등과 포용의 의미에 중요한 함의를 갖는다. 그 의미는 이것이다. 과연 학문공동체가 인종, 성별, 사회경제적 계급 차원에서 탄탄하게 섞여져서 구성되는가에 대해 우리는 기민해야 한다. 만일 부당한 편견이 제거된다면 그렇게 될 것이라고 우리는 기대해야 한다.

캠퍼스 분위기와 교수법의 윤리

마지막으로 내가 다루려는 문제는 학생들을 위한 캠퍼스 분위기 그리고 교수법의 윤리다. '비판적 사고'는 대학교육의 목적으로서 학생들에게 길러 주어야 할 점을 기술할 때 대중적인 용어가 되었다.[28] 그러나 이 말의 의미가 무엇인지 늘 분명하지는 않다. 적절한 이해가 분명해지려면 먼저 **수동적 사고**와 **능동적 사고**를 구분해야 한다. 수동적 사고에서 학생들은 정보를 흡수하지만 그 정보의 가치를 옹호하거나 부정하는 이유를 의식적으로 확인하지 않는다. 정보의 암기와 기억은 수동적 사고의 사례다. 이와 대조적으로 능동적인 비판적 사고는 반성적 옹호를 넘어선다. 그것은 판단과 평가를 포함하며, 가치를 따른다.[29]

정보의 관련성을 반성적으로 옹호할 때, 개인의 자아관과 **가치**가 정보를 평가하고, 지식탐구의 방향을 정하는 데 지침으로 사용된다.[30) 가치는 어느 정보가 고려할 만한 것인가를 평가하는 위치에 개인을 두고 그가 새로운 정보를 탐색할 수 있게 만든다. 비판적으로 사고할 때, 개인은 정보탐색의 핵심에 대한 감각을 갖게 된다. 예를 들어, 그것은 바람직한 사회적 목적에 봉사하고, 자연계에 대한 우리의 이해와 감상을 날카롭게 만들고, 그리고 정서적으로 지적으로 만족스럽게 할 것이다. 가치의 틀은 정보를, 더 생각하거나 결론을 내릴 이유를 제공해 주는 것으로, 인식할 위치에 개인을 올려놓기 때문에 비판적 사고는 자기긍정과 연관된다. 그 속에서는 관련된다고 스스로 긍정하는 이유에 따라서 결론에 도달하게 된다. 개인이 이유를 결론 도출의 근거로 삼을 때, 그 이유는 그가 어떤 사람인가에 대해 뭔가 중요한 것을 말해 줌을 알게 된다. 그는 사고활동을 가치 있는 것으로 만들어 준다고 믿는 어떤 목적을 가진 사람이다. 인지적 부조화를 피하기 위해서, 우리가 인지하는 이유들이 단일한 합리적 틀로는 아니어도 최소한 명백한 갈등이 제거된 합리적 다발로 결합되는가를 살펴보도록 자신에게 압박을 가한다. 이런 다발이 시간이 흐르면서 어느 정도 응집된 결과 우리 자신을 통합된 인격으로 경험할 수 있는가를 살피는 일이 우리에게 중요하다.

비판적 사고는 방금 이야기한 대로 **자율성의 훈련**이다. 그렇지만 내가 말하는 자율성은 고립을 의미하지 않는다. 실제로 자율성의 훈련으로서 비판적 사고는 늘 사회적 현존을 요구한다. 그것은 다른 사람들이 자신의 지적 능력의 성실성을 긍정해 줄 것을 요구한다. 이런 사회적 인정이 없다면 비판적 사고를 사용하여 새로운 것을 배우기가 매우 어렵다. 왜냐하면 비판적 사고는 자신이 중요하다고 이해하고 생각하는 것에서 벗어나서 새로운 정보와 아이디어를 탐색하고, 또 자신의 가정과 신봉을 반성하는 것이기 때문이다. 비판적 사고는 개인의 가치와 이유에서 시작되고 방향을 찾는 것이지만, 개인의 정체성이 의존하는 가치와 이유에 대한 엄밀한 검토가 거기에 포함되기도 한다. 그러므로 비판적 사고는 **자기평가**를 포함한다. 여기서 개인의 자기평가를 촉진시킬 수 있는 건설적인 형태의 도전이 필요하다. 정직하고 개방적인 탐구를 집단적으로 신봉하고, 다양성이 있는 공동체는 비판적 사고와 학습을 위해 더할 나위 없이 귀중한 도구다.

다른 사람들과 함께하는 비판적 사고에서 **윤리적 차원**이 생겨난다. 자기검토의 과정은 어렵고 고통스럽다. 자신의 가치, 상정, 신봉 중에서 어떤 것은 이유의 지지를 받지 못한다는 점—정당화될 수 없거나, 혹은 반성해 보니 가치 있는 것으로 보이지 않는다는 점—을 발견할 수 있다. 학습에 개방적인 태도를 갖는 학생들은 때때로 그 점을 발견한다. 자기반성의 연습으로서의 비판적 사고가 취약함과 방향상실을 피부로 느끼도록 촉발할 수 있다. 또한 사회적 지지가 비판적 사고의 훈련이 지속되게 하는 데 필요할 것이다. 따라서 교육자는 복합적인 역할을 한다. 가치 있는 도전의 원천으로 입문시키는, 그리고 상호존중이라는 윤리적 요구가 충족되는 집단적 추론을 증진시키는 지지자 혹은 지도자로서의 역할이다.[31] 다양한 학생 집단을 가르치면 가르침에 포함되는 책임이 복잡해진다.

비판적 사고의 출발점은 사람에 따라서 다르지만, 상이한 사람들이 상이한 인생경험과 가치를 갖고 있는 다양한 집단에서는 특히 더 그렇다. 교육자는 학생들을 몰입시킬 다중 전략을 개발해야 한다. 여기서 암시되는 교수법의 윤리는 다음 사항을 강조한다. 교수는 능동적, 참여적 학습의 모델이 될 뿐만 아니라, 여러 가지 종류로 다양하게 작성된 강의 내용을 사용해야 하고, (대화, 비형식적 글쓰기, 집단토론, 팀 프로젝트 및 다른 형태의 협동학습과 같은) 학생-중심 교수법도 포함시켜야 한다.

비판적 사고가 정말 집단적 활동이 된다면, 모든 참여자는 합리적 판단과 정직한 자기평가가 가능한 사람으로 당연히 인정받게 된다. 모두가 성실하게 지식을 획득하고, 정보를 평가할 수 있는 사람으로 대우받을 것이다. 다시 말해서, 참여자는 지식-주장(knowledge claims)의 기반에 도전하고 이를 탐색하고 평가할 수 있는 사람으로 상대방을 인정하라는 윤리적 압력을 받는다. 참여자는 상대방을 귀중한 질문자로서 인정해야 한다. 그래야 서로 출발점이 다를지라도, 다른 사람의 관점을 이성적으로 받아들일 정도로 자기평가를 확대하라는 도전을 받게 될 것이다. 이런 도전을 받아들이는 것은 타인의 자율성에 대한 윤리적 존중을 표현하는 것이며, 상호 성장과 집단적 성장을 가능하게 만드는 것이다.

사회심리학적 증거는 다음과 같은 나의 제안을 지지해 준다. 우리는 비판적 사고를 '윤리적 집단역동성에 의존하는 자율성의 훈련으로' 이해해야 한다. 예를 들어, 연구를 통해 밝혀진 것처럼 자긍심에 대한 위협(예: 상투적 위협), 문화적 소외, 편향성과 불공정성의 지각 등은 여학생과 유색인 학생들의 학문적 수행에 중대한 영향을 미친다.[32] 이런 위협에 대한 공정한 혹은 사회적으로 긍정적인 반응은 학생들의 수행을 의미 있게 개선시키는 것으로 밝혀졌다.[33] 이런 증거는 학생-중심적인, 참여적인 그리고 (상호 존중과 평등한 지위를 낳는) 집단역동성 조성의 중요성과 어려움에 대해 민감한 교수법의 윤리를 옹호해 준다.

맺음말

이 글은 정의의 모델로서 대학의 이념을 내용 측면에서 밝혀 보려고 시도했다. 그것은 참여민주주의로서 대학공동체라는 모델에 따라서 역사적 뿌리를 가진 배제의 원천을 다루는 정의가 요청하는 제도적 사항을 합당하게 충족시키는 대학 그리고 학문공동체 안에서 포용의 문화를 증진시키는 대학이다. 대학의 이런 실현가능한 이상은 입학, 학문활동, 캠퍼스 문화, 교수법 등에 대한 대학의 접근을 포괄한다고 나는 주장했다. 대학의 정책과 사명의 이런 측면에서 포용성은 공정한 기회균등의 문제로 요청되는 것이며 그리고 그것은 비판적 사고, 윤리적 추론, 민주적 가치를 향상시킬 자유교양교육의 잠재력을 발전시키는 데 핵심적인 것이다. 만일 내가 말한 것처럼 대학이 정의의 모델이 되는 데 성공한다면, 전체 인구를 폭넓게 대표하면서, 학습과 연구 공동체에 충실히 참여할 수 있는 대학교수와 대학생은 자신의 경험을 표현하고, 또 대학의 가치를 형성할 수 있는 강력한 위치에 놓이게 될 것이다. 학문공동체의 모든 구성원은 동료에게 영향을 미치거나 스스로 발전함으로써 대학의 사회적 역할과 기여에 영향을 미칠 수 있다. 이로써 특권층의 이익에만 봉사하지 않고 더 큰 사회적 선에 정의롭게 기여하는 대학의 전망도 밝아질 것이다.

미주

1) 누스바움(Nussbaum, 2010).
2) 하버마스(Habermas, 1990).
3) 캘란(Callan, 1997)을 참조.
4) 이 주제는 이 책에 수록된 거트먼의 글에서 돋보인다.
5) 폭넓은 기반의 평가 도구는 모든 교육기관을 위해 중요하지만, 특히 자유교양 대학에서 학습성과의 측정은 아주 도전적인 일이 될 것이다.
6) 여기서 내가 말하는 '자유주의적'이란 평등한 기본권, 공정한 기회, 적절한 삶의 기준을 모든 사람에게 보호해 주는 사회를 가리킨다.
7) 오버린 대학교와 베리아 대학교는 인종 다양성을 강력하게 신봉하는 역사를 가진 대학의 사례에 속한다. 이런 대학은 칭송받을 만하지만, 내가 말하는 정의의 모델을 전적으로 신봉하는 수준에 이르지는 못했다.
8) *Engines of Economic Growth: The Economic Impact of Boston's Eight Research Universities on the Metropolitan Boston Area* (New York: Appleseed, 2003)을 참조.
9) 이와 비슷한 방향의 비판을 더 자세하고 유익하게 보여 주는 글은 이 책에서 버트럼(Bertram)의 글을 참조. 그는 특히 소비의 환경적 효과에 대한 관심사를 제기한다.
10) 비즈니스 모형의 문제점에 관한 논의로는 케토피스(Katopes, 2011)를 참조.
11) 이런 유형의 모델 및 그것이 다양한 민주주의에 참여할 대학생의 준비에 미치는 효과에 관한 논의는 체코웨이(Checkoway, 2001)를 참조.
12) 이 논변은 고등교육기관이 일반사회의 민주적, 평등적 정치문화를 촉진시키는 데 성공하는가에 따라 좌우되는 것은 아니다.
13) 고등교육기관을 반드시 확장함으로써 더 많은 사람이 다닐 수 있도록 기회를 확대시켜야 한다고 주장할 수 있다. 이와 달리, 입학의 기준으로서 능력은 폐기되거나 개방등록이나 제비뽑기로 교체될 수 있다. 이것은 고등교육의 가치에 관한 문제로 그리고 이런 가치가 정의의 문제로서 동등한 기회나 보편적 접근을 우선시할 정도로 강력한 공적 지지를 받는가(받아야 하는가)의 문제로 우리가 되돌아가게 만든다.
14) 이 주장은 역사적으로 뿌리 깊은 차별 패턴을 시정하는 것을 목표로 하는 소수

집단우대정책과 긴장을 일으키지 않는다.

15) 성차별의 오랜 역사에도 불구하고, 입시경쟁이 심한 (아이비리그에 속하지 않는) 수많은 대학에는 오늘날 남학생보다 여학생이 더 많다. 이는 대학입학 이전에 획득한 자질 그리고 어쩌면 잠재력에 관한 합당한 판단을 보여 준다. 이것은 초·중등학교 교육이 왜 남학생들에게 제대로 봉사하지 못하는가에 관한 심각한 문제를 제기한다. 이 점에 착안하게 해 준 브릭하우스 교수에게 감사한다.

16) 예를 들어, 표준화 검사에서 문화적 편향성에 관한 논의를 참조.

17) 덩컨과 머네인(Duncan & Murnane, 2011), 브룩스−건과 퍼스텐버그(Brooks−Gunn & Furstenberg, 1986), 리슬리와 하트(Risley & Hart, 1995), 고든과 레몬스 (Gordon & Lemons, 1997).

18) 대학 이전의 교육에서 인종 간 불평등을 다루어야 할 대학의 책임에 관한 논의는 이 책에 실린 맥퍼슨(McPherson)의 글을 참조.

19) http://www.yale.edu/about/mission.html.

20) http://www.colby.edu/academics_cs/catalogue/2011_2012/general_information/colby_plan.cfm (accessed August 28, 2014)을 참조.
또한 다음 대학의 강령도 참조.
콜게이트 대학교 http://colgate.edu/about/generalinformation/mission/html.
워싱턴 대학교 http://www.washington.edu/diversity/
노스다코타대학교 http://und.edu/discover/leadership−and−educators/mission−staement.cfm
그리넬 대학교 http://www.grinnell.edu/offices/president/missionstatement

21) 이 문단에 관한 제안에 대해 러빈(Levine)에게 감사한다.

22) 이것은 슈미츠(Schmidtz, 2006, 제8장)가 말하는 약정적인(promissory) 업적과 비슷한 생각이다.

23) *Grutter v. Bollinger* 539 U.S. 306(2003). *Regents of The University of California v. Bakke* 438 U.S. 265(1978). 연방대법원은 대학입학에서 인종 고려에 대한 도전을 심의 중이다. *Fisher v. University of Texas at Austin*, No. 110345(2012)을 참조.

24) 이 논변은 *Fisher v. University of Texas at Austin* 피고 측에서 법원에 제시한 논변에 없는 것으로 보인다. 피고 측에서는 미국 사회에서 인종의 역동성과 사회사의 핵심 중요성을 강조하지 않은 채 다양성의 교육적 이점을 옹호한다. 피고 측은 *Regents of the University of California v. Bakke* 원고 측이 취한 입장을 뛰어넘지 않는다.

25) 젱크스와 필립스(Jencks & Phillips, 1998) 및 니스벳(Nisbett, 2009)을 참조.

26) 이 책에 실린 거트먼(Gutmann)의 글을 참조.

27) 코언(Cohen, 2009)과 드워킨(Dworkin, 1996)을 참조.

28) 자유교양교육만이 비판적 사고를 길러내는 유일한 길이라고 제안하는 것은 아니다.

29) 비판적 사고와 연관된 가치에 대한 사려 깊은 논의는 이 책에서 에벨스-더건 (Ebels-Duggan)의 글을 참조.

30) 코스가르(Korsgaard, 1996, 제3장, 2009, 제1장)를 참조.

31) 학문적 친구로서 교수의 중요성에 관한 바이스만(Weithman)의 사려 깊은 논의는 이 책에서 그의 글을 참조. 이 책에서 바이스만과 에벨스-더건은 교수가 가르치는 사상에 대한 자신의 사랑을 보여 주는 일의 중요성 그리고 복합적인 아이디어를 개발하는 데 요구되는 집착의 힘에 대한 칭송을 강조한다.

32) 스틸(Steele, 2010), 코언과 스틸(Cohen & Steele, 2002), 후오, 스미스, 타일러, 린드(Huo, Smith, Tyler, & Lind, 1996), 밴듀라(Bandura, 1986), 드웩(Dweck, 1999)을 참조.

33) 코언, 가르시아, 아펠, 마스터(Cohen, Garcia, Apfel, & Master, 2006), 코언, 가르시아, 퍼디-반스, 아펠, 브르주스토스키(Cohen, Garcia, Purdie-Vaugns, Apfel, & Brzustoski, 2009). 작게 보이는 개입도 의미 있는 영향을 주는 것으로 밝혀졌다. 윌슨(Wilson, 2006), 가르시아와 코언(Garcia & Cohen, 2012)을 참조.

참고문헌

Grutter v. Bollinger 539 U.S. 306 (2003).

Regents of the University of California v. Bakke 438 U.S. 265 (1978).

Fisher v. University of Texas at Austin, No. 110345 (2012).

Bandura Albert (1986). *Social Foundations of Thought and Action: A Social Cognition Theory* (Englewood Cliffs, NJ: Prentice-Hall).

Brooks-Gunn J., & Furstenberg, F. F. (1986). "The Children of Adolescent Mothers: Academic and Psychological Outcomes." *Developmental Review* 6: 224-251.

Callan Eamonn (1997). *Creating Citizens* (Oxford: Oxford University Press).

Checkoway Barry (2001). "Renewing the Civic Mission of the American Research University." *Journal of Higher Education* 72, no. 2 (March-April): 125-147.

Cohen Joshua (2009). "Procedure and Substance in Deliberative Democracy."*Philosophy, Politics, Democracy: Selected Essays* (Cambridge, MA: Harvard University Press).

Cohen Geoffery L., & Steele Claude M. (2002). "A Barrier of Mistrust: How Negative Stereotypes Affect Cross-Race Mentoring" in *Improving of Academic Achievement: Impact of Psychological Factors on Education*, ed. J. Aronson (San Diego, CA: Academic Press).

Cohen G. L., Garcia J., Apfel N., & Master A. (2006). "Reducing the Racial Achievement Gap: A Sociasl-Psychological Intervention." *Science* 313, 1307–1310.

Cohen G. L., Garcia J., Purdie-Vaugns V., Apfel N., & Brzustoski P. (2009). "Recursive Processes in Self-Affirmation: Intervening to Close the Minority Achievement Gap." *Science 324*.

Duncan Greg J., & Murnane Richard, Eds. (2011). *Whither Opportunity? Rising Equality, Schools, and Children's Life Chances* (New York: Russell Sage Foundation, and Chicago: Spencer Foundation).

Dweck Carol S. (1999). *Self-Theories: Their Role in Motivation, Personality, and Development* (Philadelphia: Taylor & Francis/Psychology Press).

Dworkin Ronald (1996). "The Curse of American Politics." *New York Review of Books*, October 17.

Garcia Julio, & Cohen Geoffery L. (2012). "A Social Psychological Appraoch to Educational Intervention" in *The Behavioral Foundations of Policy*, ed. Eldar Shafir (Prinston, NJ: Prinston University Press).

Gordon Edmund W., & Lemons Melissa P. (1997). "An Interactionist Perspective on the Genesis of Intelligence" in *Intelligence, Heredity, and Environment*, ed. Robert J. Sternberg and Elena Grigorenko (New York: Cambridge University Press), 323–340.

Habermas Jürgen (1990). "Discourse Ethics: Notes on a Program of Philosophical Justification" in *Moral Consciousness and Communicative Action*, trans. Christian Lenhardt and Shierry Wever Nicholsen, introd. Thomas McCarthy (Cambridge, MA: The MIT Press).

Huo Yen J., Smith Heather J., Tyler Tom R., & Lind E. Allan (1996). "Superordinate Identification, Subgroup Identification, and Justice Concerns: Is Separatism the Problem, Is Assimilation the Answer?" *Psychological Science* 7, no. 1.

Jencks Christopher, & Phillips Meredith (1998). *The Black-White Test Score Gap* (Washionton, DC: Brookings Institution Press).

Katopes Peter (2011). "The 'Business Model' is the Wrong Model." *Inside*

Higher Ed, September 20.

Korsgaard Christine M. (1996). *The Sources of Normativity*, ed., Onora O' Neill (Cambridge: Cambridge University Press).

Korsgaard Christine M. (2009). *Self-Constitution: Agency, Identity, and Integrity* (Oxford: Oxford University Press).

Nisbett Richard E. (2009). *Intelligence and How to Get It: Why Schools and Cultures Count* (New York: W.W. Norton).

Nussbaum Martha (2010). *Not for Profit: Why Democracy Needs the Humanities* (Princeton, NJ: Princeton University Press).

Risley Todd R., & Hart Betty (1995). *Meaningful Differences in the Everyday Experience of Young American Children* (Baltimore, MD: Paul H. Brookes).

Schmidtz David (2006). *Elements of Justice* (Cambridge: Cambridge University Press).

Steele Claude M. (2010). *Whistling Vivaldi and Other Clues to How Stereotypes Affect Us* (New York: W. W. Norton).

Wilson T. D. (2006). "The Power of Social-Psychological Interventions." *Science* 313.

http://www.yale.edu/about/mission.html.

http://www.appleseedinc.com/reports/Boston_summary.pdf (accessed August 28, 2014).

http://www.insidehighered.com/views/2009/02/16/Katopes (accessed August 28, 2014).

http://www.colby.edu/academics_cs/catalogue/2011_2012/general_information/colby_plan.cfm (accessed August 28, 2014).

http://colgate.edu/about/generalinformation/mission/html

http://www.washington.edu/diversity/

http://und.edu/discover/leadership-and-educators/mission-staement.cfm

http://www.grinnell.edu/offices/president/missionstatement

제9장

마무리: 고등교육의 가치에 대한 미래 연구

해리 브릭하우스(Harry Brighouse), 마이클 맥퍼슨(Michael McPherson)

우리의 목적은 여러 저자가 이제까지 논의한 **고등교육의 규범적** 문제에 독자를 관여시키는 것이다. 그러나 수없이 많은 정책과 실천 속에 중요한 규범적 차원이 들어 있으며, 어떤 책도 그것을 전부 다룰 수 없다. 우리는 짧게 결론을 맺어야 되는 마무리 장에서 몇 가지 이슈를 정리한다. 이와 관련된 의사결정이 개선되려면 신중한 **규범적 사고**가 필요하며, 이를 지원해 주는 것은 철학적 개념이다.

① 고등교육의 목표와 목적에 대한 신중한 철학적 연구를 찾아보기 어렵다.[1] 이 책의 몇몇 장에서 이 문제를 다루지만 더 많이 연구해야 할 정도로 가치 있는 문제임은 분명하다. 첫째, 데릭 복(Derek Bok)은 고등교육의 목표에 대한 야심찬 설명을 밝혔다. 그에 따르면 대학의 책임은 학생들이 비판적으로 사고하고, 좋은 시민이 되고, 다양성과 더불어 잘 살아가고, 진로 준비 능력을 갖추고, 윤리적으로 행동할 수 있도록 준비시키는

것이다. [2] 둘째, 스탠리 피시(Stanley Fish)는 아주 협소한 설명으로 맞선다. 고등교육의 유일한 목표는 학생들을 학문 세계로 초대하는 것이다. [3] 셋째, 앤서니 크론먼(Anthony Kronman)도 협소한 대안을 제시한다. **고등교육의 목표**는 학생이 자신의 삶의 의미를 탐색하고 자신이 진실로 누구인지를 발견할 수 있는 자원을 제공하는 것이다. [4] 이 세 가지 설명은 모두 철학적으로 신중한 검토가 필요한 것이지만 지금까지 그렇지 못했다. 이에 관한 토론은 대학행정가들이 부족한 대학예산을 어디에 투입할 것인가를 결정할 때 아주 중요하다. 예컨대, 학생들에 대한 서비스의 확대와 교수진의 추가 확보 중에서 어디에 재정을 투입해야 하는가? 학생들에 대한 서비스를 확대한다면 어떤 서비스가 가장 중요한가? 교수진을 추가 확보한다면 어떤 근거에서 어느 학과에서 할 것인가? 정년보장 교수를 늘릴 것인가, 비-정년 트랙 교수를 늘릴 것인가? 이런 논의는 프로그램을 구조화시키는 문제를 정할 때에도 중요하다. 예를 들어, 교수의 전문성을 개발할 때 수업개선, 교육과정 개발, 상담능력 증진 중에서 어느 것에 중점을 두어야 하는가?

② 고등교육의 목표는 교수나 다른 대학구성원이 자신의 직무를 어떻게 생각해야 하는가, 즉 자신의 직무 진술은 어떤 것이 되어야 하는가에 대해 시사점이 있다. 피시는 다음과 같이 말한다.

나는 두 가지 일을 하도록 훈련을 받았고, 봉급도 받는다. (말할 필요도 없이 두 가지 일을 잘하려고 하지만 늘 성공하지는 못한다.) 첫째, 학생들이 전반적으로 모르는 자료로 입문시키기는 것이다. 둘째, 학생들이 ① 그런 자료를 분석하고 평가하며, ② 학기가 끝난 후에도 하고 싶어 할 경우에 독자적으로 연구할 수 있도록 기능을 갖추게 하는 것이다. 이것이 그것이다. 이것이 나의 직무다. 그 이상은 없다.[5]

고등교육의 목적에 관한 피시의 견해가 맞다면 이 이야기가 옳은 것으로 보인다. 그러나 복의 더 종합적 견해에 따르면, 교수는 더 복잡한 직무 내용을 갖는다는 말이 더욱 그럴듯하게 보인다. 교수는 학생들에게 학문적인 공부를 촉발시킬 뿐 아니라, 직접적으로 학문적인 것이 아닌 그들의 필요의 일부가 충족되도록 지도하는 데에도 민감하고, 또 이런 준비도 해야 한다. 아마 교수는 기본적인 상담 기술에 관한 훈련도 받아야 한다. 수업에 빠진 학생들에게 이메일을 어떻게 보낼 것인가? 위축되고 우울한 것처럼 보이는 학생들에게 어떻게 접근할 것인가? 겉으로 위축되고 우울한 것처럼 보이는 학생들과 실제로 그런 학생들을 어떻게 구별할 수 있는가? 피시가 지적한 것처럼, 현재 교수직에 있는 사람들은 이와 같은 판단이 포함된 직무를 잘 수행할 것으로 예측되는 특성 때문에 선발된 것은 아니다. "내가 모든 대학교수를 대변할 수 없지만, 나는 그런 일을 하도록 훈련받지 않았고, 그런 일을 하라고 봉급을 받는 것도 아니다. 물론 나는 성직자, 심리치료사, 사회사업가, 정치활동가, 현자, 영감적인 연설가, 다양성 자문가인 사람들을 알고 있다."[6] 어쩌면 우리는 그런 일을 맡아줄 사람들을 선발하거나, 교수 업무의 명확한 구분을 옹호해야 한다. 그렇게 되면 어떤 이는 연구에 더 전문화될 것이고, 다른 이는 교육에 더 전문화될 것이며, 이 일에 성공하자면 다양한 학생집단을 위한 (피시가 자신에게는 부족하다고 말하는) 감수성과 기능이 요구된다.

③ "부모를 대신하여"라는 교설, 즉 대학은 학생들의 개인적 행동에 대해서 강력한 가부장적 권위를 갖는다는 교설은 거의 모든 캠퍼스에서 이미 오래전에 폐기되었다. 그런데 지난 30여 년 동안 다른 종류의 지도를 받지 못했거나, 혹은 다른 종류의 지도가 불충분한 학생들을 지원하려고 설계된 학생 서비스가 입시경쟁이 치열한 대학에서 활발해졌다. 성인이 될 청년에 관한 크리스천 스미스(Christian Smith)의 대표 저서 『이행기의 방황(Lost in Transition)』[7]에서도 암시하듯이, 아무 도움 없이 성인이 된다는 것은 대학에 다닐 연령의 청년에게도 어려운 일이다. 이 연구는 약물, 음주, 섹스, 소비사회, 정치활동 등에 관한 때때로 자기-파괴적 혼란을 밝혀 준다. 이 문헌은, 특히 고등교육의 목적에 대한 더 야심찬 설명과 연관시켜 볼 때, 다음과 같은 시사점을 준다. "부모를 대신하여"라는 교설 그리고 이 교설의 수정판을 다시 받아들여야 할 이유와 이에 대한 반론을 신중하게 철학적으로 검토할 필요가 있는 것 같다.

④ 온라인 학습의 발전으로 대학행정가와 대학행정 전체가 몇 가지 도전에 부딪혔다. 이 중 몇몇은 철학의 도움으로 더 잘 극복될 수 있다. 간단하게 세 가지만 살펴보자.

a. 온라인 학습은 '강의내용의 (도덕적) 소유자가 누구인가?'라는 문제를 제기한다. 전통적으로 교수는 자신이 설계한 교육과정 자료, 자신의 강의, 자신이 사용한 토론기법과 평가방식 그리고 강의와 관련된 거의 모든 지적 자료를 자신의 소유로 간주했고, 또 타인도 그렇게 인정했다. 전통적으로 강의는 잠깐 동안 진행되는 일이었고, 강의가 끝나면 그것은 더 이상 존재하지 않았다. 지금은 강의가 녹화되어 온라인에 탑재되고, 강좌의 일부가 될 수 있다. 만일 교수가 어느 과목을 안 가르치게 되거나 혹은 타 대학으로 자리를 옮길 때, 그 강의와 관련된 비디오를 대학에서 계속 사용한다면 그 교수에게 어떤 보상을 제공해야 할 의무가 있는가? 만일 그 교수가 그 비디오와 함께 다른 관련 자료를 가지고 가서 새로 부임한 대학에서 사용한다면 이것은 도덕적으로 허용되어야 하는가? 그가 개발했고 온라인에 탑재했던 다른 강의 자료는 또 어쩔 것인가? 그 자료가 개발될 때 급여는 대학이 제공한 것이고, 해당 대학의 학생들을 대상으로 검사된 것이므로 그것을 대학의 소유라고 답을 내린다면 이것은 교재의 경우와 다른 경우인데, 이렇게 달라지는 이유는 무엇인가? 전통적으로 교수는 교재의 저자로서 지적 소유권을 주장했고, 대학도 거기서 별도의 수입을 얻지는 않았다.

b. 온라인 학습으로 인하여 대학은 강의실 수업에 비해 훨씬 더 쉽고 더 싸게, 온라인 강의를 운영할 수 있다. 이것은 대학이 교수의 판단을 배제시키고, 표준화된 교육과정과 심지어 강의까지 강요할 수 있게 만들었다. 2012년 새너제이 대학교는 철학과의 응용철학 강의에서 하버드 대학교의 마이크 샌델(Michael Sandel) 교수의 무료

온라인 강의를 수업의 일부에서 사용하라고 공식적으로 권장했다. 그 이후에 벌어진 토론에서 어떤 교수는 자신의 강의내용을 결정할 권리는 담당 교수에게 있다고 말했다. 실제로 그런 권리가 교수에게 있는가? 자신의 강의를 제공하는 방식에 대한 권리가 일부 교수의 생각처럼 교수에게 있는가? 온라인 환경이나 블렌디드 환경에서 가르치는 것을 거부할 자격을 정년보장 교수는 가져야 하는가? 대학 현장의 실천은 변하고 있으며, 해마다 새로운 규정이 만들어진다. 대학조직에 관한 지식 그리고 새로운 환경의 법과 경제에 대한 이해가 현실을 바로잡는 데 핵심이지만, 만일 대학 지도자가 더 나은 실천과 규정을 만들고자 한다면 강의의 설계와 제공의 자율성에 대해 교수가 어떤 도덕적 권리를 갖는가에 대해서도 신중한 규범적 사고가 필요하다.

c. 온라인 학습은 경비를 줄이면서도 더 효율적으로 학생들의 교육이 가능하다고 약속한다. 실험적 연구의 증거에 따르면, 미적분학이나 다른 난해한 내용을 가르칠 경우에는 인상적 성과가 나타날 수 있다. 그러나 대학은 그처럼 난해한 학문적 기능만 제공하는 곳이 아니다. 여러 가지 측면에서 자신과 비슷하지 않은 다른 학생들과 함께 대학 생활관에서 지내는 것, 혹은 강의실에서 많은 시간을 그들과 함께 보내는 것만으로도 대학생은 타인과 교섭하는 다양한 방식을 배울 수 있다. 게다가 상대적으로 불우한 가정이나 교육적 배경을 가진 학생들은 졸업 후에 전문직 활동을 성공적으로 수행하는 데에 도움이 될 습관과 실천을 상당히 배울 수 있다. 제니퍼 모턴(Jennifer Morton)이 언급한 것처럼 불우한 배경을 가진 여러 학생

들에게 대학은 그들이 처음으로 상이한 사회경제적, 인종적 배경을 가진 학생들 앞에서 발표를 해 보는 곳이다. 이런 경험은 겁이 나고, 어느 라틴계 학생이 내게 말했던 것처럼 아직도 발표했을 때처럼 얼굴이 '빨갛게 달아오른 듯 느끼지만' 이제는 강의실 토론에서 손을 들기도 하고 끼어들 수 있다. 졸업 후 처음으로 취업 면접장에 들어섰을 때 그녀는 자기 마음을 드러내는 두려움을 관리하는 법을 미리 배웠을 것이다."[8] 상대적으로 부유한 학생들은 명성이 높고 유대의 기회가 많은 대학에서 상당한 기간 동안 얼굴을 마주하고 생활하는 기숙사에 머물 것이고, 또 그들의 부모에게 학비는 문제도 아니겠지만, 온라인 교육을 받을 가능성이 가장 큰 학생들은 학비도 걱정일 뿐만 아니라 기숙사가 있는 대학에서 제공하는 이점도 가장 절실하게 필요한 사람들이다. 제아무리 정교하게 온라인 환경을 꾸밀지라도 과연 그런 학습기회를 복제할 수 있겠는가? 만일 그렇지 못하다면, 또 앞으로 얼마동안 그렇게 할 수 없다면, 대학의 의사결정자는 '비용절감'과 '불우 학생이 치를 수 있는 대가'를 어떻게 비교해야 하는가? 앞으로 경험이나 연구는 온라인 수업을 통해 얻을 수 있는 것과 얻을 수 없는 것이 정확히 무엇인가를 밝혀내야 한다. 우리가 무엇을 찾아야 할 것인가를 말해 주는 데에는 도덕철학이 필요하다. 우리는 온라인 환경과 면대면 환경 간의 어떤 차이점을 찾아보아야 할 것인가? 그리고 이런 차이점을 서로 조정할 때 우리가 기꺼이 해야 하거나 혹은 해서는 안 되는 점은 무엇인가?

⑤ 고등교육은 정부의 지원을 받는다. 이것은 국가가 초 · 중등

학교교육에서 가장 크게 이득을 본 학생들을 다시 지원해 주고, 학교교육에서 가장 작게 이득을 본 학생들은 아예 지원하지 않는 셈이다. 이처럼 지원해야 할 이유는 무엇인가? 이런 도덕적 질문은 쉽게 이해된다. 그러나 정부에서만 고등교육을 지원하는 것이 아니다. 입시경쟁이 심한 대학은 기여금을 사용하여 학생들을 지원하고, 등록금 정책도 동원된다. 지원받는 학생 중에는 저소득층이나 다른 불우집단의 학생들이 들어 있고 또 대학 이전의 학업성취가 아주 우수한 학생, 운동선수(수익을 창출하지 않는 대부분의 대학운동부 선수를 포함), 고비용 전공 학생도 포함된다. 일부 대학에서는 (경영이나 공학처럼) 졸업 후 평균 이상의 고소득을 기대할 수 있는 고비용 전공학생에게 소액의 추가비용을 부담시키고 있지만 음악, 미술, 연극처럼 기대 소득이 낮으면서도 고비용인 전공학생에게 추가 비용을 부담시키는 대학은 매우 적다. 거점 주립대학의 등록금 정책은 아주 다양하다. 같은 주에 거주하는 학생들에게 고액등록금/고액지원금 모델을 적용하는 대학이 있고, 소액등록금/소액지원금 모델을 고수하는 대학이 있다. 이처럼 등록금과 지원정책의 상이한 측면에서 제기되는 복잡한 도덕적 문제를 정책결정자가 제대로 파악하고 비교해야 할 것인데, 이에 도움이 될 신중한 철학연구가 (경험적인 세부사항도 조심스럽게 주목해야 하겠지만) 우리가 보기에 더 많이 필요하다.

⑥ 앞에서 지원금의 수혜자로서 운동선수를 언급했다. 사실상 입시경쟁이 심한 미국 대학에서 운동선수들에 대한 선호와 지원

을 살펴보면, 경제적으로 평균 이상인 학생들에게 유리하다. 그러나 수익이 생기는 스포츠 종목의 운동선수들에게 제공되는 등록금 감면과 보조금을 가리켜 지원금이라고 부르는 것이 정말 좋은 일인지는 불분명하다. NFL/NBA와 NCAA 간의 계약에 따르면, 전망이 좋은 미식축구/농구 선수는 일정 기간에 거의 강제적으로 대학을 위해 봉사하도록 되어 있다. 그들에게 장학금과 대학교육이 제공되지만 (장거리 여행, 집중훈련, 학업열망이 낮은 동료집단끼리 격려됨과 같은) 여건에서 공부해야 할 그들이 대학교육을 충실히 받는다는 것은 거의 불가능하다. 이런 종목의 최우수 선수들의 경우, 그런 보상은 그런 현실적 제약이 없을 때 그들이 시장에서 받을 수 있는 금액에 훨씬 못 미치는 경우가 많고, 최근에 법원 판결이 그런 선수들에게 NCAA가 해마다 5천 달러를 지급하도록 허용했고 그 효력이 2016년에 발휘되었음에도 불구하고, 아직까지 달라진 것이 없다. 이런 상황의 정당성 여부를 탐구하는 철학적 연구는 환영을 받을 것이다.

⑦ '대학입시 과정에서 소수인종 집단을 선호하는 것은 합법적인가, 혹은 도덕적으로 요청될 수 있는가?'라는 문제에 대해서 많은 관심이 쏟아졌다. 널리 행해지고 있는 다른 종류의 선호, 예컨대 지리적 다양성을 도모할 수 있는 선호에 대해서는 그보다 훨씬 더 적은 관심이 쏟아졌다. 여성을 위한 우대정책에 대한 연구가 있었지만 그것은 가정과 학교에서 여성의 포부를 좌절시키는 혹은 차별적인 행위를 시정하는 우대정책에 초점을

두는 경향이 있었다. 우리가 아는 한, 남학생을 위한 우대정책과 같은 새로운 형태의 우대정책에 대해서는 관심을 쏟은 적이 없었다. 학업상의 성별 격차는 과거에는 남학생에게 유리했는데 요즈음에는 여학생에게 유리한 편이고, 여기서는 차별이라든가 포부를 좌절시키는 시도와 관련된 원인을 찾기가 쉽지 않다. 인종 간 성취격차의 사회적 결과가 분명하고, 남학생에게 유리했던 남녀 간 성취격차의 사회적 결과도 분명했지만, 여학생에게 유리한 새로운 격차의 사회적 결과에 대해서는 아직 모른다. 역사적으로 불우한 집단에 속하지 않는 남학생을 위해 대학은 우대정책을 시행해야 하는가? 왜 그래야 하고, 어떤 식으로 해야 하는가?

⑧ 교수는 무엇을 연구할 것인가? 교육/연구/봉사에 시간을 어떻게 투입할 것인가? 이에 대한 선택의 여지는 아주 많다. 교수 정년 보장제도는 이런 선택을 보호해 주는 것이지만, 수많은 개인적·전문적 생활영역에서 그런 것처럼 자유선택이라고 해서 선택의 도덕적 결과까지 면제받는 것은 아니다. 연구주제 중에는 사회적으로 더 가치 있는 것이 있고 그렇지 않은 것이 있다. 예컨대, 빅토리아 시대의 소설에 나타난 차 마시기 묘사에 관한 새로운 논문은 조그만 사회적 이익을 낳을 수 있다. 그러나 그것이 빅토리아 시대의 문학을 특별한 방식으로 중등학생에게 가르치거나 혹은 빅토리아 시대의 문학에 관한 수업에서 중등영어 전공 학생들에게만 자발적 토론 시간을 허용하는 방식의 효과에 관하여 새로운 논문이 낳을 수 있는 사회적

이익과 똑같다고 믿기는 어렵다. 물론 문학 연구자들에게는 특수한 기능이 있겠지만, 이런 기능의 집합도 고정된 것이 아니다. 다시 말해서, 문학 연구자들은 사회적으로 더 절박한 문제의 탐구에 더 적합한 어떤 새로운 연구방법을 배우거나, 혹은 현재와 미래의 고교 영어교사에게 빅토리아 시대의 문학을 새롭게 가르칠 수 있는 방법도 배울 수 있다. 그렇다고 해서 우리가 순수 연구를 위한 자리는 없다고 주장하거나, 교수의 연구선택을 대학에서 통제해야 한다고 제안하는 것은 아니다. 그동안 소홀했던 도덕적 문제가 있으며, 이에 대한 철학적 연구가 도움을 줄 것이라고 우리는 보고 있다. 제대로 정리된 **전문직 윤리**가 아직도 없는 직업이 바로 대학교수다. 교수는 학생과의 동침, 표절, 연구결과의 조작, 동료 교수의 수업비판(꼭 이 순서대로가 아님) 등은 하지 말아야 한다고 이해하고 있는데, 이것은 윤리학으로서 얄팍한 수준이다. 교수의 **전문성** 개발에서 시간과 노력의 배분에 관한 결정을 치밀하게 살펴보는 경우는 찾아보기 어렵고, 이와 마찬가지로 교수 개인의 시간 배분의 윤리에 관한 문헌도 찾아보기 어렵다.

⑨ 가치문제는 인문학의 수업과 연구에 분명히 퍼져 있는 편이다. 덜 분명하지만, 사회과학의 수업과 연구에도 가치문제가 깊이 들어 있다. 도덕철학자, 정치철학자, 교육철학자는 학생들에게 현대의 도덕적 쟁점을 자주 가르치지만, '대학에서 가치문제에 관한 **수업의 윤리**'를 다루는 문헌은 아주 드물다. 이것은 놀랍고 또 실망스러운 일이다. 교수가 강의에서 다룰 소재를 선택

할 때 그가 따라야 할 기준은 어떤 것인가? 교수가 다루는 이슈에 대해서 자신의 견해를 밝혀야 하는가? 그리고 이 질문에 대한 대답은 교수가 학생들을 얼마나 잘 알 수 있는가에 따라서 달라져야 하는가? 학생들을 위한 학습목표는 어떤 것이 되어야 하며, 그것은 학생들의 전공에 따라서 그리고 학생들이 그 과목을 선택이나 필수로 이수하는가에 따라서 달라져야 하는가? 선거철이 다가와서 강의실 토론이 불가피하거나 혹은 바람직할 경우에, 교수는 자신의 투표 의사를 밝혀야 하는가?[9]

이와 같은 물음들에 대해서 우리는 어떤 입장을 취하고 싶지 않다. 물론, 우리가 구성한 그런 물음을 살펴보면 우리의 직관적 판단이 드러날지 모른다. 그러나 고등교육에 관한 철학적인, 궁극적으로는 전문적인 공적 담론이 풍성해지도록 만들기 위해서 그런 물음을 고찰할 용기를 느끼고, 탐구해 보고 싶은 느낌도 갖는 독자가 생길 것으로 우리는 희망한다.

미주

1) 거트먼을 초청한 이유는 많다. 특히, 그녀는 자신의 저서(1989)에서 고등교육의 목적을 상당히 자세히 논의한 실천적 정치철학자다.
2) 복(Bok, 1989).
3) 피시(Fish, 2008).
4) 크론먼(Kronman, 2008).
5) 피시(Fish, 2006).
6) 위 책.
7) 스미스(Smith, 2011).
8) 모턴(Morton, 2013).

9) 중등교육에서 나타나는 이 문제에 관한 귀중한 논의는 헤스(Hess, 2008), 헤스와 맥보이(Hess & McAvoy, 2014)를 참조.

참고문헌

Bok Derek (1989). *Our Underachieving Colleges: A Candid Look at How Much Students Learn and Why They Should Be Learning More* (Princeton, NJ: Princeton University Press).

Fish Stanley (2006). "Tips to Professors: Just Do Your Job." *New York Times*, October 22.

Fish Stanley (2008). *Save the World on Your Own Time* (New York: Oxford University Press).

Gutmann Amy (1989). *Democratic Education* (Princeton, NJ: Princeton University Press).

Hess Diana E. (2008). *Controversy in the Classroom: The Democratic Power of Discussion* (New York: Routledge).

Hess Diana E., & McAvoy Paula (2014). *The Political Classroom: Evidence and Ethics in Democratic Education* (New York: Routledge).

Kronman Anthony (2008). *Education's End: Why Our Colleges and Universities Have Given Up on the Meaning of Life* (New Haven, CT: Yale University Press).

Morton Jennifer (2013). "Unequal Classrooms: What Online Education Cannot Teach." *Chronicle of Higher Education* blog, July 29.

Smith Christian (2011). *Lost in Transition: The Dark Side of Emerging Adulthood* (Notre Dame, IN: University of Notre Dame Press).

http://opinionator.blogs.nytimes.com/2006/10/22/tip-to-professors-just-do-your-job/?_php=true&_type=blogs&_r=o (accessed August 28, 2014).
http://chronicle.com/blogs/conversation/2013/07/29/unequel-classroooms-what-online-education-cannot-teach/ (accessed August 28, 2014).

찾아보기

저자 소개

제1장, 제9장 해리 브릭하우스(Harry Brighouse) 위스콘신(매디슨) 대학교 철학 교수 겸 교육정책학 교수. 주로 정치철학과 응용윤리학 문제를 가르침. 7년 동안 마이클 맥퍼슨과 함께 스펜서 재단의 교육정책과 실천 철학 사업의 시니어 프로그램 공동책임자였음. 최근 저서로는 『가정의 가치: 부모-아동 관계의 윤리』(A. 스위프트와 공저, 프린스턴 대학교 출판부, 2014)가 있음.

마이클 맥퍼슨(Michael McPherson) 스펜서 재단의 제5대 회장. 2003년에 스펜서 재단에 참여하기 전까지 7년 동안 미네소타주 세인트폴에 있는 매캘러스터 칼리지 총장. 전국적으로 유명한 경제학자. 교육과 경제의 상호작용에 대한 전문가. 매캘러스터 칼리지 총장으로 부임하기 전까지 22년 동안 매사추세츠주 윌리엄스타운에 있는 윌리엄스 칼리지의 학장, 경제학 교수, 경제학과장이었음.

제2장 에이미 거트먼(Amy Gutmann) 2004년부터 펜실베이니아 대학교 총장. (크리스토퍼 H 브라운) 정치과학 특임 교수, 안넨버그 커뮤니케이션 대학원의 커뮤니케이션 교수. 철학과 교육대학원의 겸임 교수. 학문적 전문영역은 교육정책, 민주주의의 숙의, 생명윤리, 고등교육과 보건에의 접근, 전문직 윤리학, 윤리학과 공공정책. 13권의 책을 저술 혹은 편찬. 『민주적 교육』, 『약속의 정신』(데니스 톰프슨과 공저, 프린스턴 대학교 출판부, 2012).

제3장 크리스토퍼 버트럼(Christopher Bertram) 브리스틀 대학교 철학과의 사회정치철학 교수. 주요 연구관심은 정의 이론(영토와 이주에 관한 문제 등 지구적 분배 정의)과 루소 사상.

제4장 폴 바이스만(Paul Weithman) 노트르담 대학교, (글린 패밀리 어너스 칼리지) 철학 교수. 여기서 1991년 이후 가르쳤고, 우수교육상을 여러 차례 받았음. 『종교와 시민의 의무』(케임브리지 대학교 출판부, 2000), 『왜 정치적 자유주의인가?』(옥스퍼드 대학교 출판부, 2010) 그리고 도덕철학, 정치철학, 교육철학에 관한 다수의 논문. 현재 노트르담의 글린 패밀리 어너스 프로그램의 공동책임자 및 철학, 정치학, 경제학 프로그램의 책임자.

제5장 카일라 에벨스-더건(Kyla Ebels-Duggan) 노스웨스턴 대학교 철학 부교수, 연구 분야는 도덕과 정치의 철학 및 역사. 『철학연구』, 『철학자 임프린트』, 『윤리학』, 『철학계간지』에 논문게재.

제6장 앨런 뷰캐넌(Allen Buchanan) 듀크 대학교, (제임스 B 듀크) 철학 교수 및 법학 교수. 또한 애리조나 대학교와 킹스 칼리지 런던 로스쿨에서 파트-타임 객원교수. 주요 연구는 생명윤리, 정치철학, 국제법철학. 최근 저서는 『인권의 심장』(옥스퍼드 대학교 출판부, 2013).

제7장 라이어널 K. 맥퍼슨(Lionel K. McPherson) 터프츠 대학교 철학 부교수. 윤리학과 사회정치철학에 관한 논문으로 「규범성과 합리주의의 거부」(『철학 저널』), 「테러리즘은 특별하게 잘못인가?」(『윤리학』). 인종 정체성, 정치적 단결, 흑인 진보에 관한 책임을 다룬 『인류의 사후』를 저술 중임.

제8장 에린 I. 켈리(Erin I. Kelly) 터프츠 대학교 부교수 및 학과장. 연구 분야는 도덕정치철학과 법철학. 연구 주제는 정의의 문제, 도덕적 이성의 본질, 도덕적 책임과 공적, 처벌론.

역자 소개

이지헌(Lee, Jee Hun) 전남대학교 사범대학 교육학과 교수(1979~2018), 명예교수. 고등교육 관련 저술로『대학은 무엇으로 존재하는가』(역서, 학이당, 2011),『신입생 교육: 도전과 지원』(공역, 학이당, 2009),『토론 수업을 위한 도구와 기법』(공역, 학이당, 2008),『학문의 의무』(공역, 학이당, 2006),『대학의 최신 교수-학습 방법』(공역, 학지사, 2006),『대학 교양교육에 대한 분과 학문의 성찰』(공저, 전남대학교 출판부, 2005)이 있으며, 고등교육 관련 논문으로「인격교육론에서 덕의 유형과 관점: 대학교육을 중심으로」(교육철학, 2005),「자유교육 이념의 실천적 의미」(교양교육연구, 2007),「대학교육의 질 개선에 관한 철학적 이해」(교육논총, 2009),「본래성과 대학교육」(교육철학연구, 2012)이 있음.

고등교육의 목적
-도덕과 정의의 문제-

The Aims of Higher Education
-Problems of Morality and Justice-

2020년 1월 10일 1판 1쇄 인쇄
2020년 1월 20일 1판 1쇄 발행

엮은이 • Harry Brighouse • Michael McPherson
옮긴이 • 이지헌
펴낸이 • 김진환
펴낸곳 • (주) **학지사**
　　　　　04031 서울특별시 마포구 양화로 15길 20 마인드월드빌딩
대표전화 • 02)330-5114　　　팩스 • 02)324-2345
등록번호 • 제313-2006-000265호

홈페이지 • http://www.hakjisa.co.kr
페이스북 • https://www.facebook.com/hakjisabook

ISBN 978-89-997-1970-7 93370

정가 15,000원

이 도서의 국립중앙도서관 출판시도서목록(CIP)은 서지정보유통지
원시스템 홈페이지(http://seoji.nl.go.kr)와 국가자료공동목록시스템
(http://www.nl.go.kr/kolisnet)에서 이용하실 수 있습니다.
(CIP 제어번호: CIP2019042157)

출판 · 교육 · 미디어기업 **학지사**

간호보건의학출판 **학지사메디컬** www.hakjisamd.co.kr
심리검사연구소 **인싸이트** www.inpsyt.co.kr
학술논문서비스 **뉴논문** www.newnonmun.com
원격교육연수원 **카운피아** www.counpia.com